新版K式発達検査にもとづく

発達研究の方法

操作的定義による発達測定

中瀬 惇【著】 *NAKASE Atsushi*

ナカニシヤ出版

序　文

　この本は，少し不思議な本である。表現を変えると，発想において少し不謹慎な本だと考えていただいてもよい。その理由は，この本の生立ちに由来している。先般，われわれは「新版K式発達検査反応実例集」を出版した。反応実例集を作成するにあたっては，できるだけ多く京都市児童相談所職員に参加してもらう目的で，検査項目を分けて分担執筆をお願いした。しかし，執筆者が多くなると，文章だけでなく，説明の詳しさや説明方針などに不一致が生じた。また，職場で毎日検査を使用している検査者達は，分かり切ったこととして説明が簡単になる傾向もあった。そこで，原形をとどめないほど，全面的に文章に手を加える必要があった。元々，全員が共通理解をもっている検査の方法と判定基準であるから誰が書いても同じことになる作業であったから，原文を尊重する必要が少なかった。しかし，担当者が独自の視点から理論的な説明を加えた部分は，文意を損なわない範囲で文章の統一を図るのに止めた。

　反応実例集は，一般の書物と異なり，本文より図表や子どもが検査場面で実際に行った反応実例が重要な本であるため，当初は編集者の宍倉さんにさえ，筆者の考えがうまく伝わらず，全体の構成や本の体裁など，他に相談する相手もなく一人で行った。そのような事情で，最終原稿を渡してから初校ができあがるまでに，3年ほどの年月が掛かってしまった。筆者が積極的に作業を進めなかったら，永遠に完成しなかった本であっただろう。ところが，こちらの意図が伝わり，初校ができ，体裁など全容が見えてきて，校正を進める段階にはいると，今度は編集者の方が乗り気になってきた。編集作業をしながら原稿に眼を通していると，単に特定検査（新版K式発達検査）の反応実例集と言うより，写真など子ども達の具体的な様子と反応例で説明してある，発達を分かりやすく説明した一般的な本だという理由である。事実，完成して学会等で展示をすると，K式検査の使用者でない研究者が本を手にとって見，子どもの具体的な反応によって発達を説明した本として役に立つと言って購入してくれるのだそうである。それゆえ，K式検査の反応実例集としてだけでなく，子どもの具体的な行動を並べて発達過程を解説した本として表題を変えて売り出したらどうかと話が発展してきた。当初は，表紙だけを新しくして，一般の読者のためにK式検査について簡単な解説を加えただけでよいとの話しであったから，安易に引き受けたのはよいのだが，そのつもりで見直すと，やはり大幅に手を加えたくなった。実例集は，検査の指導書であるから，検査項目の説明は，項目番号の順番に説明すればそれでよかった。しかし，今回は，K式検査を知らない人を読者と想定し，具体例により子どもの発達過程を説明する本を目指しているのであるから，検査項目は内容別に分類して説明する方が親切である。そのためには，大幅に入れ換えが必要になった。このように手を加えていくと，本文にも手を加えたり書き直す必要が生じた。当時，新K式検査を成人も検査対象に加えるための拡張を主目的として，K式研究会を月に一度開催していた。その席上で，新しい編集方針による本書の企画について相談した結果，編著者であった中瀬と西尾に一任されることになった。そこで，宍倉編集長を交えて話し合った結果，西尾は児童相談所長として多忙を極めていたので，中瀬が一人で作成することに決まった。

　本書の編集方針に基づき大幅な変更を加えたため，担当してもらった原文が判らなくなってしまった。そこで，項目の説明に関しては全員が話し合った結果をまとめる作業であるから原執筆者を明記することを避け，逆に，分担執筆者による独自の説明部分については，文中に名前を明記して

引用することにより，執筆者が明らかになるように配慮した。

　本書の構成を実例集との相違を中心として説明を加えておく。実例集は，最大の目的がK式検査を使用する人が，検査場面で子どもの具体的な反応に直面したとき，該当する検査項目に通過（合格）したと判定してよいかどうかを知ることにある。そのため，通過反応の例をまず最初に説明し，次に，通過と不通過の判定が判りにくい境界的な反応例を挙げ，最後に不通過（不合格）反応例を挙げている。しかし，子どもの発達過程は，時系列に乗って進歩発展しているのだから，当然，不通過反応に始まり，次に判定が困難な反応へと進歩し，最後に典型的な通過反応を産出するようになる。一般的な発達過程を説明しようとする本書の目的からは，子どもが発達する順序に従って，不通過反応，境界的な疑問反応，通過反応の順に説明する方が変化過程が分かりやすい。このような目的に合致するように，検査項目で説明する順番を並べ替え，必要な解説を付け加えている。次に，実例集は検査手引を補定することが主要な目的であるから，検査項目を説明する順序は手引き書の記載順序にそろえている。具体的に言い換えると，まず検査項目に付加している項目記号別に分類し，同一記号の中では項目番号の順序に従って配列している。しかし，本書では，子どもの発達過程が見やすいように，項目記号と項目番号による配列は無視して，項目を内容別に分類し直し，記載の順序も入れ換えている。特に，描画反応では実例を大幅に増加した。その他にも，検査項目と発達検査の考え方について大幅に書加えたので，K式検査の使用者にとっても有用な書物になったと考えている。

　写真を見る方が分かりやすいと考えた検査項目には，できるだけ写真を用意した。父親が京都市教育委員会に勤務されている加藤暉君，小根田修也君，京都大学医学部付属病院小児科外来に通院しておられた松永公洸君，小西美穂さん，矢野明日香さん，石川晴美さん，畑段しず葉さん，中矢健太君には，写真の撮影と本書への掲載に快く同意して協力いただいた。ここにお名前を記して感謝の意を表したい。また，図形模写等多くの反応例は筆者による小児科外来における検査から選び出した。その他にも筆者が検査した多くの子ども達が示してくれた反応実例を使用している。また，ノートルダム学院小学校1，2年生の皆さんには反応実例の図形を描いていただいた。名前を記載した方以外にも，反応を記録し報告していただいた方々は数多い。検査の場を提供していただいた方など，数え切れないほど多くの方々にご協力をいただい結果の集積として本書は完成した。検査項目についての解釈や判定基準など大部分は児童院における検査使用の中で全員が協力して精密化した結果である。旧K式検査の時代から，検査を使用し，はぐくみ育ててこられた京都市児童院を中心とした多くの方々の，歴史といってよいほどの長い時間をかけた成果に他ならない。すべての人達について，お名前を書いて感謝の意を表する余裕はとうていないが，心から感謝の意を表したい。

2002 年 10 月 30 日
中瀬　惇

目　　次

序　文　i

第Ⅰ部　概　　　説 ── 1

第1章　発達検査と本書の関係　2
第2章　行動獲得の定義　4
第3章　行動の操作的定義：検査場面と判定基準の表示方法　7
3-1　記載方法　7
3-2　用　　語　8
3-2-1　合格・不合格（通過・不通過）　8
3-2-2　正答・誤答　8
3-2-3　用語の歴史　8

第4章　課　題　性　11
第5章　発　達　過　程　14
第6章　新しい行動の獲得　15

第Ⅱ部　新版K式発達検査とその背景 ── 19

第7章　京都市児童院とその院内検査　20
7-1　京都市児童院　20
7-2　児童院の発達検査　21
7-2-1　ウイン式乳児発達検査とビネー検査　21
7-2-2　Gesellの検査　21
7-2-3　新版K式発達検査の原型（戦後の児童院検査）　22

第8章　新版K式発達検査　24
8-1　新版K式発達検査　24
8-2　新版K式発達検査（増補版）　24
8-3　新版K式発達検査2001　25
8-4　新版K式発達検査の将来　25

第Ⅲ部　検査項目への反応に見る子どもの発達
──課題性以前の検査項目：前言語期の子ども ──────────── 27

第9章　姿勢運動の発達　30
9-1　用　　語　30
- 9-1-1　正中矢状面　30
- 9-1-2　フランクフルト水平面　31
- 9-1-3　手掌部位の名称　31
- 9-1-4　TNR姿勢　31
- 9-1-5　仰　臥　位　32
- 9-1-6　伏　臥　位　32
- 9-1-7　伏臥位懸垂　32
- 9-1-8　這い這い　33
- 9-1-9　STATE　34
- 9-1-10　NICU　34

9-2　仰臥位の姿勢　36
- 9-2-1　仰臥位姿勢の観察　37
- 9-2-2　仰臥位姿勢で手掌と腕の観察　37

9-3　仰臥位姿勢から寝返り　38

9-4　伏臥位の姿勢　39
- 9-4-1　伏臥位懸垂の観察　39
- 9-4-2　伏臥位の姿勢観察　40
- 9-4-3　伏臥位の自由遊び　43

9-5　坐位の姿勢　43
- 9-5-1　引き起し　43
- 9-5-2　坐位の姿勢観察　45
- 9-5-3　坐位の自由遊び　46

9-6　立位の姿勢　46
- 9-6-1　独力では立てない子ども　47
- 9-6-2　つかまって立ち上がる子ども　47

第10章　対　人　反　応　49
- 10-1　ヒトの注視と追視　49
- 10-2　対　人　関　係　49
- 10-3　鏡に対する反応とボール遊び　50

第11章　前　言　語　行　動　52
- 11-1　微笑・対人的笑いかけ　52
- 11-2　前　　言　　語　53
- 11-3　言　語　理　解　53

第12章　玩具(道具)を使用する検査　56

12-1　仰臥位で行う検査　56
- 12-1-1　視覚機能の検査：追視　56
- 12-1-2　聴覚機能の検査　57
- 12-1-3　仰臥位の自由遊び　59

12-2　坐位で行う検査　60
- 12-2-1　積木の連続提示　60
- 12-2-2　積木とコップ　63
- 12-2-3　小　　鈴　64
- 12-2-4　小鈴と瓶　66
- 12-2-5　鐘　66
- 12-2-6　紐付き輪　67
- 12-2-7　自　動　車　67
- 12-2-8　は　め　板　68
- 12-2-9　描　　画　69

第Ⅳ部　検査項目への反応に見る子どもの発達
―― 課題性による検査項目：言語獲得後の子ども ―― 71

第13章　姿勢・運動領域の検査　73
13-1　独力で歩行が可能な子ども　73

第14章　机上検査の説明　76

第15章　空間と図形の検査　78
15-1　描　　画　78
15-2　描画による探索－財布探し　103
15-3　形　の　理　解　109
- 15-3-1　課　題　箱　109
- 15-3-2　は　め　板　111
- 15-3-3　入　れ　子　117

15-4　立　体　構　成　122
- 15-4-1　積木の検査　122
- 15-4-2　折　　紙　132
- 15-4-3　玉つなぎ　136

15-5　形　の　弁　別　137
15-6　図　形　構　成　140
- 15-6-1　四　角　構　成　140
- 15-6-2　模　様　構　成　141

15-7　図　形　的　推　理　143

        15-7-1　紙　　　切　143
        15-7-2　三角形置換　148
　第16章　言　語　の　検　査　150
　　16-1　指　示　機　能　150
　　16-2　語　　　彙　151
　　16-3　物　の　名　称　155
　　16-4　言　語　表　現　160
        16-4-1　了　解　問　題　160
        16-4-2　語　の　理　解　165
        16-4-3　叙　　　述　172
        16-4-4　筆　　　記　176
        16-4-5　文　章　作　成　177

　第17章　数　　概　　念　180
　　17-1　数　の　理　解　180
        17-1-1　数　の　呼　称　180
        17-1-2　数　の　把　握　183
        17-1-3　計　　　算　185

　第18章　概　念　比　較　188
　　18-1　具　体　的　概　念　188
　　18-2　重さの比較　190
　　18-3　抽象的概念　192

　第19章　概　念　操　作　195

　第20章　自己とヒトの理解　198
　　20-1　自己の身体像　198
　　20-2　自己についての日常的知識　200
　　20-3　ヒトの身体像　202

　第21章　記　　　　　憶　209
　　21-1　注意の持続　209
　　21-2　位置の記憶　210
　　21-3　形　の　記　憶　216
　　21-4　文　の　記　憶　219
　　21-5　数　の　記　憶　223

参考文献　226
索　　引　229

第Ⅰ部　概　　説

第1章　発達検査と本書の関係

　心理学では，扱う概念が操作的に定義されていなければならないという根本原理は誰でも知っている。しかし，実際には厳密に実行されていないことが少なくない。話を発達心理学に限定してみても，"ある行動は何歳くらいになるとできる"とか，"ある年齢になるとこのような行動が可能になる"等の表現をよく目にする。たとえば，"3歳児は丸を描くことできる"とか，"簡単な足し算は5歳になるとできる"という具合である。このような説明が間違っているとは言えないのだが，機能を獲得した年齢を厳密に測定しようとするなら定義は簡単ではないと気が付く。

　"丸を描く"とは具体的にどのような丸を描いたときに描けたと決めるか，どのような状況で具体的にどのような計算ができたときに簡単な足し算ができると表現するのか等の疑問が生じるからである。これらは，"丸を描く""足し算ができる"等の行動を厳密に定義していないことから生じる。たとえば，子どものお母さんに，お宅の子どもさんは丸を描くことができますかとか，簡単な足し算ができますかとたずねてみるとよい。まったく同じ行動をしている子どもでも，お母さんによって答えは異なるのである。これはお母さんが考えている《できるとする基準》の相違によって評価が変わるからである。例を挙げると，ぐるぐると渦巻きのような図を描いているときに，丸が描けると答えることも可能だし，コンパスで描いたように正確な丸を描いたときに初めて丸が描けると判断することも可能だからである。このようにして，同じ状態の子どもでも，あるお母さんはもうできると答え，他のお母さんはまだできないと答えることになる。お母さん達の評価だけならまだ罪もないが，専門家による学術研究でこのような食い違いが生じると話は難しくなる。このような問題は，われわれが発達研究を始めるときに生じる最も基本的で重要な課題だと考えてよい。

　あることができると判断するためには，ある行動について，どのような状況で，どのような行為をしたときにできたとよぶかを，具体的に定義しておく必要がある。このような意味で，行動を最も厳密に定義して使用しているのは，発達検査と知能検査の世界であろう。多くの異なった検査者が，子どもの行動を一義的に判定するためには，検査場面の状況，用意されている検査用具，許されている教示等が厳密に決められていないと検査の施行が不可能だからである。そのうえで，得られた子どもの反応を，できた（通過）とか，できない（不通過）とかを決めるための基準をあらかじめ定義しておく必要がある。われわれは，前者を検査手続とよび，後者を判定基準とよんでいる。検査手続と判定基準が厳密に定義されていないと，特定の検査項目が要求する行動を獲得しているのか獲得していないのかを決定することができない。発達検査や知能検査では，被検児の反応が検査項目が要求している基準を超えたとき行動が獲得されていると判断して，項目を通過したとよぶ。要求した基準に達しないときには，不通過とよぶことになる。しかし，心理学の研究論文を調べてみると，このように行動を厳密に定義して発達を調べていることはまれでさえある。また，他の研究を引用するとき，どのように定義しているかを検討して自分達の結果と比較した研究はさらに少ない。基準を調べずに行動を獲得した年齢を比較してもまるで無意味なのである。

　検査項目を考えてみると，許される定義の方法は一義的ではない。論理的には，どのような状態でできる（通過）と決めてもかまわないからである。例として，10以下の足し算ができるとよぶ状態を考えてみよう。10以下の数であらゆる組み合わせを作成して足し算させ，全問を完全に正答したときをできると定義してもよいし，問題に一つでも正解すればできると決めてもかまわな

い。計算方法についても，暗算で答えることを要求しても，筆算を許してもかまわない。極端に言えば，電卓を使うことを認めることさえかまわないことになる。定義次第で，10 以下の加算ができるとする行動内容がまったく異なり，それに伴って通過年齢が異なることになる。現実的にはすべての組み合わせを試みるのは大変だから限定した数の問題で試すことになるのだが，それでも，どのような問題をいくつ用意するのか，正答の確率がどれくらいになったときにできたとよぶのか，計算方法として何を認めるのか，教示方法と誤りが生じたとき指摘するか否か等，前もって決めておくべき条件は多い。このように厳密な定義をして初めて，他の研究と比べることが可能な測定となる。このように概念を厳密に定義すると，一義的な測定が可能となり，測定結果が意味をもつ。それは，他の測定結果や実験研究と比較できる共通の尺度を手に入れたことになるからである。とすると，本来，心理学研究においては，取り扱う行動や概念を，このように厳密に定義するところから始めるべきだと納得していただけるだろう。

　この本では，今説明したように厳密に定義された行動だけを通して，子どもの発達過程を説明しようとしている。使用するのは，われわれが作成した新版 K 式発達検査（以下，K 式検査と略記）が使用する検査項目で得られた子ども達の反応である。だからといって，読者が K 式検査の内容を知っている必要はない。われわれの定めた，検査手続きと判定基準を示すから，われわれの定義に従って子どもの行動を調べると，どのようなことが分かるかを見ていただければよい。繰り返しになるが，この定義は，あくまでも K 式検査を施行するための定義（通過基準）であり，定義に絶対的な意味があると考えているわけでもないし，まして他の考え方（定義や基準）を妨げようとするわけでもない。ただ，厳密な定義をせずに物を言うことは無意味であることを伝えたいだけの話しである。

　われわれも検査を作成する以上，すべての検査項目について，検査手続と通過したと判定するための基準（通過基準）をできるだけ厳密に決めている。しかし，通過・不通過を決める判定基準でさえ絶対的なものではない。検査目的に合致した，よりよい基準を求めて判定基準は絶えず進化していると言っても過言でない。一つの発達検査が作り上げてきた判定基準を明らかにしたうえで，その基準で見たとき，子ども達の反応はどのように発達していくかを明らかにしようとする。このような説明を通して，得られた結果だけでなく厳密に定義した判定基準によって行動を判定するとは，どのようなことなのかについても学んで欲しいのが筆者の願いである。

　ここで，できるだけと書いたのは，どのように定義しておいても現実に子どもを検査すると，今まで経験しなかった新しい反応に出会い，通過と不通過との中間で判定が困難な反応に出会うからである。子ども達から得られる反応は，われわれの予想を超え実に多彩である。おそらく学校の試験問題でさえ，厳密に考えるなら，○（正答）とする回答と×（誤答）とする回答の境界を絶対的に決定することは不可能ではないだろうか。ここで重要なのは，他の研究や検査と結果を比べようとするとき，定義が違えば，当然，通過年齢も異なるということである。異なった定義をしておいて，ある行動がもっと早い年齢で獲得されるなど，年齢だけを問題としても無意味である。

　子どもの行動は，まだ完成していない不通過と見なす反応から，不通過と通過の中間で判定が困難であり再質問をして反応の意図を詳しく調べてから判定しようとする疑問の答え，反応を見ただけで間違いなく通過と見なせる高度な反応へと進化していく。本書では，検査場面で示される子どもの反応をこのような段階に分けて説明していこうとする。

　なお，心理学を研究するときに大切な考え方について，新しく一冊の本にまとめたので，参考にしていただけると理解の助けとなるであろう（中瀬, 2005）。

第2章　行動獲得の定義

　ヒトの一生を考えるとき，多くの行動は，加齢に伴って獲得され，行動内容はより精緻化され進歩発展していく。そうして，加齢に従って，最後にはいったん獲得した行動能も崩れて終わる。このように行動は連続的に変化していくのだから，獲得したのが何歳かを決めようとするといくつかの仮定が必要になる。まず，獲得したとはどのような状態であるかについて定義しておかなければならない。ご承知のように，心理学は使用する概念を操作的に定義するところから始まった。逆に言えば，操作的に定義できない概念は取り扱わない。否，取り扱いたくても扱うことができないのである。このように限界を決めて自制するところから科学は始まる。その意味で科学とは本来，禁欲的なものでなければならない。すべての対象とその内容について語ることができる分野があれば，それだけですでに科学ではないと考えてよいだろう。

　ここで，行動を獲得することをどのように考えるのか，基本的な概念から考え直しておく必要があるだろう。知覚心理学の領域で，閾値という概念が取り扱われる。たとえば，光が見えるとは，刺激量が増加して反応がどの水準に達したときに見えると決定してよいのだろうか。また，刺激量にどの程度の差異があるとき，ヒトは2つの刺激を弁別できたと考えてよいのだろう。これらは絶対閾と相対閾とよばれる概念である。刺激量（あるいは刺激量の差）が増加していったときに"見える（刺激間の相違が分かる）"との反応が出現する比率を図示すると，図1のようになる。図が，ガウス分布（正規分布は厳密に定義された典型例）を積分した形をしているのは容易に理解されるであろう。

　実験場面では，刺激提示の合図を音等で示して，刺激量を無作為に変化させながら，提示した刺激が"見える"か"見えない"かを調べる。音の合図を聴くと刺激が0（刺激がない状態）でも"見えた"とする反応も生じる。刺激が0でも反応が0にはならないのである。刺激量を変化させて提示したとき，"見えた"とする反応は刺激量の増大に対応して増加する。このような実験における刺激と反応との関係を図示したのが図1である。実験結果を見ると，"見えた"という行動の

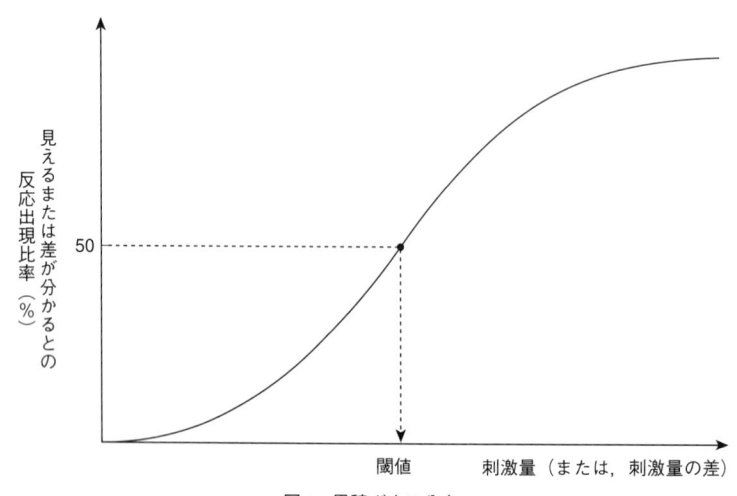

図1　累積ガウス分布

定義が簡単ではないことに気が付くであろう。"見えた"とする反応は連続的に増加しており，刺激量がある値に達したとき急に反応量が増加するわけではないから，区切るべき刺激量を論理的に決定することはできない。心理学では，刺激がある（存在する）ときに"見える"，刺激がない（存在しない）ときには"見えない"と定義することはできない。

　それでは，刺激が0でも"見えた"と反応するのは，被験者が間違ったり嘘をついているのであろうか。これも単純には肯定できない。なぜなら，視覚神経は刺激がないときにでも発火（反応）することがあるからである。もちろん，このとき細胞の反応量は非常に小さいから，その反応は中枢（大脳細胞）に届かないことが多い。しかし，細胞の反応が届いて"見えた"と反応する可能性も捨てられない。さらに，ヒトの視神経細胞は光子1個でも発火することが知られている。刺激量が非常に小さいときにでも，神経細胞の水準では反応が生じていることになる。多数回の実験のなかで一度でも"見えた"と答えたときには，その被験者は刺激が"見えた"のだと定義すると，刺激がないときにでも"見えた"と定義してしまうことになる。これは明らかに過大で無意味な定義であろう。刺激がないにもかかわらず，何かが"見えた"ように感じるのは，われわれが夜道等で，しばしば経験するところである。そこで，心理学では"見えた"とする反応の生起確立が50％に達したときを閾値と定義している。"見えた"とする反応が50％生じるような刺激量を超えたとき，その刺激を見る（または，差が分かる）ことができると定義することになる。

　われわれが行おうとする，子どもがある行動を獲得したとする定義もちょうど同じである。子どもの反応は，年齢が増加するに伴ってより高度で精緻な反応へと発展していく。その変化が連続的だとすると，行動を獲得したと決める年齢は，閾値と同様，一義的には決まらないことになる。先の例で説明すると，丸が描けるというのは，どのような場面でどのような丸を描いたときに丸が描けたと判定するのかを定義したうえで，年齢の増加に伴って定義を満たすような丸を描く反応がどの程度生じるかを調べる。発達検査では，標準的（できれば普遍的）な獲得年齢を調べようとするから，いろいろな年齢（月齢または日齢）の子どもについて，丸が描けた子どもの割合を調べることになる。同一年齢の子どものなかで丸が描けた子どもの割合を通過率とよぶ。図1とまったく同じ形をした通過率曲線（図2）が得られる。そこで，閾値の場合と同じように，どこからを丸が描けたとよべば適切なのかという疑問が生じる。K式検査では50％を通過基準としているが，発達検査のなかには，75％の子どもが通過したとき行動を獲得したと考える検査もあるし，80％を基準とする検査も存在する。これらは定義の問題であるから，何％に決めるべきであると論理的に結論を出すことはできない。著者はいつも，それはその人の趣味の問題であると称している。図2は

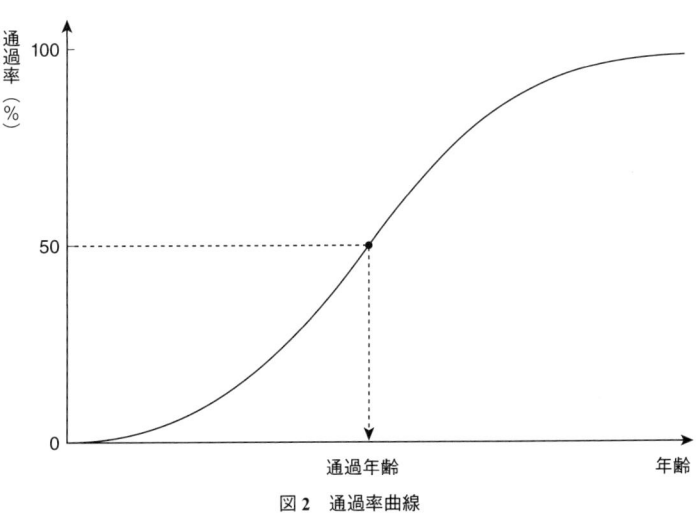

図2　通過率曲線

本質的に発達曲線と同じである。

　K式検査では，多数の検査項目を用意して，子どもが通過する項目数から発達年齢を算出しているから，基礎となる検査項目の通過年齢を50％で決めようが80％で決めようが結果は変わらない。しかし，心理学も一応科学であるから，趣味とだけで片付けておくわけにもいくまい。もっともらしい理由付けが欲しくなる。それゆえ，50％を選んだ理由をいくつか箇条書きに示しておく。しかし，これらはあくまでも一つの説明であって，論理的にこうでなければならないとは決めつけられない。

（1）閾値等，心理学における他領域で使用されている定義と整合する方が分かりやすい。
（2）50％は，計算が一番容易である（でも，計算機なら同じことでもある）。
（3）実際に測定するとき，測定誤差が一番少ないのは，傾斜が一番大きいところである。それゆえ，図2を見れば，中央付近が望ましい。

　以上で一番まともな理由は，3番であろうか。いや，1番の方が重要かもしれない。

　兎にも角にも，以上のようにして，われわれが丸を描けると判定する（P 104）のは，われわれが作成した丸を印刷した図版（円模写図版：図版の大きさ，丸の大きさ，線の太さなどが厳密に決まっている）を見せて「同じものを描いてちょうだい」と求めた（教示した）とき，本文に示した通過と判定する基準を超えた図形を描ければ，その子どもは丸が描けたと決めることになる。このように，丸を描くという単純な行動一つとっても，厳密な定義なしでは，丸が描けたと判定するのは困難である。判定できないと，該当行動を獲得する年齢は測定できない。逆に言うと，世間で行動を獲得する年齢が話題になっても，その行動を獲得したと判定するために厳密な定義をしておかないと，真偽のほどを確かめることができず，心理学は科学でなくなる。

　ここまで説明すると，この本の目的を説明することは容易である。少なくとも，本書で扱う子どもの行動は，これまで説明したように，すべての行動を厳密に定義したうえで，どのように子どもの行動が発達するのかを明らかにしようとするのである。ここで扱う子どもの行動は，K式検査と名付けられた一つの発達検査で測定された子どもの行動である。検査には，324項目を用意しているが，それでも，子どものすべての行動を網羅しているわけではない。当然，一つの検査で扱うことができる子どもの行動は限られているから，特定検査で子どもの行動を全側面について語ることは不可能である。しかし，限られた側面の検査であっても，子どもの知的機能に現れる全体的な発達について理解していただけるだろう。それ以上に，扱っている行動がどのように定義され，測定されているのかを理解していただくことがより重要だと考えている。通過年齢の測定方法は，定義によると述べた。発達検査では，丸を描く行動一つでも，どのような状況で丸を描くのかを厳密に定義している。このことを逆にみれば，定義を変えることは自由だと考えてよい。具体的に説明すると，一見同じ行動を測定しているようにみえても，異なった検査では定義が相違していることもある。そのため，定義が異なれば，当然，行動の獲得年齢や獲得順序が異なることにもなることに注意していただきたい。また，一般には，あまり注目されていないようで残念であるが，心理実験において教示は非常に重要である。同一の課題でも教示を少し変えると，課題の構造が著しく変化してしまい，同一の課題が非常にやさしい課題になったり，逆に，非常に困難な課題に変化する。検査者のなかには，被験者に課題を理解してもらうことを優先して，勝手に教示を付け加えたり，言い換えたりする人が存在する。検査では，これらの変更は絶対に許されない。このような行為は，心理学をまったく理解していない人の行動だと断じざるを得ない。手続き通りの教示が理解できるかできないかこそが，検査を解釈する第一歩なのである。

第3章　行動の操作的定義：
検査場面と判定基準の表示方法

　繰り返し説明しているように，本書の反応例はすべて K 式検査の検査場面で得られた反応である。本書をよりよく理解していただくために，この検査に特有な記載方法や必要な用語についてまとめて説明する。

3-1　記　載　方　法

　(1) 本書の中で，「　」で示したのはすべて，検査場面で検査者が子ども達に言葉で話し掛けるべき教示と，子ども達の言葉による反応例である。逆に言えば，検査では，「　」で指示された以外の教示を検査中に付加することは許されていない。

　(2) 本書では，子どもの反応例を，初めに不通過反応例を，次に疑問の答えを，最後に通過反応例の順序で載せた。これは発達の順序に従って記述する方が理解しやすいと考えたからである。疑問の答えとは，判定が困難で再質問が必要な反応である。不通過反応に再質問は許されていない。

　(3) 検査項目の名前は，見出しでは"符号・番号　検査項目名　判定基準等"に統一しているが，文中では"検査項目名（符号・番号）"のように書くときと，"符号・番号（検査項目名）"のように記載しているときがある。また，2 回目以降では"符号・番号"だけで示したこともある。以下に，例で示す。

> (例)
> 　V 31　絵指示　4/6
> 　絵指示（V 31）の検査項目は，6 つの絵が描かれた図版の中から検査者にたずねられた物の絵を指で差し示すことができるかを調べようとしている。V 31（絵指示）に通過となるには，絵の内容理解だけでなく，それを検査者（他人）に指差して教えようとする行動も含めて調べている。V 31 では，指差す手掌と指の形も重要な意味をもっている。

　(4) 本書では，K 式検査の使用者を読者として想定していないから，理解を助けるために，各々の検査項目について，標準化作業で得られた 50％ 通過年齢を記載している。資料は，1983 年版作成時の数値を記入した。なぜなら，この本で扱う検査項目はすべて，1983 年版に基づいているからである。1983 年版の検査用紙を巻末に付表として示した。

　通過年齢に計算不能と記載したのは，資料の不足により 50％ 通過率が計算できなかった検査項目であり，＊を付加したのは，より低年齢か高年齢の資料が不足しているため，やむを得ず推定によって計算したことを示している。年齢はすべて，X 歳 Y ヶ月を X：Y の形式で記載している。月齢は月齢以下の数値を求めておく必要があったため月齢以下一桁まで表記した数値である。3：52 と表記されているとき，3 歳 5 ヶ月と 2/10 を示し，3：115 と表記されているときには，3 歳 11 ヶ月と 5/10 を示している。

3-2 用　　語

　発達検査や知能検査では，検査項目で得られた子どもの反応を判定することによって，子どもの発達（知能年齢を含む）を評価するのである。判定するときの用語は，これまでどのように使用されてきたのであろうか。これまでK式検査で使用してきた用語を説明したうえで，用語の歴史について少し詳しく調べておこう。

3-2-1　合格・不合格（通過・不通過）

　発達検査では，年齢の増加に伴って検査項目への反応内容が進歩していく。判定基準を超える反応が得られたとき，検査項目を通過していると考えて得点を与える。このように検査項目を通過しているときを合格，通過していないときを不合格とよんできた。京都市児童院の歴史を調べると，この呼称は，1934（昭和9）年のウイン式乳児発達検査（園原，1944）から使用されてきた。

3-2-2　正答・誤答

　検査項目には下位検査項目（小問題とよんでいる）が含まれていることがある。たとえば，K式検査で色の名称知識を調べるとき，Binetにならって赤・黄・青・緑の4色を使用している。この4色の中から色名をいくつ答えられるか調べて，V 40・41を判定する。もちろん，検査で使用するときには，使用する色だけでなく，その色の面積や色の配置等も厳密に決められている。適当に赤・黄・青・緑の物体を見せてたずねてはいけない。

　このような検査項目について合格か不合格かを決めるためには，まず，下位項目（小問題）への反応を評価する必要が生じる。その結果に基づいて，検査項目全体に通過しているか，不通過であるかを判定する。ここで使用している4つの色を下位項目（小問題）とよぶ。V 40では，検査項目が要求する判定基準が 3/4 であるから4問中3問に正しく答える必要があり，V 41では，判定基準が 4/4 であるから4問すべてに正しく答えなければならない。V 41はV 40より上位の基準であるから，V 41が通過であれば，当然V 40も通過とする。K式検査では，このように下位検査問題（小問題）への反応を判定し，正しい答えと判定するとき正答，正しくない答えと判定するとき誤答とよんでいる。そのうえで検査項目への通過・不通過を判定することになる。

3-2-3　用語の歴史
(1) 日本の検査

　日本の代表的な検査について調べる。

　鈴木ビネー検査では，合格・不合格・正答は，K式検査と同義に使用されているが，誤答は不正答とよんでいる。正答に対する疑問の答えは，われわれと同じ言葉を使用している。田研式田中ビネー検査では，合格しないときの用語は不詳であるが，合格・正答・誤答はK式検査と同義に使用されている。田中ビネー検査では，判定基準の中で合格・不合格，正答・誤答をK式検査とまったく同義に使用している。日本版WISCでも，採点基準の中で合格・正答を同義に使用しているが，誤答は失敗と表現している。

　津守式乳幼児精神発達検査では，検査項目の行動を，"できる"・"はっきりしない"・"できない"の3段階に分けている。これは母親による記入を目的とした検査であるから，母親に理解してもらうことを配慮したための用語法であると考えられる。

　このように調べてみると，上に説明したK式検査が使用している用語は，日本で使用されている検査に共通して使用されている用語法に従っていたことが分かる。

(2) Binet の用語

Binet は，最初に検査を作成するとき，どのような用語を使用していたのか。

Binet 検査では，Simon との完成した検査である 1921 年版を発表するまでは，統一的な用語が使用されていなかった。1905 年 a の論文では，子どもの反応を評価（cote）し，評点（note）をつけると表現している。1905 年 b の論文では，検査項目の要求を越える（franchir）と書いており，英語の pass に相当する用語が使用されている。反対の意味では，失敗した（raté）が使用されている。また，説明の中で正しい（juste）と誤り（erreur）が使用されているのは，正答・誤答と同義といえる。

子ども達の解決方法（les solutions）を評価（savoir）・解釈（interpretation）することが重要だと指摘したうえで，検査項目に対する解決（Les solutions）方法を

1. 解決の欠如（Absence de solution）
2. 部分的解決（Solution partielle）
3. 完全な解決（Solution complète）
4. 不合理（Absurdité）

の 4 段階に分類している。

この分類は，現在でも検査項目への反応を解釈するときに重要な示唆を与えてくれる。いつも筆者が，発達検査や知能検査を行うときには，当該検査の知識だけでなく，背景となる心理学全体に対する知識が必要であると説く所以である。

1908 年の論文では，知能測定尺度（une échelle métrique de l'intelligence）を作成しようとし，不十分な（insuffisantes）反応に対して，正確な反応（réponses exactes）と良い反応（bonnes réponses）を調べ，子どもが実行した（exécute）内容が検査項目の課題より高度であることを調べ（épreuves supérieures）ようとしている。1913 年には，前述した franchir が使用され，日本語では通過と訳すのがよいだろう。

Binet と Simon による完成した形の検査（1921 年）では，反応評価（notation des réponses）を，通過（franchie）と失敗（échec）に分けて記号化すると説明している。

記号化は，反応の水準により 5 段階に分類されているので記載しておく。

1921 年版による反応評価と記号（le signe）

1) ＋！ ：優れている（excellent）
2) ＋ ：通過（franchie）
3) −？ ：成功（une réussite）か不成功（un échec）が疑わしい
4) − ：失敗，不成功（échec）
5) −！ ：粗雑な（mauvais）

以上 5 段階に分けて評価し記号化する。Binet 検査の考え方については，中瀬（1992）を参照していただきたい。

(3) Terman の用語

1916 年の著書では，採点（scoring）について，正しい答え（correct response）とよび，反応を成功（success）と失敗（failure）に分けている。また，失敗を不成功（lack of success）ともよんでいる。検査項目への採点基準は，通過と判定すべき満足な（satisfactory）反応と不満足（unsatisfactory）な反応に分類している。

Terman の記号化は，おおむね Binet と Simon に従ってはいるが，細部には相違がある。採点の分類と記号を記載しておく。

1) ＋＋ ：特別優れている（exceptionally good）

2) ＋ ：成功（success）
3) 1/2 ：半分成功（half credit）
4) ? ：成功（success）か失敗（failure）かが疑問
　　　　？に，＋か－の記号を付加しておく（＋？と－？に分ける）
5) － ：失敗（failure）
6) －－ ：特に劣っている（exceptionally poor）

　Binetの記号化と比べると，3)の1/2得点が付け加わっていること，4)が，2つに分かれているところが異なっている。

　検査項目の定義に達していないと判定されるときは不通過とよぶ。Termanによる成功と失敗の用語が日本で使用される合格・不合格の語源ではないかと推測される。

(4) まとめ

　以上調べてきたように，検査項目に対する被検児の反応は，年齢が大きくなるに従って，より高度な内容へと発展していくと考えられる。その反応内容を調べて，ある一定の水準を超えた反応が得られたとき，その検査項目が定義している年齢水準を超えたとしている。このように検査項目への反応を判定した結果をどのように名付けるか，歴史的にみると一定の解答はないといえる。しかし，図2で示したような考え方に立ち返ると，Binetにならって通過とよぶのが一番ふさわしいと考えている。

　また，検査項目への判定結果を＋と－で記号化しているが，このような方式は，Binetが最初から使用していた記号であることも分かる。

　ただ，Binetが5段階に判定した反応をK式検査では2段階に単純化している。検査の施行を簡便にするとともに，一般の検査者にも扱いやすくするためであるが，子どもの発達に詳しく，経験を積んだ検査者は，頭のなかで5段階の反応内容を考慮して解釈しているとも言える。誰にでも使いやすい検査を作ることは，反って，未熟な検査者を生むことにもなる一方，判定を複雑にすると熟練した検査者間にも判定不一致が生じる。いずれにしても困難な問題を内在していることがお判りいただけるであろう。

　最後に，無反応（NR, no response）と反応拒否（rejection）についても触れておく。これまで調べてきたなかでは，特別の記号化はされていない。旧K式検査やK-B検査ではNRと記号化していた。これらは臨床的判定には非常に重要な手掛かりを与えてくれることに注意して欲しい。詳しい解説は，本書の目的に合わないので省略する。

第4章 課　題　性

　心理学が始まった当初から，ヒトの個人差は中心的な研究課題の一つであった。ヒトを研究するとき，ヒトをヒトたらしめる最も重要な機能として，知的機能は心理学にとって興味深い対象であり，多くの国で研究されていった。知的機能の個人差を測定しようとする知能検査（mental test）の名は，1889年にCattell, J. M. が最初に発表した。しかし，この検査は実際に使用されると予測性がないことが判明し失敗に終った。それは現実的妥当性をもたない検査であることを意味している。Cattellによる失敗は，ヒトの手で神に与えられた最高の精神機能である知的機能を測定することなどできないとの批判をよび，知能検査の研究を阻害したとさえ言われた。

　1882年10月に就学制度が導入されたフランスでは，1900年には生徒数が650万人に達した。文部省の指示で就学指導を目指して知能検査を作成する試みが始まったが，Binet（1905）は，それだけではなく精神障害による知的機能の低下と，発達遅滞による知的機能の遅れを見分けたいとするもう一つの目的をもっていた。知能測定尺度を作成するとき，当初から妥当性と信頼性を考えていたことなど，Binetが成功した要因はいろいろある（中瀬，2000）。このような試みを支えた中心的発想をわれわれは，"課題性"とよんでいる。一つの絵を見せて説明を求めるとき，3歳児は列挙によって回答し，7歳児は叙述によって回答し，12歳児は解釈によって回答すると述べている（Binet, 1908）。まったく同じ課題でも，子どもの年齢によって課題がもつ意味と構造が変化していることを示している。それゆえ，まさにこれは，課題性を示している。他方，乳児の行動観察に始ったGesellの検査では，各週齢や月齢で獲得した行動を並べて発達測定することを目標としているが，測定項目がもつ課題性は意識されていない。われわれの師である園原太郎は常々，K式検査が成功したのはGesellの項目をBinet的に使用したからだと言っていた。これは，K式検査では，乳児検査にGesellの検査項目を使用しているが，子どもの反応を解釈するとき，検査項目がもつ課題性を理解しているか否かを確かめようとする視点を導入していることを指摘している。以下，課題性について詳しく説明を加えよう。

　Binetが最初に知能検査を作ったとき，特定の検査項目が子どものどのような機能を測定しているのか，必ずしも分かるとは限らないと言っている。Binetが挙げた例では，たとえば，3歳頃の子どもに名前をたずねることが，子どものどのような機能を測定しているのか分からない。しかし，自分の名前をたずねられて正しく名前を答えるとき，その子どもは間違いなく3歳の知的能力を獲得していると考えてよいという。Binetは，知能は記憶とは違うのだと言っているが，Binetの検査自体にも直接記憶の問題は多い。知能とは眼前にある今の状況で，過去の経験をいかに生かすかが重要であると言っている。これは結局，思考力と同じことであり，別のところで，批判力が大事だと言っていることも併せて考えれば，Guilfordの知能モデルにおける評価（evaluation）に該当する考えである。

　課題性とは，検査状況で生じるさまざまな妨害的要因を除去して，一番よい解決を見出していく能力と考えられる。たとえば，理科の試験で"燃える"とはどんなことかとたずねられて，「火がつくこと」と答えたのでは解答にならない。正しい解答を与えるためには，理科の試験であるという状況を認識し，理科の試験であれば，どのような答が要求されているのかを知ることによって初めて，正しい解答を与えることができるのである。われわれは，このように課題の意味が分からな

いと，ある状況に正しく反応することができない。検査場面では，言葉の内容から課題の意味を知るのであり，教示の重要性が理解されよう。課題理解とは，課題性を理解することに他ならない。

　検査場面で，小さい子どもに，赤球と白球のように2つの刺激を出すと迷わずに一方を取る。しかし，少し大きくなると，同じように赤球と白球の2つの刺激を出すと，ポカンとしてしまう。このように，迷わずに一方を取るのに対して，ポカンとするのは子どもの進歩なのであって，自分の好み（嗜好性）だけで一方を取り上げていたのに対して，後者では課題の意味が分からないことを示している。このような反応が生じるためには，子どものなかで，次のような過程が生じなければならない。それはまず言語を指標（index）にして，赤と白の2つの色に対して生れつきもっている嗜好性（preference）をいったん抑制し，等価にしなければ，どちらでも取るという行動は発現されない。これがPiagetの言う均衡（équivalent）のもつ意味であり，7・8ヶ月児が示す成長の意味である。そうして，そのような過程を通して行為の結果に成功すると強化が与えられる。

　重なり図形の場合について，もう一度考えてみるなら，"遠くに見えている"との知覚レベルと"現実の遠さ"とを一緒にするのは6歳にならないとできない。では，それまでの年齢で何ができてきているのかを調べてみると，まず，自然に備わった内発的な嗜好（preference）の水準があり，それによって反応する。そうして，そのなかで成功した反応については強化が与えられる。それが模倣の開始とともに，行動はより能率的になり，言語課題に対する模倣ができるようになって課題に対する反応という一連の行動のまとまりが完成する。

　Binet検査でお馴染みな検査項目に，絵を見せて内容をたずねる項目がある。1905年b，第8問《版画の言語理解》では「窓はどこ？」とたずね，第9問《指示した物の名称を言う》では逆に「これは何ですか？」と質問する。このように，同一の検査課題であっても教示によって課題構造が変化する。検査課題の構造が変われば，項目の難易度も異なり，通過年齢が変わる。

　検査が成立する条件を考えてみよう。被検児は検査者との関係がうまく成立する（関係成立）と，検査者が要求する課題（検査項目）について，精一杯の答えを返そうとする（構えの成立）。次に，具体的な検査項目が提示されたとき，検査場面に用意された検査用具と検査者から与えられた教示によって，どのような答えを返すべきかを考える。これが課題状況の理解であり，課題性の理解に他ならない。同じ教示でも場面の状況が異なると答えるべき内容が変化することさえある。たとえば，知らない人から突然「お名前は？」とたずねられて，すぐ返事する人はいないであろう。教示は，検査場面に導入され，検査への構えができた被検児に，課題の構造を知らせるためにある。このような教示によって，課題構造を理解できるかどうかを調べているのであるから，検査者が自分の都合で，勝手に教示を付加することは許されないことになる。検査では，まず教示が理解できるか否かが試されている。このように考えていくと，検査者と被検者の関係も重要な意味をもつ。親子や担任の先生と生徒のように知りすぎている相手だと，課題の教示は被検児にとって馬鹿馬鹿しく，真面目に答えるより冗談を言ったり，わざと間違った答えを返すことにもなる。あくまでも，あまりよく知らない他人にたずねられているからこそ，非常に簡単な検査項目にでも，真面目に通過反応を生成してくれるのである。

　このように検査項目の構造を調べると，課題性こそが検査場面で最も重要な構造であることが理解されるだろう。発達検査とは，子どもによる課題性の理解を調べていると考えてよい。それゆえ，発達を測定する立場で再考すれば，検査項目は検査を受ける子どもの暦年齢によってではなく，検査項目の通過年齢によって課題性の構造が決定されている。教示内容と教示する検査者の態度などは，検査項目の通過年齢によって決められるべきであることになる。特に幼児を対象とした検査を専門とする検査者などに，検査課題を理解させようとするあまり，教示内容を分かりやすく変更したり，言葉遣いを低年齢向けに変えて，被検者である子どもの暦年齢に合わせて検査課題の教示を変更しようと試みる検査者がいる。課題性の観点からは，このような変更が許されないこと

は明らかであろう。たとえば，12歳を通過年齢とする検査項目を施行するときには，相手が6歳の幼児であっても，12歳の小学生に対するような言葉遣いで検査するのが正しいことになる。

第5章 発達過程

　発達検査は，子どもが獲得した発達水準（発達年齢）を測定しようとしている。特定の子どもを取出して，異なった年齢水準で発達状態を測定して，時系列上に並べると，その子どもについて発達過程を知ることができる。このようにして得られた発達過程に一般性（共通性）が認められると，普遍的な発達過程を知ることができる。普遍性が得られると，発達過程に一つの規範を与えることになる。しかし，普遍性が得られたとしても，発達に他の道筋が不可能であることを示したことにはならない。発達臨床の世界では，個を判定しようとする。規範となる普遍的な過程について十分な知識をもっていることは重要であるが，普遍的過程を外れていても，それだけで異常性を決定することはできない。

　発達検査では，発達過程の重要な道筋に位置する行動を検査項目に選び，通過・不通過を調べることにより，子どもが位置している場所を知ろうとする。しかし，それだけではなく，得られた反応内容を詳しく分析することにより，どのような発達過程の中にあり，その中でどの程度の行動を獲得しているかを知ることが重要である。その第一歩としては，課題理解が重要な意味をもつことになる。通過しないのは，課題を理解していないのか，課題を理解しているけれど通過と見なせる反応を獲得できていないのかが重要な意味をもつからである。

　検査項目の内容を厳密に定義して子どもの行動を判定すると，それぞれの項目について通過・不通過が決定できる。見方を変えると，すべての検査項目について，通過した子どもと通過しない子どもに二分することになる。本来，発達検査はこのように子どもを二分することが目的ではなく，そのためにこそ，同一年齢の同一検査領域に，できるだけ多くの検査項目を用意して子どもの全体像を調べようとしている。そのために検査時間が多少長くなることは，やむを得ないと考える。もう少し詳しく説明するなら，検査項目への通過・不通過だけを調べるのではなく，先に述べたように，検査項目をどのように把握し，どのような反応を与えてくれるのかを詳しく知るとともに，全体の検査項目への反応がどのような状態であるのかを知ろうとしている。

　一方，世間では，検査項目の一つに相当するような行動だけを取り出して，その通過・不通過により，発達の壁と表現する人達もいる。たとえば二足歩行が可能かどうかとか，言葉を獲得できるか否かのような分類である。二分法は話が分かりやすくて便利な表現方法ではあるが，子どもの発達過程を捉えようとするときに正確な表現とは言い難い。数多くの中間的段階があるからである。検査をして得点化するときも，必要上二分しているが，これから具体例を見ていくように，検査項目に対する子どもの反応は決して簡単に二分できるものではない。Binet や Terman の分類でも明らかなように，通過とよぶにはまったく遠いような反応から，すぐ通過反応に変わるような前段階の反応まで，反応は広く分布している。言い換えれば，子どもの行動は連続的に進歩発展していると考えてよい。完全に連続として捉えると得点化することができないから，便宜的に一つの基準を設けて通過・不通過に分けていると考える方がよい。それが図2（p.5）の考え方である。

　以上のように子どもの反応を細かく調べていくと，子どもが獲得した行動は2つに分けられるものではないことに気が付く。本書の目的は，検査項目による判定基準を詳しく説明していくのだが，今説明したように，検査項目により子どもを二分しようとするのではなく，逆に子ども達を簡単に二分することができないことを知ってもらうことこそ重要である。

第6章　新しい行動の獲得

　ヒトは成長過程のなかで多くの行動を獲得して行動能を広げていく。Portmann（1951）が生理的早産とよんだように，ヒトの赤ん坊は自分自身では生命を維持する力をまったく保有していない。1歳になって初めて，哺乳類が誕生時にもっている発育状態に達するのである。一方，成人となったヒトは，身体能力は兎に角として，知的機能については，すべての動物に優越している。このような差はどこからくるのであろうか。出生時の無力さは，Portmann が指摘するように，知的優位を生むために必然であったのだろうか。また，無力な状態で誕生した後に生じる発達過程は，どのような経過をたどるのであろうか。発達過程を支える機能は，どのように用意されているのであろうか。このように，さまざまな疑問をヒトの発達過程はわれわれに投げかけているのである。

　発達にとって新しい行動獲得は，遺伝情報によって先天的に決定されているのか，学習によって後天的に獲得されるのかは，これまで多くの議論をよんできた。内因説と外因説とよんでもよい。蜂が巣を作ったり，蜘蛛が種特有の巣を張るように，見事な行為も学習を必要としないことが知られている。哺乳類ですら，ネズミが出産し育児をするのに経験を必要としていない。われわれヒトの場合，新しい行動の獲得は，ほとんどが学習によっている。経験がないとほとんどの行動能は獲得できず，まったく無能であると言っても過言ではない。学習するために必要な基礎能力は，遺伝情報の中にあるとしても，経験を通した獲得過程が必要なのである。多くの機能を遺伝情報の中で決定することなく，学習による獲得過程に任されているからこそ，われわれは多様で高度な知的機能を獲得できたとも考えられる。一方では，出生直後に歩行反射や遊泳反射などをもち，それらがいったん消失して，後に意図的に使用されることにより，行動の自由度を多く獲得することも知られている。ATNR 反射ですら，対称運動しかできなくなってからのちに，意図的運動として多彩な運動を可能とする。このような事実は，多くの行動能が，萌芽として先天的に用意されているようにも見える。行動が発達する過程について，解決すべき多くの課題が残されている。

　獲得される行動は連続的な変化過程によるのか，非連続な過程かも問題とされる。量的な変化と質的な変化と言い換えてもよい。今までの水準を超えた新しい行動の獲得がどのように進行するのか，少し考えてみよう。新しい問題に直面したときに，新しい解決方法を見つけ出す機制は，創造性研究のなかで多く研究されてきた。困難な課題に立ち向かっているとき，いろいろな解決方法を考え，試行錯誤するなかで新しい発想が暖められていく。このような時期は孵卵期とよばれる。そうして突然，新しい解決方法が浮かんでくる，見通しの獲得であり洞察などともよばれる。創造的な問題解決過程は漸進的に獲得されない。このような知見は，質的な転換を予想させる。しかし，連続と非連続の問題を解決するのは容易ではない。なぜなら，これまでにも述べたように，連続的な変化過程も視点を変えると質的な変化に見えてしまうことが少なくないからである。人々は，初めて電卓を見たとき，そろばんと本質的な差を見出さなかった。それどころか，そろばん名人を例にして，電卓に対する優位性を説く人々さえ少なくなかった。その後，電卓は現在のいわゆるコンピューターへと発展した。人工衛星やロボットを制御する姿を見て，もはやそろばんと比較する人はいなくなった。それどころか，万能を予想しているようで，かえって恐ろしい。しかし，集積度と演算速度を飛躍的に発展させたけれど，基本的な演算機能は当初に比べて何ら進歩したわけではない。相変わらず，0と1による2進法計算を，ただ猛烈な速度で，膨大な量を繰り返しているにすぎ

ない。このように，単なる速さの変化でも桁違いに進歩すると，われわれには量的変化が質的変化に見えてしまう。このように考えると，量的変化と質的変化は，比較する基準となる測度を区切る幅の違いだけに帰着する可能性を含んでいる。連続と非連続の問題は，発達過程だけでなく，われわれにとって考えるべき多くの課題を投げかける。

　創造性研究に基づく知見は，子どもが新しい行動能を獲得していく過程にも当てはまる。たとえば，積木を積むという一見単純な行動も，2段，3段，4段，5段…8段と一段づつ積む行動を単純に増やしていけば完成するのではない。机に置かれている積木の上に積木を1個乗せることは，単に動作の巧緻性だけで解決される問題ではない。積むこと，積んだ積木が高くなることに喜びを感じるようにならないと達成されない課題である。さらに，2段から3段，4段と8段まで積めるようになる過程は，作った積木の塔にもう一つ積木を上に乗せるだけで解決される課題でもない。一つづつ慎重に重ねて少しも曲らず積木を積み始めると，その調子で繰り返していけば8段の塔を完成することは容易だと思える。たとえば，6段まで完成したとしよう。ところが7段目では突然両手に積木を持って2つ同時に乗せようと試みる。同時に積もうとするのが5段目で生じるのか7段目で生じるのかは個人差があり，一定しないが，8段を積めるようになる前に，2つの積木を同時に積もうとするような行動がしばしば観察される。7段目で2個同時に積もうとした子どもにとって，6段の積木の塔と7段の積木の塔は，異なった課題構造をもっている。課題の全体的な構造を見通してそのために必要な方略をとるのは，単に一つの積木を倒れないように上に乗せる調節機能と巧緻性だけの問題ではない。自分に可能な高さまで積木を積むと，自分のもっている行動能を超えたところで，新たにとるべき行動が模索されていると考えられる。このような模索は，多くの検査項目で観察される。成人を対象とした実験でも，検査者が正しい解決方法を知って観察しているとき，もう少しで完成できるような行動に出会うと，あと一息と緊張することがある。ところが，正しい解決方法を知らない被検者は途中で探索を止めて，一からまた新しい解決方法を探し始め，以前に失敗した方法を再度試みたり，同じ失敗を重ねることが少なくない。見通しをもっている検査者と，解決方法を模索しながら課題解決に取り組んでいる被検者との相違である。検査項目の説明のなかにも，このような関係がしばしば出現するので注意していただきたい。このように考えると，積木の塔課題が8段で終っているのにも意味があり，8段まで完成すると全体の見通しは完成し，その後は，倒れないようにする動作の巧緻性だけの検査になってしまうからである。このように，検査項目の通過年齢を上げ，より高年齢用の課題にしようとして量を増やすだけでは意味のある検査項目を作成することはできない。

　新しい課題解決に至り，正しい解決方法が身に付いてくると，意図的な思考によらずとも自然に行動がとれるようになる。このように行動が自動化されることは重要である。なぜなら，すべての行動をいちいち意図的に考えながら遂行することになると，動作は停滞してしまう。脳梗塞の後遺症で歩行が困難になった友人は，今でも階段を昇降するとき，動作を一つづつ頭で考えて足を運ぶという。自動的に処理されていた頃の動作に比べて，考えながら処理される動作は不自然で危なかしい。言葉を話したり数学の問題を解くなど，知的機能を使用するときには，このような自動化の背後に美意識が出現する。何か間違えたとき，あるいは，不具合のある解決方法を選択してしまったときには，論理的に考えてその誤りに気が付く以前に，美意識が何かおかしいと教えてくれる。われわれの行動にとって美意識は，根元的に重要な機能をもっていると考えられる。一つづつ躊躇したり，無駄な動作が付加された行動は，見ていて美的ではない。豹が獲物を一直線に追いかける姿や，完成された名人による職人芸の動作は美しい。美意識は，ただ，絵画や芸術作品を鑑賞するときに作用するだけの感覚ではない。また，意識的な吟味過程ではなく，美意識によって自動的に処理されることによって初めて，素速い動作が可能となる。美意識は，創造的思考にとっても，基礎的に重要な機能であるが，それだけに止まらない。ヒトの行動や思考にとって，もっとも

根本的な機能だと考えられる。美意識を獲得したことがヒトをヒトたらしめる根源的な要因ではなかろうかとさえ考えている。

第Ⅱ部　新版 K 式発達検査とその背景

第7章　京都市児童院とその院内検査

7-1　京都市児童院

　京都市は，1924（大正13）年から産院・乳児院の建設を計画していた。京都市の社会事業を充実するために，当時の市長が京都大学文学部社会学の教授に，課長待遇に処して事業内容を任せたいから，それにふさわしい人材派遣をと要請したという。派遣された漆葉見龍（京都市社会課主事）は，多くの事業を手掛けて京都市の社会事業に基礎を作った。児童院については，アメリカの児童相談事業を模範とするべきだと考えて，部下を調査のために Senn の下に派遣した。Senn は自分の大学で《家庭と子どもの相談室》を開設していた。現在，そのときに持ち帰った，Senn の師である D. A. Thom の資料が残されている。Thom は，当時，ボストン市子どもの躾け相談機関(The habit clinics of Boston)とマサチューセッツ州精神衛生局付属精神衛生機関（The division of mental hygiene in the Department of Mental Diseases of Massachusetts）の所長を兼ねていた。仕事の内容がアメリカ合衆国労働省児童局（U. S. Department of Labor Children's Bureau）と国立精神衛生委員会（The National Committee for Mental Hygiene）から出版されている（図3）。園原太郎によると，この相談機関を手本として児童院が作られた。記録によると1927年（昭和3）に京都市で行われた御大典記念御下賜金を基礎として社会事業基金が作られ，同年3月，京都市会において京都市児童院創設が議決された。京都市児童院は，1931（昭和6）年9月15日に開院した。経過について

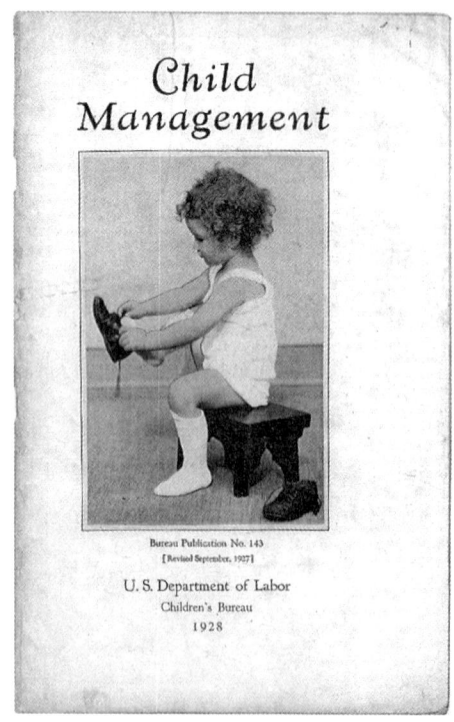 

図3　Thom のリーフレット

は，京都市児童福祉百年史（1990）に詳しく説明しているので，記述されていないところについてのみ補った。他は成書を参照していただきたい。

　京都市児童院設立趣意によると，子どもの総合的機関として，医学・心理学・教育学および社会学が必要であると記載されている。しかし，現実に配置されたのは，産科医による助産事業，小児科医による児童健康相談事業，心理学の専門家による心理相談事業であった。日本で最初に開院した子どもを専門とする総合機関が当初から，入院施設をもった産院を中心として産科・小児科・心理を統合していた。出産前から三科が協力して妊産婦教室だけでなく父親教室も開設し，そのうえ栄養補給のためにミルク配給まで行っていた。最近始まった周産期医療を，より充実した形で戦前に実行していたことは驚異的でさえある。ちなみに，東京で愛育研究所が創設されたのは1933（昭和8）年のことである。

　本書の主題である心理部門に限定すると，筆者の恩師である園原太郎は大学を卒業すると同時に専任嘱託として1931（昭和6）年から1938（昭和13）年まで勤務した（児童院の嘱託解除辞令は1940（昭和15）年）。この間に，数多くの先駆的な乳児研究を開始するとともに，乳児の発達検査が作成された。新版K式発達検査の基礎はこのときに始まった。その後，嶋津峯真が，1941（昭和16）年から専任嘱託として参加し，1959年からは判定部長，1961年には指導部長となり，1964年から1970年まで児童院長を勤めて定年退職した。生澤雅夫は，1950（昭和25）年に大学を卒業して2年間児童院に在職して新版K式発達検査の原型を作成した。

7-2　児童院の発達検査

7-2-1　ウイン式乳児発達検査とビネー検査

　園原は児童院で乳児と幼児を対象とした先駆的な研究を行った。そのなかに，Bühler, Ch., & Hetzer, H.（1932）の乳児検査（Kleinkindertest）を翻訳してウイン式乳児発達検査と名付けたものがある。当時，児童院ではThomにならって，市民啓発を目的とした非売品のパンフレット・リーフレットを74種類発行していた。多くは残念ながら現存していないが，一覧表は残されている。それを調べると，心理相談の説明や，躾け方リーフレット6種類など，12種類が心理関係である。いずれも著者の個人名はなく児童院名で発行されているが，主として園原が執筆したという。なかに，京都市児童院（1934年）から出版されたウイン式乳児発達検査（上記，Bühler & Hetzerの乳児検査）の小冊子がある。園原は，この冊子で検査用具と検査項目を一覧し，検査項目について合格条件と測定しようとする内容を説明している。児童院では開設当初から発達検査が使用されていたことが分かる。文献によると，幼児にはビネー式個人テスト法が使用されていた。岩井・園原（1935）は，児童の社会的態度の発達を研究し，社会的状況の一類型として，テスト場面を選択している。使用検査としてウイン式検査とビネー式個人テスト法が記載されている。

7-2-2　Gesellの検査

　園原先生の死後，われわれ"Kの会"会員が集って，先生の書斎を整理した。主な目的は，心理学関係の蔵書を整理し，京都大学文学部心理学教室に保管してもらうことであった。そのために1988年7月から8月にかけて，夏の暑さのなか手分けして作業を進めた。嶋津峯真・柿崎祐一・村井潤一・清水御代明等の諸先輩も夏の盛りに軍手をして，額に一杯汗をかきながら作業に励んでいたのが今でも目に焼付いている（Kの会，1990, 2002）。

　K式検査は検査用紙が当初から赤色で印刷されていた。新版K式発達検査を公表するにあたって，検査用紙の色が話題となった。なぜ赤色かが分からなかったからである。当時，生澤雅夫は赤色にした理由を覚えていないとのことであった。話題にはなったが，本質的話題でもなく，これま

で慣れているし，すでに世間でも知られているからあえて変更する理由もないため，やはり赤色で印刷することに簡単に決った。この経過を園原先生に話すと，児童院では初期からGesellの検査も翻訳使用していたと話された。Bühlerの検査を先に作成し，検査用紙を黒で印刷していたから区別するために，新しく作成したGesell検査は赤で印刷したとのことであった。しかし生澤は園原のGesell検査は記憶にない，Gesellの検査はなかったはずだとのことであった。近年になって赤で印刷した別の理由を思い出したと話されていたが，内容をたずねることは今やできない。資料整理の機会に，園原のGesell検査を発見したく参加者に経過を詳しく説明して作業を進めたのであるが，残念ながらその時点では発見できなかった。話の筋道から筆者は，園原の記憶がより正しいと考えたが，いずれの証拠もなく，これまで伝聞として両者の意見をそのまま記載してきた。

園原先生が残された大量の資料や寄贈書以外の図書は，現在，京都ノートルダム女子大学が保管している。2003年3月から，秋田宗平先輩とともに1年がかりで資料整理を行い，園原先生によるGesell検査用紙を発見した。新事実が発見されたので急遽この文章を追加する。検査用紙は2種類存在した。この間の事情と，新版K式発達検査を作成し，拡張した過程を詳しく論じたので，中瀬（2004 a, b）を参照していただきたい。

(1) 第一種　乳兒發達検査票（1年半マデ）（作成年月日不詳）

前記ウイン式乳児発達検査用紙である。1944年の文献には，1ヶ月から6ヶ月の検査項目しか記載されていない。この検査用紙には，年齢区分を1ヶ月から1歳6ヶ月まで12に分け，各年齢区分に10項目の検査項目が配置され，全120項目が用意されている。なお，この検査用紙は黒色で印刷されている。次の第二種検査に先行しているから昭和6, 7年（1931, 1932）から使用されていたと推察される。

(2) 第二種　乳兒發達検査票（1年半マデ）（昭和8年7月案）

これまで存在が知られていなくて，新しく発見したこの検査用紙は，年齢区分を1ヶ月から1歳5ヶ月まで12段階に分けて検査項目が配置されている。検査項目は，運動發達，言語，適應行動，對人社會的行動に区分され，それぞれに，39, 28, 41, 35項目があり，全143項目の検査である。項目分類でも明らかなようにGesell検査の翻訳である。検査用紙は，赤色で印刷されていた。用紙には，1933（昭和8）年7月案と印刷されている。

以上の事実から，京都市児童院において園原太郎は，少なくとも1933年には，Bühler検査とGesell検査の2つを作成して使用していたことが明らかとなり，園原の記憶が正しかったことが証明された。この資料により，K式検査の歴史は，児童院の歴史とともにあることになる。

7-2-3　新版K式発達検査の原型（戦後の児童院検査）

児童院に着任した生澤雅夫は，嶋津峯真・広田実と協力して1950年から51年にかけて，3種類の検査を作成した。これらの検査を総合して，新版K式発達検査を作成した。前記を含め，検査名はすべて，検査用紙に印刷されている名称をそのまま使用した。

(1) K.J式乳幼児発達検査（満1歳まで）原案

1951年夏，Gesell & Thompson（1938）を翻訳してGesell & Amatruda（1941）のように配列し，K.J式乳幼児発達検査（満1歳まで）原案と名付けて検査用紙第1葉・第2葉が作成された。現在確認できるのは，著者名がなく京都市児童相談所から1975（昭和20）年に発行された検査手引書である。検査には0歳0ヶ月から0歳11ヶ月まで1ヶ月刻みに検査項目が配列され，新版K式発達検査の第1葉・第2葉とほぼ同じ物である。嶋津・生澤（1954）と生澤（1954）に研究報告がある。

(2) K式乳幼児発達検査（満1歳以上）

1951年夏，K式乳幼児発達検査（満1歳以上）原案もほぼ同時期に作成された。この検査は，満1歳から就学期までの児童を対象として検査用紙第3葉・第4葉として作成された。検査項目は，満1歳から満10歳まで用意され，運動領域（Motor, 11項目）の発達年齢尺度が1歳1ヶ月から3歳6ヶ月まで，動作性検査項目（Performance, 63項目）と言語性検査項目（Verbal, 51項目）を総合した対人的・社会的（P-V）領域の発達年齢尺度が1歳0ヶ月から10歳0ヶ月まで作成されている。その後，1953年に第2次改訂が作成され，1962年には第3次改訂が作成されていた。現存している手引書は，1962年版と1975年版である。1975年版は実質的に第4次改訂版の手引となり，世間に広く知られたのは，この版である。

(3) K-B式個別知能検査

1962年には，検査の対象年齢を広げること，幼稚園などへ出張判定するときの便宜等を考慮して，2歳6ヶ月から14歳超まで（全75項目）の検査項目を用意したビネー検査が作成して使用された。測定精神年齢尺度として2歳1ヶ月から20歳0ヶ月までが用意されている。京都ビネーを略してK-B式個別知能検査と名付けられていた。陰では，一生ビールばかりを大量に飲み続けた嶋津先生に敬意を表して，キリンビールの略だと噂されていた。嶋津・広田・生沢（1955）に学会発表があり，手引書は1962年版と1975年版が現存している。

一般には，(1) (2) の検査を総称してK式検査（あるいは，旧K式）とよばれ，(3) の検査はK-B式検査とよばれてきた。(1) は第1葉・第2葉，(2) は第3葉・第4葉と名称が連続し，検査対象年齢も1歳未満と1歳超で連続していたが，検査としては連続していなかった。1歳をまたぐ検査が必要な子どもには，2つの検査を独立して使用する必要があった。

特にK式検査は，0歳児の子どもを検査場面で得られた行動によって判定すること，検査結果をプロフィールに描いて子どもの発達を多面的に調べられることなど，当時の日本では他に例がない有用な乳幼児検査として評価が高く，私的に広まり各方面で使用されるようになっていった。しかし，以上3つの検査はすべて，学会発表などはされたが，検査用具や検査手引書が公刊されることはなかった。院内検査として使用されたのであり，京都市児童院内で年間1万件を超える使用経験が積み重ねられていった。

最後に，現存している最初の検査手引からK式検査の目的と内容を説明した文章を掲載しておく。

発達検査とは何か（京都市児童院指導部）

乳幼児を観察する時その乳児のとる動作や行動は種々雑多で，何のまとまりもないように見える。しかしその行動の体系的な観察をある期間継続すると，一見まとまりのない行動も一定の規則性をもち，しかも一定の様式に従って変化して行くのがわかるであろう。〈中略（原文が略している）〉

このように一定の観点から，乳幼児の行動の変化の仕方を一つの序列として把握することができる。しかもこのような序列は，どの児童についても，ほぼ同じであり，しかもほぼ一定のテンポをもって変化してゆくものである。これ故に，われわれはある児童の行動をみただけで，ある児童の発達序列上の位置，換言すれば，発達序列をどこまで経過してきたかを知る事ができる。そしてまたこの様な序列を，ごく普通の児童（多くの児童の平均と云ってもよい。）の年令的な経過と対応させておけば，更に便利なことは云うまでもない。

発達検査とは，発達の序列がよくわかるような場面をえらんで構成されたものであって比較的少い行動を調べるだけで，児童の発達序列上の位置，及び，その位置は普通児の何才位の個所に相当するかを知りうることを目標として作られているのである。

（以上，1962年紀要より，原文のまま）

第 8 章　新版 K 式発達検査

　1978（昭和 53）年 1 月 15 日，園原先生の古希を祝う会が都ホテルで行われた。散会後，当時児童相談所で心理課長をしていた松下裕の呼びかけで嶋津・生澤・中瀬の 4 人が祇園の地下にあったビヤホールに集合した。松下から検査の公刊が必要だとの趣旨説明があり，話し合いの結果，公刊することに決まった。検査は，作成後 25 年以上が経過しているため，公刊するには再標準化作業が必要であると確認された。当時，乳幼児健診（3 健から 1.6 健）が 0 歳児健診へと早期化し，乳児の行動を実際に調べて検査できる検査が他にないため，使用希望が殺到していた。一方，検査の作成後年月がたつと，評価が高かったためもあって非公式な検査の使用が広まっていた。その結果，検査用具の規格や検査手続，判定基準などに誤用が広がっていたことが公刊作業を行う要因であった。

8-1　新版 K 式発達検査

　長い臨床使用の蓄積があるとはいえ，本体資料だけでも新たに 1562 人を対象とした個別検査を行う大規模な再標準化作業が必要であった。1980 年 6 月には，これまで連続していなかった乳児検査の 1・2 葉と，幼児検査の 3・4 葉を連続させて新版 K 式発達検査と名前を改めて公刊した。第一歩として検査用具・検査用紙と検査手引書を公刊したのである。

　最初の新版 K 式発達検査は，第 1 葉から第 4 葉まで 4 枚の検査用紙を作成し，検査項目は 0：0 〜 0：1 から 9：0 〜 10：0 未満まで，検査項目 295 を 30 の年齢区分に配置した。検査の測定尺度は，発達年齢で 100 日から 116 ヶ月（9：8）まで公表した。当初から，新版 K 式発達検査は公刊を目的とした検査であったため，検査の製作過程や分析資料も学会発表（現時点では，その 31 まで），科研報告書，紀要論文等で詳しく報告している。その後，解説書，反応実例集など関係書籍も公刊している。詳しい経過は，公表した文書によっても明らかである。

8-2　新版 K 式発達検査（増補版）

　検査を公刊することにより，全国からより多くの要望が寄せられることになった。検査の対象年齢を，せめて義務教育終了まで広げて欲しい（少年法適用範囲という児童相談所の業務要望），障害児の手帳制度に伴い検査の一部分しか施行できなかったときにも検査結果を指数化できるようにして欲しい等の要望である。このような要望に対応すべく，その後，作業を進めた。主要な作業内容は，領域別に検査得点を求めて発達年齢が得られるように改訂すること，検査対象年齢を拡張することであった。K–B 式個別知能検査の検査項目を取り込んで第 5 葉を作成し，1983 年には，新版 K 式発達検査（増補版）として公刊した。

　新版 K 式発達検査（増補版）では，第 1 葉から第 5 葉まで 5 枚の検査用紙を作成し，検査項目は 0：0 〜 0：1 から 14：0 超まで検査項目 324 を 34 の年齢区分に配置した。検査の測定尺度は，姿勢・運動（P–M）領域が発達年齢で 105 日から 42 ヶ月（3：6）まで，認知・適応（C–A）領域が発達年齢で 105 日から 160 ヶ月（13：4）まで，言語・社会（L–S）領域が発達年齢で 103 日から 160

ヶ月（13：4）まで，全体を総合した全（T）領域が発達年齢で100日から160ヶ月（13：4）まで公表した。

　新版 K 式発達検査法（1985）の公刊を企画した当初から，われわれは，検査用具・手引書・解説書・反応実例集・映像教材の 5 点が必要だと考えていた。2001 年に反応実例集を出版したので，残る課題は映像教材のみである。

8-3　新版 K 式発達検査 2001

　新版 K 式発達検査も公刊以来 20 年を超える年月が経過した。検査の精密化と拡張のために多くの作業を続けてはきたが，本格的な再標準化作業が必要な時期にもなってきた。この機会に必要ないくつかの改訂を同時に行うことにして作業を進めた。特に大きな変更は，検査対象年齢を成人級まで拡張することにある。そのため第 6 葉を作成した。実質的には高齢者も検査可能となるので，0 歳 3 ヶ月から死ぬまで一つの検査ですべての年齢を調べることができることになった。

　新版 K 式発達検査 2001 では，第 1 葉から第 6 葉まで 6 枚の検査用紙を作成し，検査項目は 0：0～0：1 から成人Ⅲまで検査項目 328 を 37 の年齢区分に配置した。検査の測定尺度は，姿勢・運動（P-M）領域が発達年齢で 100 日から 46 ヶ月（3：10）までと変らないが，認知・適応（C-A）領域が発達年齢で 102 日から 340 ヶ月（28：4）まで，言語・社会（L-S）領域が発達年齢で 112 日から 353 ヶ月（29：5）まで，全体を総合した全（T）領域が発達年齢で 100 日から 348 ヶ月（29：0）まで用意した。生活年齢の終末修正は，今回の資料では上限年齢が 216 ヶ月（18：0）となった。それゆえ，測定可能な発達指数の上限は，C-A 領域が 157，L-S 領域が 163，全領域が 161 となっている。この点では，成人にも十分使用できる検査となった。

8-4　新版 K 式発達検査の将来

　K 式検査はこのように発展を続けてきた。今後も発展を続けるであろう。その方向を簡単に概観しておこう。検査の本体について，精密化と経年変化に対応した取り組みは，今後も K 式研究会の手によって続けられていく。その他に，K 式検査を母体として発展的な検査作成がいくつか試みられている。

　K 式検査は，本来，精密な診断検査として作成されているので，検査を行うには十分に訓練された専門家が必要であるだけでなく，検査に必要な時間も長い。出張判定や，総合的判定の 1 部門として，いわゆるスクリーニング検査として使用したいとする希望も強い。検査項目の一部を独自に取り出して使用している非合法団体もあると聞く。このような事態に対応するためには，正確なスクリーニング検査を用意することも必要であろう。また，障害児の検査では，一般的な検査手続では検査が困難であることも少なくない。判定基準に特別の配慮が必要にもなる。例を挙げると，身体機能に障害があると，内容的には理解ができていても，機能の障害のために指定された方法では回答できないことがある。また言語障害児の場合には，言語障害児独自の判定指導に必要な検査内容があると考えられる。このようにして，対象別に，より詳しい判定ができる検査の開発も試作されている。将来は，多くの併行検査が作成される可能性が残されている。

第Ⅲ部　検査項目への反応に見る子どもの発達

——課題性以前の検査項目：前言語期の子ども

ここで説明するのは，0歳からおおむね1歳半頃までに現れる子どもの発達である。新版K式発達検査では，検査用紙第1葉・第2葉から，第3葉の前半に対応する。この年齢段階では，言葉はまだ獲得されていない。玩具などを提示するのも，子どもに対する働きかけにほかならないから，言語教示によらない検査者による検査である。働きかけに対する子どもの反応を調べているには違いないのだが，そこで行う子どもの反応は，検査者の要求に応じてはいるが，子ども自身がその場面で一番やりたいことを行い，われわれ検査者は，その内発的行動を観察して判定する。だが，子ども達はまったく自由に，自発的な行動をしているかというとそうではない。検査者は，こちらが観察したい行動が生じるように適当な検査用具（玩具）を選択し場面を上手に設定している。ただ，言葉によるやり取りが完成して，質問に対して言葉で回答するような段階の反応と比べると，反応は，あくまでも子どもの自由意志に任されている。言葉による働きかけも行ってはいるが，注意を喚起する等，限定的にしか意味をもたないと考えられる。むしろ，検査者の例示行動が多くの意味をもっているのだが，検査項目の多くには例示も必要でない。検査用具に対して要求している反応を自発的に示す。逆に言えば，検査場面では，調べたい反応を生じさせるために最適な検査用具と状況を選択している。このような意味で，子どもはまだ検査場面に対して課題性を獲得していないから，課題性獲得前の行動とよぶ。

　0歳児の検査項目を詳しく知るためには，0歳児の発達について，どのようなことを調べようとしているのか，全体的な流れを理解するのが早道である。流れの中で個々の検査項目が何を測定するかを知ると，検査項目の理解が容易となる。そこでまず，0歳児の検査で調べようとしている内容を概観することから始めよう。

　新生児期の子どもは，ほとんどの運動動作が反射に支配されている。成長するに伴って原始反射は抑制され，自発的・随意的な運動へと変化していく。認知機能が進歩すると，獲得した知的機能をさまざまに利用するようになる。対人的認知が進歩すると，社会的行動も進歩し，言語機能が飛躍的に発展していく。そのような子どもの変化を新版K式検査では，姿勢・運動領域（Postural-Motor Area），認知・適応領域（Cognitive-Adaptive Area），言語・社会領域（Language-Social Area）の3領域に分けて調べている。領域名称は必ずしも領域内容を最も適切に表現しようとしているのではなく，領域名が相互に区別しやすくなるため，略号の頭文字がすべて異なるように工夫した名称である。ちなみに，KnoblochとPasamanick（1974）はGesellの検査で，行動を以下の5つ（5領域）に分類している。

　（1）　適応行動（Adaptive behavior）
　（2）　粗大運動行動（Gross motor behavior）
　（3）　微細運動行動（Fine motor behavior）
　（4）　言語行動（Language behavior）
　（5）　個人・社会的行動（Personal-social behavior）

　K式検査との対応を考えると，主として姿勢・運動領域は粗大運動行動に，認知・適応領域は微細運動行動と適応行動に，言語・社会領域は言語行動と個人・社会的行動に対応している。検査項目を調べると明らかであるが，適応行動を可能にするには微細運動行動が精緻化される必要があること，言語行動と社会的行動を峻別することは困難であるため，K式検査では3領域に分類している。

　本書は，新版K式発達検査を知らない読者を想定している。これまでの章では，検査の成立と概要を説明するため，K式検査の用語をそのまま用いて「検査項目」と記述してきた。検査項目とは，まさに，われわれが子どもの反応を調べようとする行動を引き出すための場面であるから，本書の目的に沿えば，「主題とする項目」とした方が，発達を捉えるためにふさわしい用語であるだろう。そこで，第Ⅲ部以降は，特別な場合を除き，"主題とする項目"として子どもの行動を記

述していく。

　まず最初に，0歳児検査で調べようとする子どもの行動をまとめて概略を示すことから説明を始めよう。新生児期は，まだ自発的に姿勢を変えることができない。子どもは最初に取らされた姿勢を保持したまま手足を動かしている状態から，寝返りにより自発的に姿勢を変えることが可能となり，やがて，這い這いによって移動を始める。その後，立位は歩行へと進歩して，二足歩行による身体移動が完成する時期になると，主として知的機能を測定しようとしている発達検査では測定対象とはならなくなる。腕と手掌の運動発達は，反射に強く支配された不随意運動から，自発的な合目的的運動へと発展していく。仰臥位で，目の上に提示された玩具に対して手を伸して触ったりつかんだりする状態から，坐位で両手を自由に動かせるようになると外界の物体に対して多彩な働きかけを始める。その頃には，手掌の機能が進歩して，手掌全体を一体として使用する把握から，拇指・人差し指を中心とした拇指側の機能が分節するし，さらに，拇指と人差指が対向して使用されるようになり，指先での釘抜状把握が可能になると，小さなものを取り扱う巧緻性が飛躍的に増大する。それに伴い，目的が鮮明に見て取れる遊びへと進歩していく。一般的な発達過程では，反射行動から受動的行動を経て積極的（能動的）行動へと発展していく過程のなかで，機能の発達と機能を使用する知的機能は平行して獲得されていく。それゆえ，機能を獲得できたから，それを使用する知的内容が獲得されていくのか，知的内容が成熟することにより，それを具体化するために必要な機能として発展していくのかを決めることは困難である。

　0歳児の世界を大きく分けると，姿勢を変えることにつながる自発的な運動，腕や脚を動かし移動を目的とした姿勢運動・運動動作機能と，玩具など物やヒトに対する興味が生じることにより，働きかけを繰り返し運動機能や社会的関係へと興味が発展していく。以下，このような順番で検査項目（主題とする項目）を分類して説明する。

　K式検査では，自由姿勢の検査とよんでいる検査項目がある。玩具を提示して検査するが，子どもの姿勢を特に指定していない検査項目のことであり，それを表すために項目番号にMが付けてある。観察すべき姿勢は，特に限定されているわけではないが，自由姿勢の検査項目は，一般的に反応しやすい姿勢が決まっている。それゆえ，本書では姿勢別に項目を分類し直したなかに入れたうえで，自由遊びとして説明をする。

　検査項目を"主題とする項目"として扱い，主題となる行動を，どのように操作的定義しているのか，そのうえで，行動を獲得したと決めるには，具体的にどのような反応が得られたときなのか，獲得したと判定できる前の行動には，どのような変化過程が見られるかなどについて具体的に説明していくことを本書の目的としている。

第9章　姿勢運動の発達

　ヒトの姿勢は，大きく，仰臥位，伏臥位，坐位，立位の4つに分けることができる。それぞれの姿勢に分けて，用語を理解していただくために全般的な説明をする。乳児の姿勢を説明している用語には，いくつか一般的でない用語もあるため，よく理解しておいてほしい。

9-1　用　　　語

9-1-1　正中矢状面（median plane 詳しくは sagittal median plane）

　直立した人間の頭頂から真下に，身体を上下に貫通する線を正中線（median line，図4）とよび，正中線を含む面は正中面とよぶ。
　一方，矢状面（sagittal plane）とは，直立した人間に向って正面から真っ直ぐ飛んできた矢が貫通する線を含む面を意味し，その面の中で正中線を含む面を正中矢状面とよぶ。それゆえ，正中矢状面とは，身体の左右対称面のことであり，身体の中線から背中・腹の方向に広げた面であり，この面により，身体を左右対称に分けることができる。

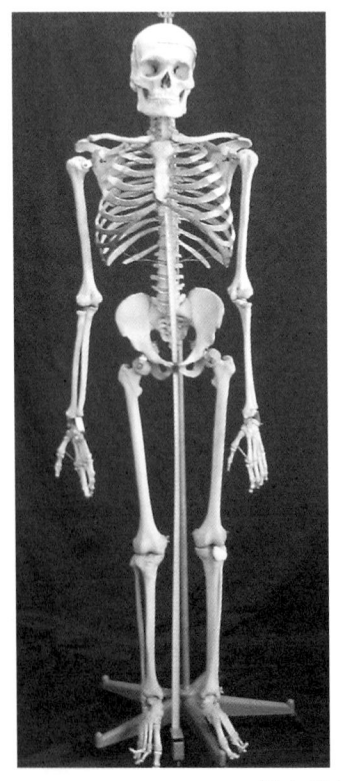

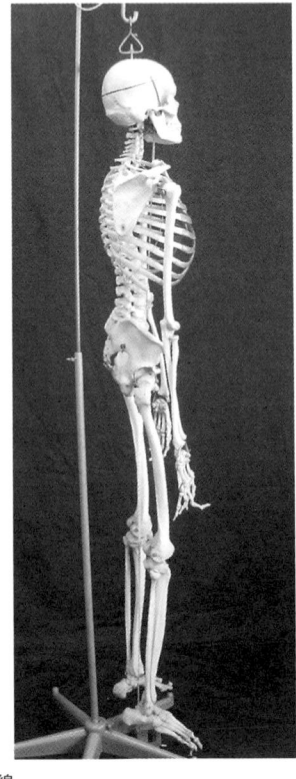

図4　正中線

9-1-2 フランクフルト水平面（Frankfurt Ebene）

解剖学において頭蓋の正規位置を定めるために基準とする水平面であり，眼窩の下縁最低点と外耳孔の上縁中点を結ぶ線をさす（図5）。この線が水平に保たれているときを，頭蓋の正規位置とする。この線は，別に，ドイツ水平面，耳眼窩水平面，単に水平面ともよばれる。

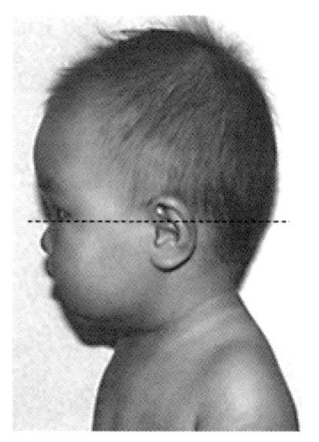

9-1-3 手掌部位の名称

解剖学では，手掌の拇指がある側を橈側（radial），小指側を尺側（ulnar）とよぶ（図6）。新K式検査では，一般の使用者に分かりやすくするため，橈側を拇指側，尺側を小指側と表現している。

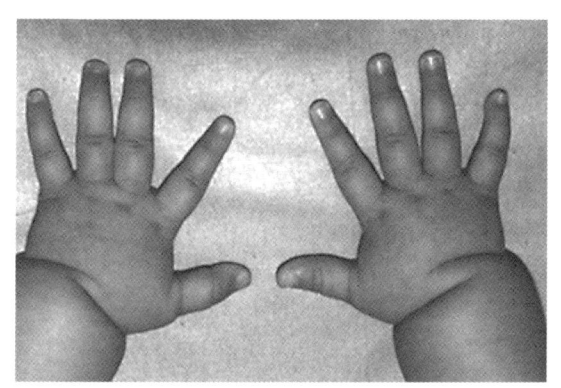

図5　フランクフルト水平面

図6　手掌部位

9-1-4 TNR姿勢

緊張性頸反射（tonic neck reflex）に支配されている姿勢を意味する。緊張性頸反射には対称性の頸反射と非対称性の頸反射がある。そのうち新版K式検査で使用しているのは，非対称性の緊張

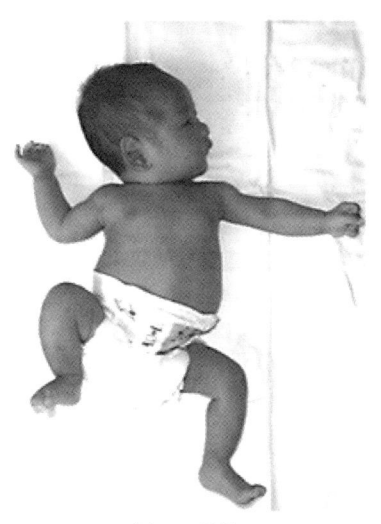

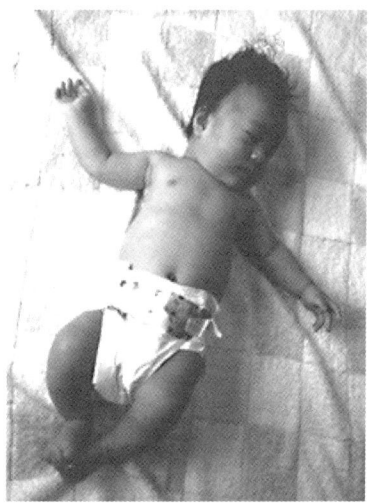

(a) 0ヶ月児　　　　　(b) 2ヶ月児
図7　ATNR姿勢

性頸反射（asymmetrical tonic neck reflex）であり，ATNR 反射による姿勢（図7）といわれる。これは仰臥位で新生児の頭を回したとき，顔を向けた側の上下肢を伸展し，反対側（頭の後側）の上下肢を屈曲する反射をいう。図7aの0ヶ月では頭の向き，両腕・両脚ともに典型的な位置にあるが，bの6ヶ月になると，反射による束縛が弱まり，姿勢が緩んでいることが判る。なお，対称性の緊張性頸反射（symmetrical tonic neck reflex）は，伏臥位での空中反射である。

9-1-5　仰臥位（supine）

仰臥位は背臥位とも表現される。図8のように，背中を床に着けて仰向けに寝ている姿勢を意味する。

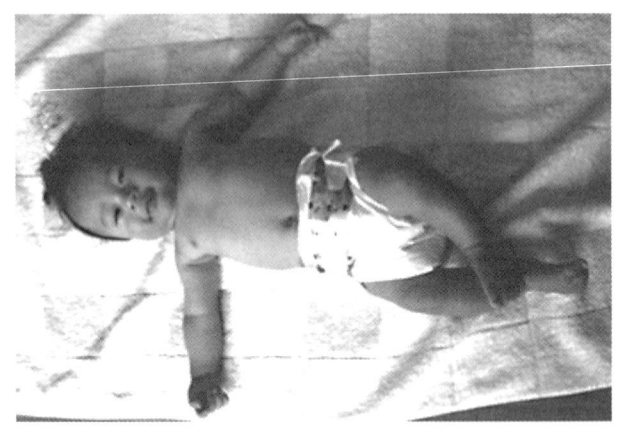

図8　仰臥位

9-1-6　伏臥位（prone）

伏臥位は腹臥位とも表記される。図9のように，腹を床に着けた，一般にうつ伏せとよばれる姿勢を示す。

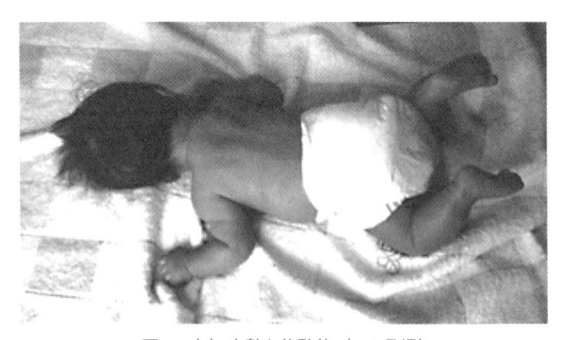

図9　(a) 未熟な伏臥位（1ヶ月児） 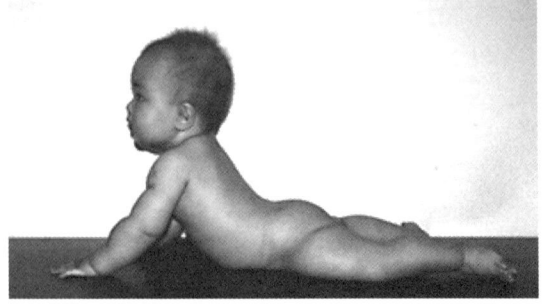　　　図9　(b) 成熟した伏臥位（6ヶ月児）

9-1-7　伏臥位懸垂

伏臥位姿勢のまま，児の両体側を持って空中に保持した姿勢である（図10）。空中で児が自分の頭・体幹・脚をどのように保持できるかを調べる。一般的な検査手続では，立位から伏臥位懸垂に移り，そのまま床に降ろして伏臥位の姿勢を調べる。

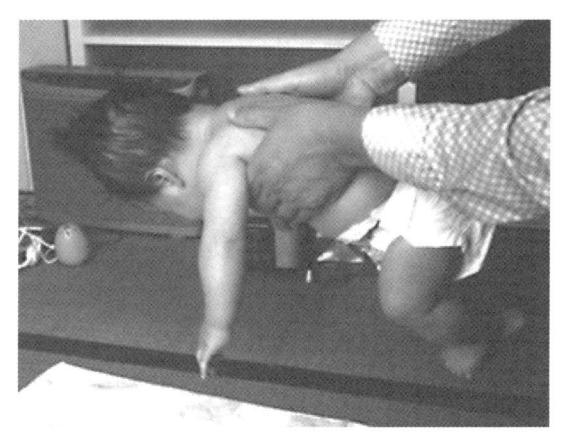

図10 伏臥位懸垂（1ヶ月児）

9-1-8 這い這い

這い這いは，乳児の発達に伴い，腹を床に着けたまま主として手で床を押して移動する"ずり這い（creeping）"（図11 a），手掌と膝を着けて体幹は浮かせて移動する"四つ這い・腹這い（crawling）"（図11 b），上肢は手掌であるが下肢は膝も浮かして足で立つ"高這い・四つ足這い"（図11 c）に分かれる。用語の使用を，新版K式検査ではこのように定義して使用している。しかし，用語は英語でも日本語でも混同して使用されている。特に，腹這いはずり這いを意味して使用されることもあり，日本語と英語の対応も一致しているわけではないので注意が必要となる。

なお，初期のずり這いは，腕をつっぱる力が強く，後退してしまうことが多く観察される。

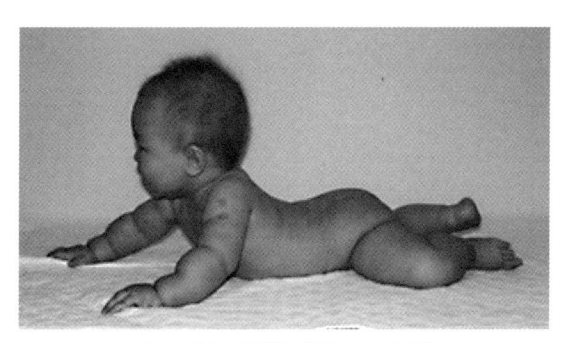

図11 （a）ずり這い姿勢（6ヶ月児）

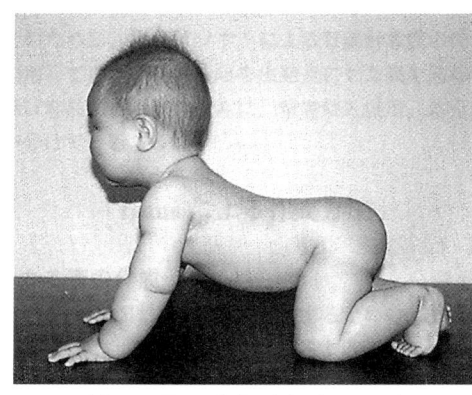

（b）四つ這い，腹這い姿勢（10ヶ月児） 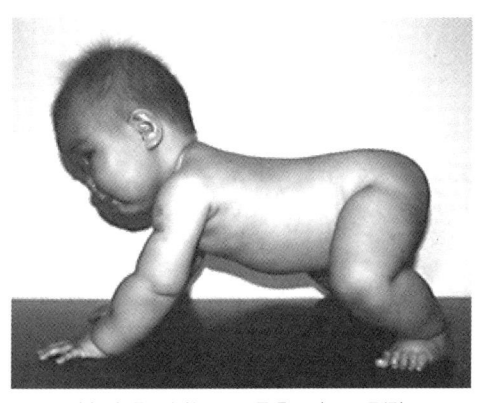　　　　（c）高這い姿勢・四つ足這い（11ヶ月児）

図11　這い這い

9-1-9 STATE

特に3ヶ月未満の児では眠っている時間が長く，生後の日数が短いほど検査中の覚醒状態も一定しがたい。発達検査が観察しようとする検査項目では，反射や姿勢維持を調べるだけでなく，刺激への反応も調べようとするから，子どもがどの程度注意を集中しているかが問題になる。児の覚醒状態を調べておくことは重要である。児の覚醒状態を評価する方法として，Prechtl, H.（初版，1964）と Brazelton, T. B.（初版，1973）による STATE の概念がよく知られている。いずれも児の神経生理学的な状態を詳細に記録しようとする評価法であるが，反応を観察する時点における児の状態を STATE として表している。

Prechtl, H.（1977）は，STATE を以下の6段階に分類する。

State 1：閉眼，整った呼吸，身体運動はなし――自発的な驚愕反射（startles）はある。
State 2：閉眼，不規則な呼吸，大きな運動はなし――REM（rapid eye movement）あり。
State 3：開眼，大きな運動はなし。
State 4：開眼，大きな運動，啼泣はなし。
State 5：開眼または閉眼，啼泣中。
State 6：他の状態――具体的に記述する（例：昏睡）。

Brazelton, T. B.（1984）は，STATE を以下の6段階に分類する。

睡眠状態

State 1：眼を閉じ，整った呼吸での深い睡眠。規則正しい間隔で生起する驚愕反射や痙動反射（jerky）を除いて，自発的身体運動はなし。
State 2：眼は閉じ，浅い睡眠。急速な眼球運動（REM）がしばしば観察される。不規則な呼吸，不規則な運動がある。

覚醒状態

State 3：眠そうな半分居眠をしているような状態。眼は開けているが，鈍く重たいまぶた。活動水準は変化しやすい。
State 4：輝きのある眼を開き敏活（alert）な状態。反応に遅れがあり，運動の活動性は低い。
State 5：眼は開けている。四肢を突き出すような運動など活動性がある。外的刺激に対しても反応する。
State 6：強い啼泣状態。外的刺激を受付けない。活動性は高い。

以上のように，両者の分類は同じ6段階でよく似ているが内容に相違もある。STATE を使用するときには，誰の尺度を使用しているか注意が必要である。われわれ心理学的目的にとっては，後から作られた尺度の方が分かりやすく使用が容易である。神経生理学的な研究では前者が，行動発達的な研究では後者がよく使用されている。0歳児の検査では，筆者も Brazelton によって STATE を判定記録している。

9-1-10 NICU（neonatal intensive care unit）

NICU は，未熟児新生児センターとよばれてきた。小児科の医師が中心となった小児科の施設ではあるが，図12で見るように，場所的には産科病棟，産科分娩室と隣接して設置される。これは小児科病棟との移送にはそれほどの緊急性がないが，分娩室や産科新生児室からの移送には緊急性が高いことが少なくないからである。早産児は，週齢がある程度より早いと全員が NICU に移送されるし，産科に属している新生児室から緊急治療が必要になって移送されることもある。

NICU では，一般的な病気の治療と手術前の体調管理や精密な検査を目的とした入院もあるが，主体は早産児の管理にある。早産児では，肺の形成が未熟であるから，呼吸管理が主要な目的の一つになる。人工呼吸器の装着や酸素濃度を上げるなどがこれにあたる。また，早産のため自発的な

図 12　NICU の看板

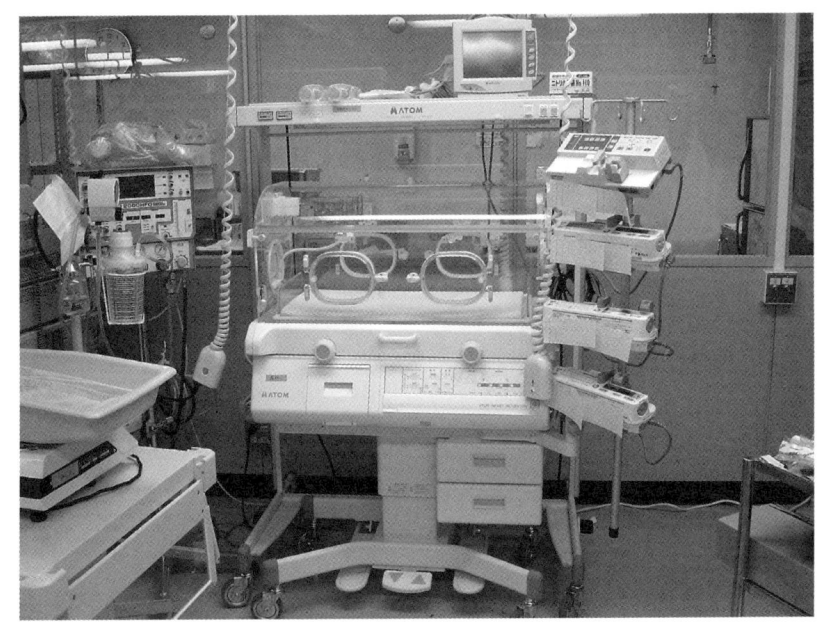

図 13　cubase

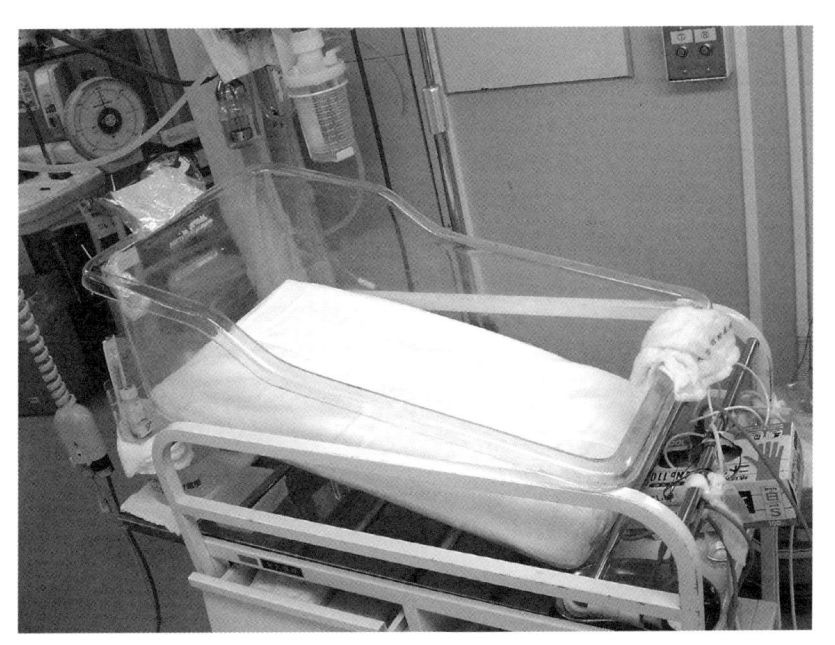

図 14　cott

体温維持が困難な児では，温度を高くしたり湿度も高く維持したりする。これらの目的で保育器（cubase，図13）が使用される。室温と室内空気で呼吸が保たれるようになると保育器が必要でなくなり，コット（cott，図14）へ移される。児には呼吸，心拍，栄養管理等を目的として必要に応じた各種のモニターが接続され，設定数値からはずれると警告音が鳴り，児は24時間管理されている。NICU は早産新生児を管理することが主目的であるから，室温が高く設定されているとともに，高度な手術室と同じ程度に室内は清潔に保たれ外気が進入しないように加圧（陽圧）されている。

　このような児の発達は，出生が早ければ早いほど，身体的・精神的発達予後に問題が生じる確率が高くなる。発達測定の立場から見ると，正期産児に比べて早産児では未熟な状態でこの世の中に出てくるのであるから，出生日からの日齢だけで正期産児と比較することはできない。早産児の日齢には修正が必要になるのである。出生予定日を基準にした日齢と実出生日からの日齢の中間に正しい予測日齢（正規発達を予測するための日齢）が存在する。次に，新生児期には，日齢による変化より個人差の方が大きいという問題もある。新生児期の発達を調べるには，日齢よりも出生からの時間で区切った24時間単位の日齢が子どもの発達水準をよく表すという問題もある（中瀬，1995，2000，2001）。このような事情で早産児の発達測定は，われわれにとって重要な課題の一つであるが，まだ方法が確立していない。本書では早産児についてこれ以上詳しく説明する余裕はない。

9-2　仰臥位（supine）の姿勢

　新生児は多くの原始反射に支配されている。瞳孔反射や唾液反射のように生命維持に不可欠で，生きている限り持続する反射もあるが，多くの反射は生長に伴って消失する。新生児にとって生命を維持する基本となる吸啜反射も意図的な食事の開始によって不要になる。姿勢運動には多くの原始反射があり，ATNR 反射，MORO 反射，BABINSKI 反射，歩行反射等多く知られているが，反射がもっている意味はよく分からない。これらの原始反射は0歳児の前半で消えていく，時期を超えた残存は運動機能の障害を示唆する。ATNR 反射に支配された ATNR 姿勢は，左右が非対称の姿勢であるが，MORO 反射のように左右対称姿勢を取ることもできる。MORO 反射は刺激に反応したとき一時的に現れる姿勢反射であるのに対して，ATNR 反射は ATNR 姿勢とよばれることがあるように，反射による姿勢が保持される。生後3，4ヶ月経つと ATNR 反射に支配された左右非対称姿勢から対称姿勢が可能となる。反射に支配されていた姿勢から随意運動が獲得されてきたことを意味しているが，この時期にはいったん非対称姿勢が抑制され，その後，自発的運動として非対称姿勢が復活する。これらの姿勢発達は仰臥位で観察が容易である。

　新生児期の子どもは，自発的には，姿勢を変えることができない。仰向け（仰臥位）に置かれると仰向けを，うつ伏せ（伏臥位）に置かれると伏臥位姿勢を保持する。仰臥位は背位とも表記され，図8のように，背中を床に着けて仰向けに寝ている状態である。仰向けになって頭部，背中，四肢と全身で体重を支える仰臥位姿勢は，最も緊張が必要でなく安楽な姿勢であり，腕や脚を自由に動かしやすい。ATNR 反射から自由になると，仰臥位姿勢では両腕を動かすようになり，外界にある物体に対する最初の働きかけが生じるときともなる。脚を高く上げ，自分の目で見えるようになると自分で脚を触ったり足の指先を口にくわえて遊ぶ。寝返りを獲得する準備運動でもある。仰臥位姿勢は安楽ではあるが，外界への働きかけを積極的に行うには適していない。外界との受動的な関係に適した姿勢でもある。成人になっても仰臥位姿勢を取ることが少なくないが，寝返りが完成すると仰臥位姿勢は検査対象としない。

　検査は，子どもが目を覚まして仰向けに寝ているとき，仰臥位で声を掛けたりあやしたりすると

ころから開始する．観察は，畳やマットの上でもベッドの上でも，その種類を問わないが，子ども
の体重で身体が沈み込むような柔らかい布団などは避けるべきである．畳などある程度堅い水平な
平面上で検査するのが望ましい．和室では，畳の上に薄いふとんか毛布を敷いて検査するのがよ
い．その場合は，検査者がしゃがむか坐るかする．1，2葉の検査用紙には，検査項目の施行順が記
載されているが，これは乳児の検査に慣れていない検査者のために書いた一般的な目安であって，
検査対象児の状況に合わせて変更すべきである．

9-2-1 仰臥位姿勢の観察

仰臥位姿勢の観察は，主題とする項目を一つづつ実施して，その反応を調べるというよりも，子
どもの自然な姿勢の状態や検査者に対する反応等を全体的に観察するのが目的である．それゆえ，
一度の観察からいくつかの主題とする項目が同時に判定できる．このとき，子どもが機嫌よく反応
してくれれば，それにこしたことはない．

［主題とする項目］

U 1	T-N-R 姿勢優位	（通過年齢	計算不能）
U 2	頭の側転優位	（通過年齢	計算不能）
U 3	腕の対称姿勢有	（通過年齢	計算不能）
U 4	頭を半ば側転	（通過年齢	計算不能）
U 5	腕の対称優位	（通過年齢	0：21）
U 6	頭を中央優位	（通過年齢	0：18）

［検査手続と行動の判定基準］

姿勢を観察するときには，まず子どもの頭の姿勢に注目する．顔は，真上を向いているのか，そ
れとも横を向いているのか．同一姿勢を，どれくらい持続しているのかも観察する．同時に，腕の
位置と動きについても観察する．顔が向いている側の腕を顔の向きに伸ばし，頭の後ろの腕を曲げ
て顔の前方に向ける TNR（ATNR）姿勢を取るのだろうか．それとも，顔を真上（正中面）に向
けたり，両腕を左右対称に動かしたりすることができるのだろうか．K 式検査で使用している典
型的な TNR 姿勢とは，頸を曲げることによって誘発される反射であり，顔の向いた側の手足を伸
ばす伸展反射と，顔の後ろ側の手足を曲げる収縮反射が同時に生じる非対称（asymmetric）反射に
よる姿勢（U 1 ATNR 姿勢 図 7, 15）である．頸が曲がっている間，その姿勢を取り続けるので
緊張性とよばれる．反射の支配が弱まり自由な行動が可能になってくると，足の姿勢反射を伴わな
くなったり，頸が曲がっていても両腕や両足を対称に動かしたりするようになってくる．ATNR
反射は，生後 3 ヶ月未満なら正常児でも観察されるが，6 ヶ月児以降では消失するのが普通であ
る．頭を一方だけにしか向けず体幹と特定の角度を保つなどの特別な傾向や反応があるときは注意
して正確に記録しておくことが望ましい．早産児によく認められる頭の変形があればこれも調べて
記録しておく．検査項目の中で優位（多い）とは，観察期間中の 50％ 以上に存在していることを
いう．これは，Gesell（1938）の定義に従っている．

9-2-2 仰臥位姿勢で手掌と腕の観察

新生児期には上半身と下半身の運動は分化していない．成長すると腕の運動と脚の運動は独立す
るが，出生した当初は，左右の分節化はできていない．目的物に対して両腕が同時に動く状態か
ら，目的物のそばにある片腕だけを動かして働きかけるように動作の効率化が進んでいく．

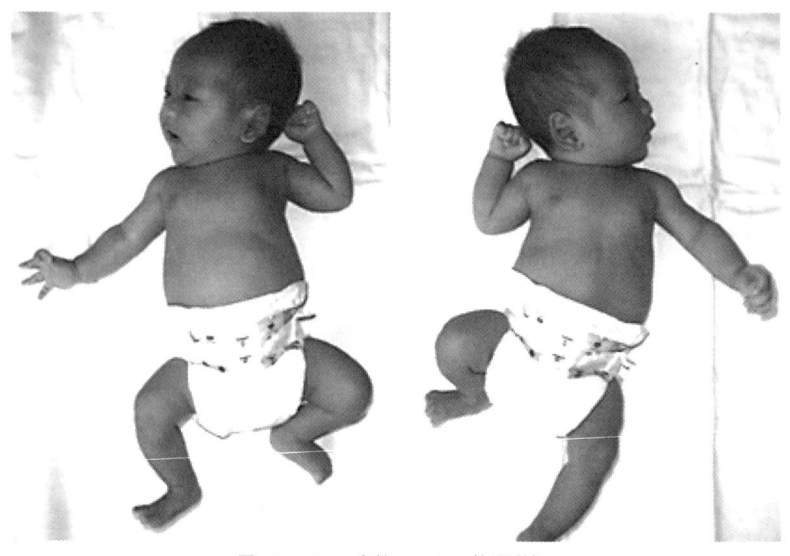

図15 ATNR姿勢 supine（仰臥位）

[主題とする項目]

M 18	手を見る	（通過年齢 0：18）
M 19	顔を覆う	（通過年齢 0：48）
U 9	両手とも握る	（通過年齢 計算不能）
U 10	両手を開く	（通過年齢 0：20＊）
U 11	両手を触れ合わす	（通過年齢 0：34）
U 12	身体に触れる	（通過年齢 0：30）

[検査手続と行動の判定基準]

　ここでは腕の動き，手掌の状態とその動作について観察する。両手を握ったままの状態（U 9）が多いのか，それとも両手とも開いている状態（U 10）のほうが多いかを観察する。ATNR姿勢のときには，顔の前の手が開いていたら，後ろの手の指は軽く曲げているように見えてもU 10を通過とする。図15のように固く握っていれば不通過とする。

　自発的に手と手を触れ合わさないとき，子どもの手を持って正中面上で両手を触れ合わさせてよい。それに誘発され，その後，自発的に両手を触れ合わせて遊んだらU 11を通過とする。自分の身体や着衣に触れればU 12を通過とする。ただし，手を口に入れるのは，自分の身体に触れたとはみなさない。顔の前に手をかざし，手を動かしてそれを眺めて遊ぶ（M 18）のも同時に観察されよう。

9-3　仰臥位姿勢から寝返り

[主題とする項目]

M 20	足をいじる	（通過年齢 0：67）
M 21	足を口へ	（通過年齢 0：75）
U 7	寝返り	（通過年齢 0：59）

| U 8　脚を上げる　　　　　　（通過年齢　0：58） |

[検査手続と行動の判定基準]

　仰臥位から伏臥位（仰向けからうつ伏せ）へ，または，伏臥位から仰臥位への寝返りができる（U 7）か。その前段階として，仰臥位で脚をどの程度の高さまで上げるか，上げた脚を手でいじったり（M 20），足指を口にくわえたり（M 21）するかを観察する。この観察も子どもが自発的に寝返りをしたり，脚を上げて遊ばないとき，検査者が子どもの脚を持って上に挙げてやるなど誘導してみる。寝返りは，始めの姿勢を問わず，寝返る方向も左右一方からできれば通過とするが，寝返りができる姿勢と方向についても，どのような寝返りができるのか具体的に記録しておく。U 8 は，子どもの目で見える位置まで脚が上がっていれば通過とする。

9-4　伏臥位（腹臥位）の姿勢

　うつ伏せ姿勢である伏臥位は，伏臥位で宙に保持する伏臥位懸垂から検査を始める。坐位では頭の支持ができない（首が坐っていない）子どもでも伏臥位懸垂では頭の支持が可能となる。背中を丸め頭も尻も落ちている姿勢から，脊椎と筋肉の力により頭が水平に保持されるようになり，やがて水平面以上に頭を持ち上げるようになる。

　空中の伏臥位姿勢からそのまま床の上に降ろすと，反射的にすぐ頭を横に向ける状態から着床時のまま頭を下向に保持するようになる。頭を挙上しようとする行動は，首の力だけによる頭の挙上から全身を使用した頭の挙上へと進歩する。首の力だけでは，頭を大きく上げることが不可能であり，両腕を体側に添って曲げて前に伸ばし，床に着け腕の力を利用して上半身を持ち上げ，頭を挙上するようになる。より効率的に上半身を持ち上げるには，腕を肩から前に伸して上半身を持ち上げる。この姿勢では，手掌が自由に動かせるから，前にある玩具などを取ることもできる。姿勢調節が進歩すると片腕だけで上半身を支え残った腕を自由に動かして物を取り扱うことができるようになる。腕が自由に動かせると，腕の力で這い這いも可能である。腕の力が強いと最初は意図に反して後ろへ進む（後ろ這い）ことになる。この時期に寝返りも平行して始まる。

　背中を反らせて，反りの力で頭の挙上をする子どもがいる。反りが習慣化すると，伏臥位姿勢以外でも反りが習慣的に利用される。反りで頭を上げるときには，腕も脚も宙に浮いて頭の挙上に利用されない。このような姿勢は，麻痺に基づいて生じることもあるし，単に習慣化していることもあるが，いずれにしても小児神経の専門医による診断と指導が待たれる。

　伏臥位姿勢を真上から観察すると体重を支えている重心の位置が容易に見て取れる。重心の位置は首から胸，腹，尻へとだんだん下がっていく。重心の位置が尻まで下がったとき，寝返りや這い這いが可能となる。重心は身体の中心線上に位置して欲しい。左右いずれかに傾いているときには，反りも生じ姿勢発達に医学的問題が隠されていることがある。

9-4-1　伏臥位懸垂（腹を下にした空中姿勢）の観察

　新K式検査の標準的な検査手順では，立位の観察が終了してから，子どもの両体側を支持して腹が下に向いた姿勢で床の上方，宙に支える伏臥位懸垂の検査項目を施行する（図10・図16参照）。懸垂状態での，首の向きと垂れ具合や体幹の支持具合を観察してから，そのままゆっくりと床の上に降ろして，床に着いたときの頭と全身の姿勢を観察する。

［主題とする項目］

R1	頭が垂れる	（通過年齢　計算不能）
R2	頭を水平	（通過年齢　計算不能）

［検査手続と行動の判定基準］

　空中で，子どもの頭が垂れている（R1，図16）か，水平に保てる（R2，図10）か，水平より上に挙げているかを観察する。坐位では首が坐っていない子どもでも，空中に保持した姿勢では，頭の支持を補助してやる必要はない。一般に，頭が垂れる子どもは，背柱も丸く曲がり，手足も下に垂れる。頭を水平に支持できる子どもでは，背柱も水平になる。検査項目にはないが，空中で脊柱の支持状況を観察しておくとよい。

9-4-2　伏臥位の姿勢観察

　伏臥位懸垂（図10，図16）から床の上に降ろした姿勢は伏臥位である（図9（a））。床に降ろすときには，子どもの腕の位置に十分注意する必要がある。月齢の小さい子どもや姿勢運動機能に問題のある子どもでは，腕を自分の体幹の下に位置させることがある。そのまま床に降ろして腕に体重をかけると骨折の恐れもある。身体が床に着く前に子どもの腕を持って頭の両側前方に体と並行になるように伸ばしてやる。このとき，腕だけでなく手掌も腕の延長方向に伸びるように気を付ける。

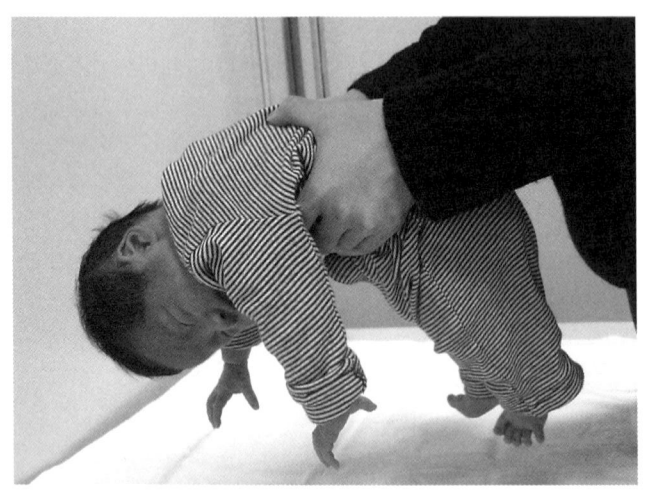

図16　伏臥位懸垂　頭垂れ

［主題とする項目］

R3	頭が側転	（通過年齢　計算不能）
R4	頭が下向き	（通過年齢　計算不能）
R5	頭上げ　領域Ⅰ	（通過年齢　計算不能）
R6	頭上げ　領域Ⅱ	（通過年齢　0：27）
R7	頭　領域Ⅱに保つ	（通過年齢　0：34）
R8	頭　領域Ⅲに保つ	（通過年齢　0：43）
R9	脚の屈伸	（通過年齢　0：16）

R 10	尻を落す	（通過年齢　0：29）
R 11	両脚　伸ばす	（通過年齢　0：35）
R 12	肘支持　頭上げ	（通過年齢　0：32）
R 13	腕支持　頭上げ	（通過年齢　0：47）
R 14	指で床をかく	（通過年齢　0：51）
R 15	片手首を上げる	（通過年齢　0：57）
R 16	頭の布を除く	（通過年齢　0：65）
R 17	方向転換	（通過年齢　0：68）
R 18	四つ這い	（通過年齢　0：92）
R 19	坐位となる	（通過年齢　0：97）

［検査手続と行動の判定基準］

　まず，子どもを空中から降ろして床に着いたときに示す頭の位置を調べる。空中姿勢のまま下を向き顔を床に着けている状態（R4）か，床に着くと同時に頭を横に回し，顔を左右いずれかに向ける（R3，図9（a））のであろうか。床の上で，頭を挙げることができるか（図18（b）），挙上するとすれば，挙上することができる角度と，その状態を維持できる時間を調べる。自発的に頭を挙上しないときは，頭の前方で鐘を鳴らして誘導してみる。前方から母親に声をかけてもらうのも一つの方法である。検査する前から頭を横に向けているときには，検査者が子どもの頭を持って下に向けさせてから検査をしてもよい。ATNR反射が強く頭を横に向けている子どもに無理しないのは言うまでもない。

　頭を動かし少しでも持ち上げたら，頭上げ領域Ⅰ（R5，図18（b））を通過とする。頭上げ領域Ⅱ（R6）は，頭を床から45°まで上げたときに通過とする。45°まで上げた頭の位置を保つことができれば，頭領域Ⅱに保つ（R7）が通過となる。頭を床から90°の位置，すなわち，頭を床と垂直に立てた姿勢を維持できれば，頭領域Ⅲに保つ（R8，図9（b），図11（a））を通過とする。

　次に，腕の働きを調べる。頭を上げるときに，首の筋肉だけを使って頭を上げることもあるし，腕を使い上体を床から離して頭を上げることもある。なかには，腕を使わず背中を反して頭を上げ

図17　伏臥位懸垂から床へ降ろす

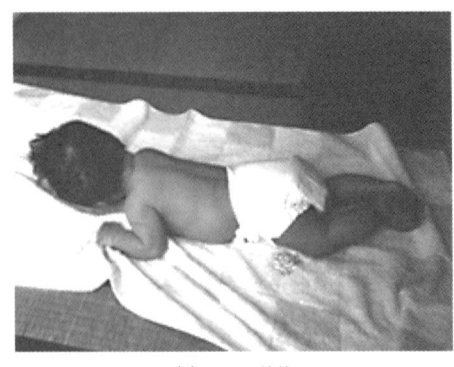

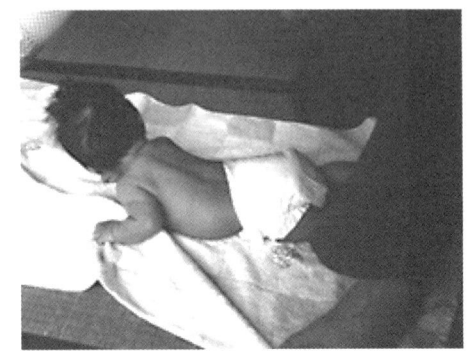

(a) R 4 の状態　　　　　　　　　　　　　(b) R 5 の状態

図 18　伏臥位での頭上げ反応

ることもある。腕を使って頭を上げるとき，肘の位置が肩の位置より後ろになり，肘から先（前膊部）を床に着けて，その支持で頭を上げれば，肘支持頭上げ（R 12）が通過である。このとき，両腕は体側とほぼ並行して密着しており，首は床から離れているはずである。腕支持頭上げ（R 13）では，両腕を頭の両側に伸し，肘から先を床に着けて頭を持ち上げる姿勢である。このとき，肘の位置は肩の位置より前になる。手掌は開いていても握っていても通過とする（図 11 a の状態）。次の段階では肘も床から離れて手掌だけを床に着けて上体を支えることができるようになる（図 9 b）。手の支持でなく，反りを使用して頭を上げることは，場合によると身体機能の異常を示していることもあり注意が必要である。

　次に，伏臥位における手の機能を調べる。そのために子どもの前方に玩具を提示してみる。ガラガラや鐘などを鳴らして手の前に置くとよい。玩具を取ろうとして指で床をかくような動作（R 14）をするのか，手首を上げて（R 15）玩具を取ろうとするのか調べる。このとき，伏臥位の姿勢を保持できるかどうかも観察しておくと参考になる。玩具を取れるようなら，伏臥位姿勢のまま子どもの頭に布をかぶせてみる。布を手で持って取れば，頭の布を除く（R 16）が通過である。頭を振って布を取るのは通過としない。布がかぶっているのを喜んで布を取ろうとせず，這い這いを続ける子どももいる。いずれも，R 16 が通過となる前段階の行動である。腕支持頭上げ（R 13）の姿勢が取れれば，玩具を子どもの側方に提示して興味を引き身体の向きを変える（R 17）ことができるか調べる。何回かに分けてでも，90°以上方向を転換できれば通過としてよい。

　這い這いができる子どもには，這い這いの姿勢を調べる（図 11 参照）。四つ這い（R 18）とは，手掌を床に着け，体幹は宙に浮かせた這い這い（四つ這い・腹這い，crawling，図 11 b）のことである。腹を床に着けた這い這い（ずり這い，creeping，図 11 a）は，現在の新 K 式検査の検査項目にはない。手掌と足先だけで支持して這う，高這い（四つ足這い図 11 c）も検査項目にはない，これらも観察記録を残しておきたい。伏臥位から起き上がって，坐位へ姿勢を移行できる（R 19）かどうかも調べる。

　下肢の観察は，尻が浮いている姿勢のとき，足を曲げたり伸ばしたり（R 9）して足を動かすかを調べる。次に，肘支持で頭を上げる（R 12）ようになり，尻を床に着け，上体が床から浮き気味になると，尻を落とす（R 10）が通過となる。発育の初期は両脚を蛙のように曲げているが，次第に足を伸ばす（R 11）ようになる，寝返りの準備段階である。

　伏臥位の姿勢検査では，這い這いができるようになるまでの運動発達の過程を調べている。つまり，這い這い姿勢が完成し，実際に移動ができるようになる途中のどの段階にあるかが重要である。伏臥位姿勢を観察しているとき，子どもが左右に傾いたり，異常な緊張がみられた場合には，専門医（小児神経医）の診断が必要であろう。このような観察をするときには，伏臥位の子どもを

真上から見下ろし，体重を支えている重心の位置を見ておくことも役に立つ．

9-4-3　伏臥位の自由遊び
［主題とする項目］

M 23　取ろうとする　　　　　（通過年齢　0：56）

［検査手続と行動の判定基準］
　伏臥位の検査項目，頭領域Ⅲに保つ（R 8），指で床をかく（R 14），片手首を上げる（R 15）の検査と同時に観察する．手の届かないところにある玩具を取ろうとする時通過とする（図 19）．

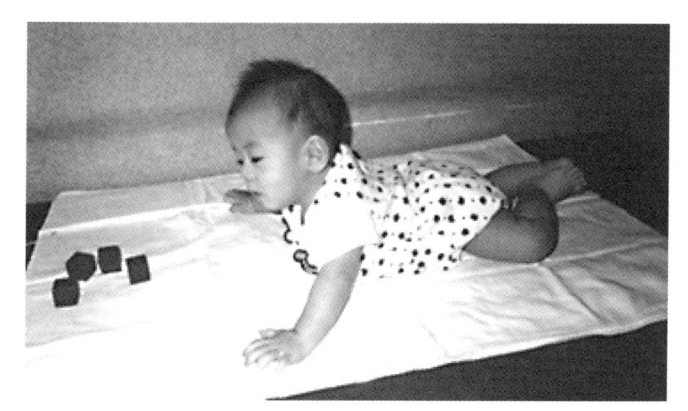

図 19　取ろうとする（M 23）反応

9-5　坐位の姿勢

　仰臥位で目の上に提示された玩具に対して手を伸して触ったりつかんだりする状態から（図21），坐位になり，両腕を自由に動かして外界の物体に働きかけることができるようになる．腕の運動は，坐位で玩具に働きかけるようになっても玩具に対して腕がスムーズに動かせるとは限らない．玩具に対して働きかけるとき両腕が同期して，見ている検査者が手は痛くないのかと心配になるような勢いで，乱雑に玩具と机を一緒にたたきつけるような動作から，効率的な腕の運動へと変化する．
　この頃になると，手掌の機能が進歩して意図的な把握が認められ，手掌全体を一体化して使用する把握から，拇指・人差し指を中心とした拇指側の機能が分化することにより玩具の把握や取り扱いが精密になり，目的が鮮明に見て取れる遊びへと進歩していく．このような発達の過程を，子どもの姿勢に分けて，発達していく過程を詳しく調べるところから説明していく．

9-5-1　引き起し
　仰臥位での検査項目がすべて終了したら，検査者は親指を子どもの手掌の中に入れ，子どもの両手拳を外側へ曲げて残りの4指で子どもの手掌の背を支えて身体を坐位へ引き起す．引き起しへの姿勢制御反応と子どもの首の位置をよく観察しておく．引き起しに対する情緒的な反応も調べておく．引き続き，坐位での検査項目に入る．

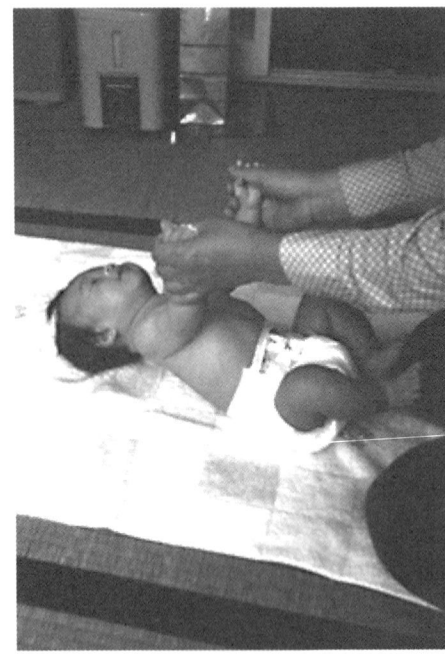

44　第Ⅲ部　検査項目への反応に見る子どもの発達：課題性以前の検査項目

　　　　　(a) 仰臥位からの引き起し　　　　　　　　　(b) 引き起し後の坐位
　　　　　　　　　　　　　　　図20　引き起し

［主題とする項目］

| I 1 | 頭が遅れない | （通過年齢　0：42） |
| I 2 | 頭を上げる | （通過年齢　0：61） |

［検査手続と行動の判定基準］

　頭が遅れない（I1）とは，引き起すとき，体幹の延長線上に頭が保持されていることをいう。引き起しに頭がついてくる月齢でも，引き起す速さが速すぎれば，頭は遅れる。ゆっくりと引き起すことが大切である。また，初めは頭の位置が体幹より遅れていても，ある程度身体が引き起されると頭を上げて体幹に追いついてくることもある。体幹を45°引き起したところで一呼吸待ってやり，頭が追いついたらI1を通過としてよい。一方，首の坐りが不十分で，頭の支持ができない子どもでは，首が床に着いたまま体幹だけ引き起されてくる。そのようなときには，頭が床を離れる前に引き起しを中止して首を支えてやるなど，無理な引き起しをしないように十分な注意が必要である。頭を上げる（I2）とは，引き起しのときに自発的に腕を曲げ，体幹より頭を前に出して自分から坐位へと起き上がってくる協調動作ができる状態である。

　坐位へ引き起すに先立って，子どもの名前を呼んだり，持った手を軽く揺すってみるなど子どもの注意を検査者に引き付けながら検査する必要がある。子どもが引き起しに興味をもたなければ，積極的に頭を上げる（I2）ことはない。頭を上げられる（I2　通過）子どもも，人見知りなどで泣いているときには身体をのけぞらせ意図的に頭を後ろに落とす。子どもの反応を調べるには，子どもの情緒的な状態も大切である。頭を上げる（I2）とは，自分から坐位になろうと腕を曲げて起き上がってくる状態でもある。

9-5-2 坐位の姿勢観察

(1) 頭支持
[主題とする項目]

I 3	頭を垂れる	（通過年齢　計算不能）
I 4	頭を起す	（通過年齢　計算不能）
I 5	頭を前傾　不安定	（通過年齢　計算不能）
I 6	頭を前傾　安定	（通過年齢　0：28）
I 7	頭を直立　安定	（通過年齢　0：37）

[検査手続と行動の判定基準]

　坐位など，体幹が重力の方向にあるとき，首の坐りがどの程度完成して，頭をどのように支持できているかを調べる。頭を垂れる（I 3）は，首の力で自分の頭の重みが支えられず，頭が垂れたままの状態である。頭の位置は，前に垂れることもあるし，後ろに傾くこともある。自分で頭を動かし，瞬間でも起すことができれば，頭を起す（I 4）を通過とする。いずれにしろ，このような状態のときには，必要なときにすぐ頭を支えてやれるよう検査者は十分に注意を維持する必要がある。

　頭をある程度支持はできるが，前か後ろに傾いた位置で保持しているとき，頭を前傾不安定（I 5）を通過とする。前傾してはいるが首の支持が安定してくると，頭を前傾安定（I 6）を通過とする。I 5 と I 6 の違いは安定の度合いによる。頭を支えてやる必要がなくなったときが，I 6 の状態と言える。

(2) 坐位の姿勢保持
[主題とする項目]

I 8	手をつき坐る	（通過年齢　0：56）
I 9	坐位　3秒	（通過年齢　0：59）
I 10	坐位　1分	（通過年齢　0：67）
I 11	坐位　10分	（通過年齢　0：72）
I 12	坐位　完全	（通過年齢　0：75）
I 13	身体を起す	（通過年齢　0：67）
I 14	腹臥になる	（通過年齢　0：83）
I 15	方向転換	（通過年齢　0：95）

[検査手続と行動の判定基準]

　仰臥位から坐位に引き起したとき，検査者の手は，始め子どもの体側を支持し，次に支持している両手をそっと離す。このとき，子どもの安全を保てるように，手は体側のそばに留めておく。独力で坐位がとれないときは，子どもの手を床に着かせて坐位を保てる（I 8）か調べてみる。検査者が支持する手を離すときには，児が前に倒れて頭を床にぶつけないように十分注意をする必要がある。子どもが坐位に興味をもたないとき，鏡の前に坐らせて検査するのも一つの方法である。

　坐位がとれるときには，その完成の度合いを調べる。バランスを崩しても自分で身体を起す（I 13）ことがあるか。また，どれくらいの時間，坐位を保てるのかも調べる。坐位を保つ時間が1分以上になるときは，坐位で行う検査項目をいくつか実施しながら，姿勢を保持できる時間と完成度

を調べるとよい。

　坐位が安定しているときには，検査中に子どもが興味を示した玩具などを適当な位置に提示して，伏臥位への姿勢転換（I 14）や身体の方向を90°転換することができるか（I 15）調べる。I 14の検査では，伏臥位になり，這って前進もできるのに一方の足が抜けず，片足は曲げたまま両足が並行にならないときがある。自発的に足を抜き両足が並行にならなければ，I 14を通過としない。これはI 14が完成する前によく見られる姿勢である。I 15では，玩具などに誘われて何回かに分けて身体の方向を回転させても通過とする。

9-5-3　坐位の自由遊び
[主題とする項目]

M 22　払い落す　　　　　　　　　（通過年齢　0：62）

[検査手続と行動の判定基準]

　坐位で積木や，他の玩具を用いて行う検査中に観察する。積木などの玩具を机上から払い落としたとき，払い落す（M 22）を通過とする。検査中に一度でも出現したら通過としてよいが，この行動は，自発的に生じるときにのみ判定し，検査者が誘導してはいけない。

9-6　立位の姿勢

　ヒトにとって，姿勢制御をする動作の最終目標は二足歩行にある。新生児期に姿勢を変えられない状態から始り，寝返りで姿勢を変えることができるようになり，這い這いによって移動を開始する。立位については，原始的な歩行反射がなくなる頃，床に足を着けて立位をとることを拒否する子どもが現れる。かろうじて立位になっても足先しか床に着けない尖足立ち姿勢をとる子どもには，注意が必要となる。立位を好む子どもは床を蹴って跳ねることもある。やがて，つかまり立ちから，支えてやると両足を交互に出して前進することができるようになる。独り立ちを始めると独力による歩行へと進歩する。K式検査では，その後歩行の安定性を階段の昇降で調べ，片足でケンケンによって前進ができるようになると，二足歩行が完成したと見なして検査項目として調べない。

　坐位の検査項目が終了した後，立位の観察を行う。手続は子どもの状態によっていくつかに分かれる。支持なしでは立位が困難な子どもの場合は，子どもの体側を両脇から支えて立位にしてみる。体側を支える必要のない子どもでは，両手を持って立位にしてみる。独力で立てる子どもに対しては，子どもがつかまり立ちするのに適当な柵などの横で，その子どもが気に入っていた玩具を上に提示して，柵を持って立ち上がる（T 6）ことができるかを検査するところから始める。

　立位の検査では，検査者が子どもの体側（両側）を軽く支持してやると立位がとれるのか，あるいは支持がなくても独力で立位を保てるのか等，子どもが獲得している立位の姿勢とその安定性を観察することが中心となる。独り立ちを始めたばかりの子どもでは，支持なしに立てそうに見えても急に倒れたりすることがよくある。検査者は，子どもの姿勢が崩れたときすぐ抱き留められるような位置に両手を保って，子どもの姿勢に十分注意し，安全確保に努める必要がある。

9-6-1　独力では立てない子ども

［主題とする項目］

T 1	体重を支える	（通過年齢　0：57）
T 2	脚ではねる	（通過年齢　0：62）
T 3	両手支持で立つ	（通過年齢　0：66）
T 4	つかまらせ立ち	（通過年齢　0：81）
T 5	片手立ち　玩具	（通過年齢　0：90）

［検査手続と行動の判定基準］

　検査者は，両手で子どもの体側を両側から支え，足を床（ベッドの上でもよい）に着けてみる。検査者は，手を子どもを胸の横で支持するが，子どもの腕には触れないようにする。子どもが足を突っ張り，自分の体重を支え（T1）られるとT1が通過である。両足を曲げて床に着こうとしないことも多い（T1　不通過）。この検査項目は，機能だけの問題でなく，意欲の問題を考慮する必要もあり，解釈には注意が必要である。

　立とうとする意欲がある子どもでは，立位をとらせると喜んで床を蹴ってはねる（T2）こともある。両側を支えれば立位が安定している子どもでは，検査者はその手を子どもの腕に沿ってずらし，両手（腕でなく手掌）を持って立位がとれるか調べる。両手を支えるだけで立位が保てればT3が通過である。手を支えるだけでは姿勢を維持できず，検査者の手にぶら下がるような状態であればT3は不通過とする。注意が必要なのは，生後1週間までの新生児では反射としてT1・T2の反応を行う。このとき通過として採点しないように注意する。また，通過・不通過には関係しないが，足の裏全体を床に着けないで爪先立ち（尖足位）でしか立位をとろうとしない子どもがいる。記録に留めて解釈の参考にする。

　両手支持で立てる子どもに対しては，適当な高さの手すりにつかまれば立位姿勢を維持できる（T4）か調べる。子どもを支えて手すりを持たせてやるのだが，手すりだけでは体重を支えられないこともあるので，安全確保のため子どもの姿勢状態には十分に注意する。

　独力で手すりを持って立てる子どもに対しては，玩具を手すりに沿って子どもの手のそばに提示してみる。片手を離してその玩具を持ち，もう一方の手で手すりにつかまって立っているならば，片手立ち玩具（T5）が通過である。

9-6-2　つかまって立ち上がる子ども

［主題とする項目］

T 6	つかまり立ち上がる	（通過年齢　0：94）
T 7	坐る	（通過年齢　0：98）
T 8	つたい歩き	（通過年齢　0：95）
T 9	支え歩き　両手	（通過年齢　0：100）
T 10	支え歩き　片手	（通過年齢　0：119）
T 11	一人立ち	（通過年齢　1：00）
T 15	這い登る	（通過年齢　1：04）

[検査手続と行動の判定基準]

　子どもを手すりのそばに坐らせ，手すりの上に玩具を提示して，興味を玩具に向ける。子どもが手すりをつかみ，独力で立ち上がればT6が通過である。次に，玩具を手すりに沿って横にずらし，つたい歩き（T8）を誘導してみる。足を踏みかえ，2歩以上横に移動できればT8を通過とする。次に，玩具を床の上に置いてみて，独力で子どもが手すりを離して坐位に戻れる（T7）か調べる。ドスンと尻を落として坐位になるときもある。それでも通過としてよいが，頭を打ったり転倒したりしないように，周囲の状況を含めて十分な注意を払う必要がある。

　歩行運動を調べるには，子どもの両手を持って立たせ（T3），立つことができれば，持った両手をゆっくりと前に引いてみる。両手を支持すれば両足を交互に前に出して前進すればT9を通過とし，片手だけを支持することにより歩ければT10を通過とする。子どもの姿勢の安定度を見て，無理に歩かせようとしてはいけない。T9の前段階としては，子どもの両手を持って前に引くと両足をそろえて引きずられるように前進する状態がある。

　一人立ち（T11）の検査項目は，両手を持って立たせた後，手を離しても立位を保持できるか調べる。一人立ちができれば，検査用紙第3葉の一人歩き（T12）へと誘導する。次に子どもを階段に連れていき，這って登れる（T15）か調べる。検査者が階段の上から声をかけたり，上で玩具を見せたりして登るように働きかける。検査者が一人のときには，子どもの安全確保に十分配慮しなければならない。母親が一緒のときには，階段の上から母親に声をかけてもらうのがよい。このときは，検査者が，子どもの下から見守れるので安全の確保は容易になる。

　歩行を開始している子どもを対象とした階段の検査項目は，第3葉に立位による階段の行動（T16〜T20）がある（第13章, pp. 73〜75参照）。

第10章 対 人 反 応

　新生児の対人的興味はまず人の顔を注視するところから観察される。自発的な微笑様な表情が発生する頃になると，ヒトの追視や声への反応が見られるようになる。その後，引き起されることを喜ぶ等の対人的興味が，明瞭に観察可能となっていくなかで，ヒトの見分けがつくようになると人見知りも発生する。対人関係はまた，自分自身への反応の発達にも認められる。鏡像への働きかけもわれわれに多くのことを教えてくれる。このような対人的興味の発達に伴い言葉への関心も芽生え，言葉による対人的コミュニケーションへと発展していく。

10-1　ヒトの注視と追視

[主題とする項目]

M1	顔を注視	（通過年齢	計算不能）
M3	人の追視	（通過年齢	計算不能）
M4	声の方を向く	（通過年齢	0：16）

[検査手続と行動の判定基準]
　検査者や母親の顔に対する注視（M1）を調べる。声かけをしたときに注視しても通過とする。観察時点で，子どもの姿勢は問わない。人の追視（M3）は，仰臥位の検査場面で，検査者が用具を取りかえたりして移動するときを利用して，適時観察すればよい。ベッドなどで，仰臥位の検査をしているときに，検査者が1～2m移動してみながら観察するのが適当である。人の追視は，人の姿という視覚刺激を見て追視するかどうかを調べる。検査者が移動する前に子どもに声をかけて，検査者に注意を向けさせるのはよいが，移動しながら声をかけてはいけない。聴覚刺激による追視と区別ができないからである。
　声の方を向く（M4）では，逆に視覚刺激を除く必要があるから，検査者の動きが見えないよう注意して子どもに声をかける。頭が側転しているときには，顔が向いている方向と反対（後ろ）から子どもに声をかけるのがよい。聴覚刺激への反応を調べているから，声だけで検査者を見たとき通過とする。顔を向けたとき，視線まで合わなくてよい。また，検査者の顔が見えるように頭を反対側まで回転する必要もない。

10-2　対人関係

[主題とする項目]

M7	引き起し　喜ぶ	（通過年齢	0：39）
M8	中断で不機嫌	（通過年齢	0：37）
M9	「イナイ・イナイ・バー」	（通過年齢	0：55）

U 13	顔の布を除く	（通過年齢　0：55）
M 11	人見知り	（通過年齢　0：79）

[検査手続と行動の判定基準]

　引き起し喜ぶ（M 7）は，仰臥位からの引き起し（I 1・I 2）を検査するときに示す子どもの反応である。検査者が名前を呼びかけるなど，声をかけながら子どもを引き起すとき，子どもが起されるのを喜ぶかどうかを調べる。中瀬（1981）の分析によれば，M 7の反応は，他の対人的な反応を調べる検査項目よりも首の坐りと密接な関係がある。頭が遅れない（I 1）が通過になって初めて出現する反応ともいえる。

　中断で不機嫌（M 8）は，検査中に次の検査項目を用意したり，記録するために子どもとのやりとりが途絶えたときの，子どもの情緒的な変化を調べている。検査者の注意が子どもから離れたときに，むずかったり泣き出したりするほどではなくても，検査者が働きかけているときと放置しているときとでは状態が変化し，子どもの活動が減少するようなときにもM 8を通過としてよい。

　子どもが，検査者に慣れて気持のつながりがよくとれているとき，検査者は子どもの顔にハンカチをかけたり外したりしながら「イナイ・イナイ・バー」（M 9）と声を出して働きかけてみる。さらに，ハンカチを顔にかけたまま，検査者はハンカチから手を離し，子どもが自発的にハンカチを取り去るか調べる。子どもに声をかけながら顔を出すように励ましてよい。ハンカチをかけたとき激しく泣き出せば，この検査項目を中止するのはいうまでもない。この一連の観察のなかで，ハンカチなどで自分の顔を覆う（M 19）遊びも出現するであろう。

　人見知り（M 11）は，検査項目の中で最も検査と判定が楽な項目といえる。検査室に入ったときの子どもの状態を観察して，検査者から回避するような反応があるかどうかを観察すればよい。ただし，病院で検査するときの病院恐怖などのように，検査者への人見知りではなく検査場面を回避するための行動とは区別する必要がある。

10-3　鏡に対する反応とボール遊び

[主題とする項目]

M 25	自像に注視	（通過年齢　0：41）
M 26	自像に発声	（通過年齢　0：59）
M 27	自像に触る	（通過年齢　0：59）
M 28	ボールを押し付ける	（通過年齢　0：109）
M 29	検者とボール遊び	（通過年齢　0：115）

[検査手続と行動の判定基準]

　鏡の検査は通常，坐位で検査するのがよい。しかし，やむを得ないときは自像に注視（M 25）・自像に発声（M 26）を，仰臥位で検査する。

　検査はまず，子どもに鏡を見せる。自像に注視（M 25）は，月齢4ヶ月に配当されているが，すべての新生児に検査してみるとよい。早産の新生児でも鏡に注視することは認められる。鏡の反射による光の注視でなく，自像（の方向）を注視しているときに，M 25を通過とする。自像に発声（M 26）とは，鏡に映った自分の姿に微笑みかけたり声を出したりする行動であるが，必ずしも，声は出ていなくてもよい。鏡像への笑いかけでは，声の出ないこともよくある。子どもの表情

変化に注意したい。自像に触る（M 27）は，鏡に映った自像に反応して鏡を触る行動である。鏡像に興味が向かないときには，鏡の裏面を叩いて音を出してやると有効なことがある。

　鏡像を注視しているとき，直接には子どもの視野に入らないように気をつけて体側にボールを提示してみる。ボールの鏡像を見て自発的にボールを取らないときには，ボールが直接見えるように子どもと鏡の間に提示してみる。それでも自発的にボールを持たないときには，子どもに手渡して，ボールを鏡に押し付ける（M 28）行動が，自発的に生じるか調べる。手本となる行動を見せたり誘導してはいけない。

　鏡に対する反応の観察が終了してから，検査者とのボール遊び（M 29）を試みる。ボールを子どもの方に転がしてやると手で受けようとし，自分の手に持ったボールを投げたり転がして検査者に渡そうとするとき，M 29 を通過としてよい。ボールは，検査者の方向へ正確に来なくてもよいし，検査者が転がしたボールをきちんと受け取れなくてもよい。検査者とボールをやり取りして遊べるかどうかが問題なのである。子どもがボールを転がそうとしないとき，「チョウダイ」と声をかけてもよいし（検査項目 M 16・M 17 への導入），子どもがボールを離さないときには，子どもの手の中のボールを突いて転がしてみてもよい。そのようなきっかけで検査者とボールのやり取りが始まれば，M 29 を通過とする。

第11章　前言語行動

　0歳児の言語行動では，まだ"言葉"は獲得されていない。音声によってヒトに働きかけようとする前言語行動に始まり，言語理解，発語へと進歩していく。対人的なつながりをもとうとする興味と音声による関係づけを獲得していく過程を調べようとする。

　検査は，まず児と触れ合って，できれば児と仲良くなるところから始める。検査者が働きかけたときに児が示す反応を調べることも重要な目的である。人見知りをしてぐずったり泣き出すことは，検査を施行するためには好ましくない反応であるが，子どもの月齢によれば，見知らぬ他人を弁別できていることを示していて，その発達段階においては望ましい反応であることを理解しておく必要がある。

11-1　微笑・対人的笑いかけ

[主題とする項目]

M 1	顔を注視	（通過年齢　計算不能）
M 2	微　笑	（通過年齢　計算不能）
M 4	声の方を向く	（通過年齢　0：16）
M 6	微笑みかけ	（通過年齢　0：23＊）

[検査手続と行動の判定基準]

　K式検査では，まず，子どもの目を見ながら声をかけるところから検査に入る。検査を行う前に，子どもの名前や通称をたずねておくのがよい。検査者の呼びかけに，どの程度反応するのか。視線は合うのか等を注意深く観察すれば，これだけでも，児の視覚と聴覚に異常がないことが確かめられよう（もちろん，これだけで子どもの視力と聴力が正確に分かるわけではない）。

　仰臥位の観察中に，自由姿勢の検査項目はおおむね実施できる。それゆえ，自由姿勢の検査項目（M 1～M 32）も，仰臥位のなかで説明している。これまでに述べた観察のなかで，すでに顔の注視（M 1）・微笑（M 2）・微笑みかけ（M 6）・声の方を向く（M 4）などは観察されたであろう。M 1は，検査者の顔に視線を留める反応である。

　微笑（M 2）は，子どもの自発的な表情の変化が，われわれにとって微笑んでいるように見えることであり，表情の変化内容は必ずしも確かでない。苦痛に顔を歪めたり泣いたりする以外の表情が形成されてきたことを調べるのであって，微笑していることを厳密に確定する必要はない。それに対して，微笑みかけ（M 6）は，子どもから検査者に対しての自発的な働きかけとして，微笑みかける反応が明瞭に認められる微笑である。それゆえ，M 6は検査の後半にならないと生じないこともよくある。母親に対しての微笑みかけでもM 6を通過としてよいが，聴取によるのでなく検査者が観察して判定する必要がある。M 6の開始は，泣くのとは違う方法で他者に対するコミュニケーションが始まったことを確認している。母親に声かけをしてもらうとき，母親は発声と同時に無意識に子どもの身体に触れていることがよくある。触刺激を伴った声かけではないことに注意し

たい。

　なお，声の方を向く（M4）は，子どもの視野に入らない場所から聞こえる，話し声や呼びかけに対して，音の方を向こうとする反応を調べている。子どもをあやす目的で声をかけるときは，子どもの身体や手足に触れたり，さすったり，ゆすったりしてもよいが，いずれも身体的刺激を与えていることに注意する必要がある。検査に慣れていないと，声をかけたときの反応を調べるとき，意識せず，声と同時に子どもの身体へ触刺激を与えていることがよくある。音声刺激（声かけ）に対しての反応を調べるときには，そのほかに身体的接触など他の刺激を加えてはいけない。上記のM6・M4はいずれも身体的接触のない，声だけの刺激に対する応答を調べていることに注意してほしい。

11-2　前　言　語

　新生児の発声は啼泣から始まるが，その後しばらくは泣声が発声の中心となる。やがて機嫌がよいときに自発的な発声が始まるが，これは周囲の状況に影響されないといわれている。周囲のヒトへの意図的な微笑みかけが始まると，周囲のヒトに自発的に声などで働きかけたり，大人からの働きかけを求めたりするようになる。対人的な声かけへと進歩した発声は，8ヶ月頃になると喃語が盛んになり，手遊びや「チョウダイ」「バイバイ」「メンメ」等の簡単な言葉の理解が始まる。さらに，指差しで自分の意図を伝達するようになると使用可能な単語が増加していく。当初の一語文は喃語との区別が困難である。そのため，一語文が獲得されたことを知る指標を，われわれは単語三語が獲得された時期としている。

[主題とする項目]

```
M 5    刺激に発声      （通過年齢　0：15＊）
M 10   声をかける      （通過年齢　0：54）
M 24   喃　語          （通過年齢　0：84）
```

[検査手続と行動の判定基準]
　新K式検査では，子どもの自発的な発声は検査項目として配置されていない。これは，この段階の子どもの発声を検査場面で引き出すことが困難なためである。言語反応の最初は，刺激に発声（M5）で調べる。検査場面でいろいろな玩具を与えたりして，子どもに働きかけているとき，子どもに対する身体的接触がなくても，検査者の働きかけに応じて声を出すとき，刺激に発声（M5）を通過とする。検査場面のなかで，子どもの方から自発的に声をかけてくれば，声をかける（M10）を通過とする。
　喃語（M24）は，「アー」とか「ウー」・「オー」などの単純な一種類の母音を発声するのではなく，「マンマン‥」「ブーブー・バーバー」などのように，2音節以上の発音を繰り返し発声するような状態をいう。

11-3　言　語　理　解

[主題とする項目]

```
M 9   「イナイ・イナイ・バー」（通過年齢　0：55）
```

> M 12 「バイ・バイ」　　　　（通過年齢　0：94）
> M 13 「名前」に反応　　　　（通過年齢　0：64）
> M 14 「メンメ」　　　　　　（通過年齢　0：94）
> M 15 指差しに反応　　　　　（通過年齢　0：102）
> M 16 「チョウダイ」渡さぬ　（通過年齢　0：100）
> M 17 「チョウダイ」渡す　　（通過年齢　0：109）

［検査手続と行動の判定基準］
　ここで説明するのは，検査者など他者からの働きかけや声かけ等，単なる音声刺激や身体への触刺激に対しての反応ではなく，検査者が話しかけた言葉の内容を理解しているかどうかを調べる検査項目である。声だけでなく身振りを伴った言葉かけでもよいが，子どもへの身体接触を伴ってはいけない。
　「イナイ・イナイ・バー」（M 9）は，日常よくするように手掌で顔を覆っては，また出して見るといった遊びの場面で観察してもよく，仰臥位で顔にかけられた布を取る（U 13）検査項目を施行するときに観察してもよい。何回か子どもの顔に布をかけ「イナイ・イナイ・バー」と言いながら，検査者の顔が見えたり隠れたりするように布を動かしてみる。子どもが喜んだらM 9を通過として，子どもの顔に布をかぶせたまま布から手を離し，子どもが自力で布を取れる（U 13）か観察する。子どもの手が布の下に入っていると，嫌がって両手を動かすだけで布が取れてしまう。子どもの手が布の外に出ていることを確認して検査する必要がある。
　「バイ・バイ」（M 12）は，検査が終了して子どもが退室するとき，検査者が子どもに「バイ・バイ」と声をかけながら手を振ってやればよい。子どもの反応は，声だけでも動作だけでもどちらでも構わない。手を横に振れず，手の掌を開閉するような動作は初歩的な反応であるが通過とする。母親に抱かれて退室するとき，母親が子どもの服や腕を持って動かしていることがあるので注意しなければならない。それは子ども自身の反応ではないからである。
　「名前」に反応（M 13）は，検査の途中で何回か子どもの名前を呼んでみる。名前は戸籍上の正しい読み方でなく，家庭で日常的に使用されている愛称でよい。この項目は，厳密に名前に応じているのではなく，呼びかけに反応しているとき通過としてよい。
　「メンメ」（M 14）は，検査中に子どもがいたずらをしたりする機会をとらえて，軽く「メンメ」と制止してみる。言葉に身振りをつけてよい。行動を中止しなくてもその意味を理解している様子が認められたらM 14は通過とする。
　「チョウダイ」への反応は，玩具を使用した検査項目で，次の玩具を提示しようとするとき（通常は，坐位），子どもが持っている玩具に対して「チョウダイ」と検査者が掌を上に向けて手を出してやる。検査者の手掌の上まで持ってくるが玩具を渡さず，そのまま子どもが保持している状態が「チョウダイ」渡さぬ（M 16）の通過であり，玩具を検査者の手に渡すことができれば「チョウダイ」渡す（M 17）が通過である。M 16は，「チョウダイ」と声を掛けると，玩具を取られないように腕を後に引くようなときにも通過としてよい。観察が困難なときには，改めて他の検査項目のときに試してみたらよい。玩具を検査者に渡したとき（M 17通過のとき），「渡さぬ」（M 16）という状態はない。このように明らかに上位の検査内容が完成しているために，下位の検査項目に通過となる反応が出現できないとき，下位の検査項目（この例ではM 16）は，その発達水準を越えたという意味で通過として扱う。このような通過は，現実に達成している行動と区別するため，K式検査では無試行通過とよび++（二重プラスとよぶ）の記号をつける。子どもの持っている玩具の種類によって渡したり，渡さなかったりするときにも，M 17を通過としてよい。M 16

は，言葉の意味を理解していればよいので，検査者の手に持ってこなくても，言葉かけに対して玩具を取られないようにしようとするような反応についても通過とする。

　指差しに反応（M 15）は，検査の途中に子どもがそのとき遊んでいる玩具でなく別の玩具などに，検査者は「オヤ」とか「アレ・ナーニ」などと言いながら何回か指差しをしてみる。機会がないときには，母親を指差しながら「お母さんよ！」と声をかけてもよい。検査者が指差している方向を見れば，M 15 を通過とする。検査者の指先だけを見ているときは，不通過である。

第12章　玩具(道具)を使用する検査

12-1　仰臥位で行う検査

12-1-1　視覚機能の検査：追視
(1) 吊り輪の追視
[主題とする項目]

U 14	視線上で注視	（通過年齢	計算不能）
U 15	遅れて注視	（通過年齢	計算不能）
U 16	直ちに注視	（通過年齢	0：28）
U 17	追視　90°	（通過年齢	0：18）
U 18	追視　90°以上	（通過年齢	0：16）
U 19	追視　180°	（通過年齢	0：36）

[検査手続と行動の判定基準]

　仰臥位姿勢の観察に引続き，吊り輪を提示して追視を調べる。子どもが輪以外の物，検査者の顔や腕の動きに注意をそらさないようにしたい。そのために吊り輪は子どもの足のほうから正中面上に沿って顔の上まで動かすのがよい。子どもの頭が，真上に向いていても，視線はやや足元の方，胸の上あたりを向いているから，吊り輪の提示位置は目の真上でなく，胸の上が望ましい。子どもの視線の延長線をよく見て提示位置を決めることが大切である。視線上の位置に提示したとき，直ちに輪を注視したらU 16を，少し遅れて注視したらU 15を通過とする。子どもが頭を横向きにしていたりして，正中面上では注視しないときには，吊り輪を子どもの視線方向に移動させる。子どもがATNR姿勢を取っているときには，視線が側面を向いているから，吊り輪を正中面上から視線の延長線上まで移動する必要がある。吊り輪を体幹のまわりに弧を描くように移動させることになる。視線方向でも注視が生じにくいときには，吊り輪を軽く揺すってみる。その結果として注視したときもU 14を通過とする。被検児の数が少ないため，U 17とU 18の通過月齢にわずかな逆転が生じているが，75%通過年齢ではU 17が0：26，U 18が0：29となり逆転していない。

　輪を注視したら，吊り輪を子どもが注視している所から側方へ移動してみる。追視が生じたら，さらに反対側まで180°動かしてみる。TNR支配が強く，頭が側方を向いたままのときは，頭を動かさずに目だけを動かして追視するので90°（U 17）か，それ以下しか追視できない。頭の運動が伴うとき90°を超えた追視が生じる（U 18・U 19）。検査者は，子どもの眼球の動きだけでなく，頭の動きにも注意する必要がある。先に述べたように，子どもが正中面上，真上を向いているときにも，子どもの視線は頭の真上でなく斜め上（足の方向）を向き，身体の側方では真横を向いていることが多いので，吊り輪を180°移動させるときには，正中面に垂直な面上ではなく，視線の延長線上を弧を描くように動かす必要がある。このとき，吊り輪よりもヒトの顔に興味が向いている子どもは，なかなか滑らかな追視をしない。輪を追視している途中に検査者等の顔が視野に入ると，視線が顔に移動してしまう。そのようなときには，検査者や母親などの顔が見えないように工

夫する必要がある。追視能力を詳しく調べるためには，検査項目にはないが，児の体幹にそった上下方向へ180°ほど動かして，上下への追視も調べておくとよい。児の顔を中心として大きく360°動かして追視を調べるのもよい。

顔に興味が向かって視線が外れるのは問題ないが，振動（眼振）など眼球の運動機能が正常でなく追視が滑らかにできないときがある。このようなときは，医師の診察が必要となる。

(2) 吊り輪に対する腕と手の反応

0歳の前半では，外界の物体に受動的な反応しかしなかった子どもが，6ヶ月頃になると自発的な働きかけをするようになる。このような児と外界との関係を調べようとする。

[主題とする項目]

U 20	腕の運動誘発	（通過年齢　0：46）
U 21	両手を近寄せる	（通過年齢　0：51）
U 22	片手を近寄せる	（通過年齢　0：68）

[検査手続と行動の判定基準]

生後6ヶ月に近づくと，正中面上に提示した吊り輪に，腕を伸ばして吊り輪を取ろうとする（U 20～22）。言うまでもなく，180°の追視ができるようになっただけで，自発的に手を延ばして取れるのではない。手を出さないときには，吊り輪を子どもの手のそばに移動して，子どもの注意が自分の手（または腕）に向くように揺すってみるなど子どもの興味を引いてみる。それによって腕の運動が誘発（U 20）されたり，吊り輪へ手を近づけてくることもある。両手を伸ばして取りに来る（U 21）のは，片手で取りに来る（U 22　図21）前段階である。

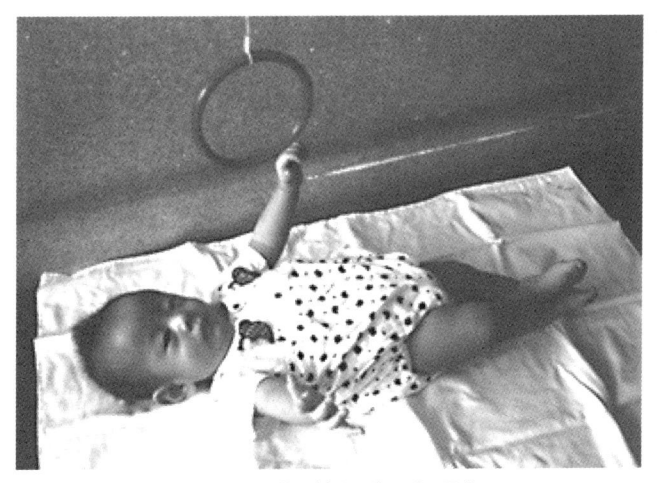

図21　吊り輪に対する腕と手の反応
片手を近寄せている（U 22）

12-1-2　聴覚機能の検査

ここでは児の聴覚機能について調べることができる検査項目を2種類説明する。もちろん，ここで説明するのは，単に聴覚機能を調べるだけの項目ではない。

(1) ガラガラへの反応

　ガラガラの検査は，聴覚機能だけを調べようとするのではない。刺激による手掌の反射，把握機能の検査のなかで聴覚刺激への興味も調べることができる。
　玩具の把握は，両腕を同期して動かしているのに，物を把握させると片手にしか持たない。両手に持たせると，それまで手掌を固く握っていたにもかかわらず，持たせた手掌を開いて物体を落してしまうなどの反応が生じる。子どもの注意は興味が向いた一方の物体に集中している。注意が同時に両手に向けられるようになって初めて，物体を両手に保持できるようになる。

[主題とする項目]

U 23	すぐ落す	(通過年齢	計算不能)
U 24	掌を開く	(通過年齢	0：18)
U 25	保持　3 秒程度	(通過年齢	計算不能)
U 26	保持　5 秒以上	(通過年齢	0：13)
U 27	片手で振り鳴らす	(通過年齢	0：42)
U 28	両手に持つ	(通過年齢	0：23)
U 29	自発的につかむ	(通過年齢	0：51＊)
U 30	つかんで離さぬ	(通過年齢	0：31)
U 31	保持　1 分以上	(通過年齢	0：34)
U 32	両手で振り鳴らす	(通過年齢	0：56)

[検査手続と行動の判定基準]

　子どもが手を固く握っているときには，ガラガラの柄で手掌の背面をなでてみる。それで手を開いたら（U 24），手掌の中にガラガラの柄を入れて持たせる。手背の刺激により手を開いても，手掌の内側に触れると把握反射が生じてすぐ手を固く握ってしまう。手を開いたとき，注意深く，かつ素早く検査を行う必要があり，検査には熟練が必要となる。
　ATNR 姿勢に支配されている子どもでは，頭の後側に位置する手ではなく，顔前に保持されている手に働きかけなければならない。いつもは手掌を固く握っているのに，ガラガラを手に入れると手掌を開いて落してしまう（U 23）ことがある。5 秒以上ガラガラを保持する（U 26）ことができたら，つぎに，もう一つのガラガラを子どもの顔前で鳴らしてみて，子どもが持っているガラガラを自発的に振り鳴らすか観察する。それでもガラガラを振って鳴らさないとき，ガラガラを握っている子どもの手を持って，軽く振って見せてもよい。その結果，子どもがガラガラを振り鳴らしたときも，U 27 を通過とする。つぎに，他方の手にもう一つのガラガラを持たせてみる。両手に持ったとき（U 28）にも同様に，U 32 を誘導してよい。両手にガラガラを持たせたとき，初めに持っていた手掌を開いてガラガラを落してしまう状態から，両手に保持できる（U 28）状態へと進歩する。
　ガラガラを子どもの手に近付けたとき，自分から手を開いて持てば，U 29 を通過とする。子どもがガラガラを持っている時間（秒単位，片手の保持秒数で可）を計り U 31 を判定し，最後に，ガラガラを取りあげるとき，握りの強さを調べる（U 30）。
　この検査では，ガラガラの柄が輪になっているため，輪の部分が指に引っかかって落ちないこともある。柄の真直な部分を手掌に握らせるようにしなければならない。

(2) 鐘鳴らしへの反応

　この検査項目は，音刺激に対する純粋な聴覚機能と，音刺激に対する反応を調べようとする。

[主題とする項目]

U 33	身動き止まる	（通過年齢　計算不能）	
U 34	表情の変化	（通過年齢　計算不能）	
U 35	顔を向ける	（通過年齢　0：51）	

[検査手続と行動の判定基準]

　聴覚機能を調べようとするのであるから，聴覚刺激以外の刺激を加えてはいけない。吊り輪の検査と同様，子どもに検査者の手の動きが見えないように注意して，子どもの耳の横で鐘を鳴らしてみる。音を聞いて動作が止まったり，逆にビクッとしたりするとき，U 33 を通過とする。鐘の音に泣き出したり，微笑んだりしたとき U 34 を通過とする。出生直後の子どもも音のする方向に頭を回すことがあるが，そのような反応はいったん消失し，生後 4 ヶ月を過ぎると，はっきりと鐘の方を向くようになる。この検査項目は，聴力の異常を発見できることもあるため，左右両方で検査し反応を確かめて記録しておくのが望ましい。判定は，左右いずれか一方に反応が認められたとき，検査項目を通過としてよい。生後 3 ヶ月未満の子どもでは，反応が非常に分かりにくいときがある。同じことを何度も反復すると，慣れが生じてますます反応が生じがたくなる。他の検査項目を実施した後に，時間をおいて検査を繰り返してみるのもよい。一方，反応が分からないからといって，この検査項目を実施するような月齢の子どもの検査になれていない検査者が簡単に聴覚異常を疑うべきではない。

12-1-3　仰臥位の自由遊び

[主題とする項目]

M 18	手を見る	（通過年齢　0：18）	
M 19	顔を覆う	（通過年齢　0：48）	
M 20	足をいじる	（通過年齢　0：67）	
M 21	足を口へ	（通過年齢　0：75）	

[検査手続と行動の判定基準]

　これらの検査項目はすでに説明したが，もう一度まとめておく。実際には，仰臥位の検査場面で適時観察するのがよい。

　手を見る（M 18）は，子どもが自発的に顔の前に手をかざして遊んでいる行動である。手を顔の前まで移動させることができること，手掌を開閉したり動かしたりして，眺めて遊ぶことがあるか調べる。両手の運動を観察する検査項目，つまり，両手を触れ合わす（U 11），身体に触れる（U 12）と同時に観察するのが便利である。

　顔を覆う（M 19）は，顔の布を除く（U 13）の検査項目と同時に観察する。言うまでもなく自発的な遊びのなかで，子どもが自分の着衣を引っ張って顔を覆うときには，改めて観察場面を設定しなくてよい。

　子どもが仰臥位で遊んでいるとき，脚をどのように動かして遊ぶか観察する。自発的な興味が足に向かないときには，検査者は子どもの足を持ち上げて，手で触らせてやるなどの誘導をしてよ

い。もちろん，誘導のあと自発的に生じた行動で通過・不通過を決める。子どもが脚や足（部分は問わない）を手で触って遊ぶとき，足をいじる（M 20）を通過とする。持ち上げた足の指先を口に持っていったり，なめたりしたとき，足を口へ（M 21）も通過とする。

12-2　坐位で行う検査

　0歳前半では渡された玩具を受動的にしか持てない子どもが，後半になると腕を伸して自発的に玩具などの物を取るようになる。外界との関係が受動的な状態から，積極的な働きかけが形成されていく。外界との経験に基づいて自発的な興味が確立することによって生じた行動的変化である。これらの関係は，古くからヒトの知的機能が形成される重要な契機として注目されてきた。手に持った玩具も，ただ保持しているだけから，机に叩付ける，口に運ぶ等へと変化し，容器の中に入れたり出したりするなど目的が明瞭な遊びへと進歩する。

　玩具を取り扱う行動内容の変化は，把握する手掌の機能に裏付けされている。把握するとき指が独立して使用されず，手掌の一部に引っかかったような状態から，指全体が同じように使用され手掌全体で物をつかむようになる。母指側（橈側）の指3本が中心的に使用されるようになると，人差指が手掌を物体に導くようになり，人差指による指示の先駆けとなる。小さな物体の把握には，より高度な指の機能が必要である。手掌全体を使用しているときにはうまくつかめなかった小さな物体も，親指と人差指の2本でつかまえるとつかめるようになる。親指と人差指を真っ直ぐ2本の棒のように伸ばして挟む，鋏み状把握から，親指と人差指を曲げて指先で物をつかむようになる。指先を合わせている形状から，釘抜き状把握とよばれる。釘抜き状把握が完成するのは，小さい物を上手につかめるとともに，クレヨンや鉛筆を持って描く行動の基礎となる。腕や手掌の運動機能は，成長に伴って分節化が進み，分節化によって物体を精緻に取り扱えるようになる。

　坐位で行う検査とは，子どもが坐位の姿勢で行う検査項目を総称している。しかし，これらの検査項目は，姿勢を調べるのでも，姿勢による影響を調べるのでもない。一般的な被検者では，両腕を自由に動かして，玩具など物体を取り扱うのに，坐位が最も適した姿勢であるため，坐位で検査を行うにすぎない。坐位が安定していないときには，坐椅子に坐らせて検査するし，人見知りが強いときには，母親の膝に坐らせて検査することもある。新生児期など，検査者の膝に坐らせて検査すると都合がよいことも多い。要は，子どもの姿勢が安定していて，両手が自由に使える状態で検査をする。その意味では，抱き方も重要になる。やむを得ない事情で，他の姿勢で検査を行ったときには，そのような記録が必要である。

12-2-1　積木の連続提示

　検査手引書の手続きに従って，第1の積木を提示しても自発的に持たないときは，子どもの一方の手（その時点で優位に使用される方の手）に積木を持たせてやる。しばらく観察した後，空いている方の手にも積木を持たせる。空いている手に積木を持たせたとき，初めに積木を持っていた手の動きを観察して，両手に持てるかどうかを調べる。検査中に，積木を持つ手掌の形，持った積木の扱い方，遊ぶときにはどのような遊び方をするのかなどを観察する。

　これらの検査項目は，山積木の提示によって，自発的に積木を持つ状態から検査を開始してもよい。積木を両手に持って遊ぶようになった子どもでは，その方が自然な検査であろう。

(1) 第1の積木

[主題とする項目]

P1	交互に注視	（通過年齢　0：50）
P2	片手に保持　3秒程度	（通過年齢　計算不能）
P3	口に運ぶ	（通過年齢　0：48）
P4	掌把握	（通過年齢　0：36）
P5	拇指先把握	（通過年齢　0：58）
P6	落しても拾う	（通過年齢　0：60）
P7	持ちかえ	（通過年齢　0：64）

[検査手続と行動の判定基準]

　積木への関心と，積木を持つときには，手掌の機能や指がどの程度分化して使用されているか。持った積木をどのように取り扱うかについて調べる。

　子どもの手に積木を1個持たせて，その積木を扱う手の形と扱い方を調べる。片手に保持3秒程度（P2）は，積木を辛うじて3秒ほど落さずにいる状態であり，手掌の形と積木の位置は子どもにより変化が大きい。指先に辛うじて引っかかっていることもよくある。ただし，この年齢の子どもは，手だけでなく積木を机や身体の一部で支えていることもあるので注意する。通過とするには，机や身体から離して空中に手掌の力だけで保持できる必要がある。掌把握（P4）は，手の掌に積木をつけて，掌全体で保持している状態であり，5本の指はそれぞれが独立した働きをしていない。それに対して，拇指先把握（P5）は，拇指・人差し指・中指の3本が中心となって積木を保持する状態であり，指の機能に分化が始まっている。このとき，通常は積木と掌の間に空間が生じている。

　自分の手と提示された積木とを交互に注視する（P1）・持った積木を口に運ぶ（P3）などの行

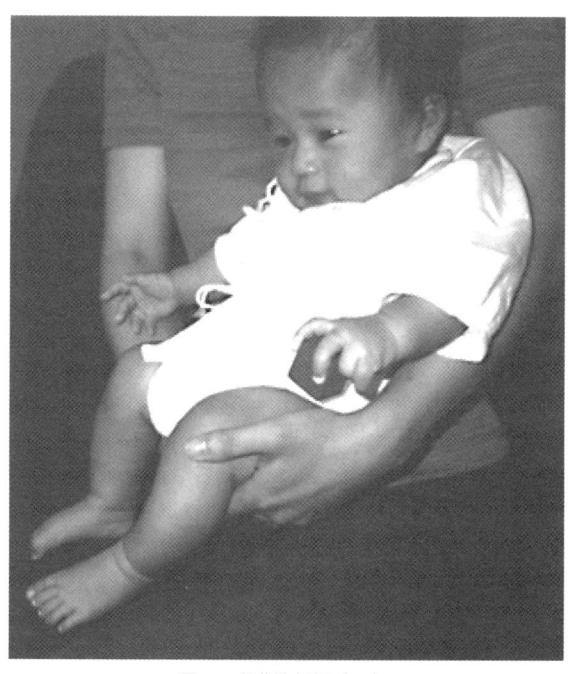

図22　拇指先把握（P5）

動を，子どもが自発的に行うか観察する。ただし，これらの項目は，50％通過年齢の児では検査中に観察が困難な項目である。

持ちかえ（P7）は，子どもが自発的に試みないとき，片方の手に積木を持たせ，積木を持っている手を空いた手に近付けて，手に触れさせて誘導することができる。この場合，検査に先立って積木を子どもの弱手（優位に使用する手がある場合，その反対の手）に持たせておくことが大切である。持ちかえるとき，積木を手掌だけで保持している必要があり，積木を身体や机などで支えていれば，持ちかえ（P7）を不通過とする。この年齢段階では，まだ利手が決まっているわけではない。

(2) 第2の積木と第3の積木

[主題とする項目]

P 8	両手に保持　3秒	（通過年齢	0：49）
P 9	両手に保持　10秒	（通過年齢	0：56）
P 10	第3提示　落さぬ	（通過年齢	0：59）
P 11	第2積木を叩く	（通過年齢	0：79）
P 12	積木と積木	（通過年齢	0：86）
P 13	片手に2個保持	（通過年齢	1：01）
P 14	積木を置く	（通過年齢	0：84）

[検査手続と行動の判定基準]

同時に2個の対象物を与えられたとき，どのように取り扱うのか調べる。2個の積木を扱うには，1個の積木を扱うより高度な注意力と把握機能が要求されるであろう。

1個の積木による検査項目が終了したら，新たにもう1個の積木を提示して反応を調べる。第2積木（2番目に与える積木）を提示しても反応がなければ，検査者は第2積木を手に持って，子どもが持っている第1積木を軽く叩いてやってから再度，第2積木を机上に提示してみる。そのことによって第2積木を叩く（P11）行動が誘発されることも多い。第2積木を子どもが自発的に持たない場合は，提示した第2積木を子どもの空いている手に持たせてやり，両手に保持する時間を観察して，P8とP9を判定する。

両手に積木を持っているとき，3番目の積木を提示する。新しく提示された第3の積木に気を取られて手に持っている積木を落とすことがなければ，P10を通過とする。積木を置く（P14）は，第3の積木でも山積木でも，他の積木を取ろうとするときなどに，自分が持っている積木を机の上に置いたとき，通過とする。積木を落としたり，投げ捨てるのでなく，積木を置く行為が可能かを調べる。

子どもが，両手に持っている積木同士をぶつけ合わせて遊ぶとき，P12を通過とする。積木を両手に保持はしているが，両手の積木をぶつけようとしないとき，検査者は，第3の積木を持って，子どもの持っている積木の一方を軽く叩いてみるとよい。それで積木と積木（P12）などが誘発されることもある。検査者によって誘発された反応でも通過とする。

P13（片手に2個保持）を調べるときは，第2の積木を，子どもが積木を持っている手の方に提示してみる。第2の積木を受け取り，片手で2個の積木を保持できればP13を通過とする。積木は片手に持っているときでも，両手に持っているときでもかまわない。積木を渡して片手に2個の積木が保持できれば，片手に2個保持（P13）を通過とする。加齢が進めば，山積木の場面などで自発的に片手で2個の積木を持つことも観察される。

(3) 山積木
[主題とする項目]

P 15	触れるとつかむ	（通過年齢　0：48）
P 16	空いた手を伸ばす	（通過年齢　0：59）
P 17	両手に持つ	（通過年齢　0：63）
P 18	順に遊ぶ	（通過年齢　0：99）

[検査手続と行動の判定基準]

　積木の連続提示を行っているとき，子どもが積木で遊ぶようになったら，積木を山積木の状態で提示してみる。子どもが自発的に手を出さないときには，山積木を子どもの手に触れる位置まで移動させてみる。積木が手に触れてから始めて積木に興味をもったときも，自発的に積木を持てば，P 15 を通過とする。山積木の状態は，手引書の図示通りあまり厳格に積木を配置しなくてよい。

　片方の手に積木を持ったとき，空いている手を他の積木の方へ伸ばす（P 16）ことがあるかを観察する。さらに，手を伸ばして両手に持つ（P 17）だけでなく，積木を置いたり投げたりして，初めにもった積木だけでなく，他の積木も使用して遊ぶ（P 18）かを観察する。

(4) 積木の塔
[主題とする項目]

P 19	積もうとする	（通過年齢　0：117）

[検査手続と行動の判定基準]

　この検査項目は，後に本格的に検査される積木の塔課題の先駆けとなる反応である。ここでは，子どもが積もうとする興味をもつかどうかを調べている。積木の塔（P 20～P 24）の検査項目は，15 章 4 節 1（p. 122）で説明する。

　積木を積もうとする（P 19）行動は，積木で遊ばせるなかで適時実施すればよい。積木を積むようになる前の段階で，積木を積もうとするように，積木を持っている手を机上の積木の上へ持っていき，積木に触れたりするが，手を離すことなく再び手に持った積木を机上に戻したり，手を離すがうまく土台となる積木の上に乗らないことがあるが，どちらでも P 19 は通過である。P 19 は，山積木で遊んでいるとき，自発的に発生することも多い。検査者が見本を示した後に生じる反応でも通過とする。

12-2-2　積木とコップ
[主題とする項目]

M 16	「チョウダイ」渡さぬ	（通過年齢　0：100）
M 17	「チョウダイ」渡す	（通過年齢　0：109）
P 30	コップを見る	（通過年齢　0：69）
P 31	コップに触る	（通過年齢　0：75）
P 32	中の積木に触れる	（通過年齢　0：83）
P 33	中の積木を出す	（通過年齢　0：88）
P 34	コップの上に示す	（通過年齢　0：101）

P 35	コップに入れる	例後	（通過年齢　0：92）
P 36	コップに入れる	例前	（通過年齢　0：110）

[検査手続と行動の判定基準]

　積木だけではなく，これまで遊んでいた積木と一緒に新たにコップを提示する。異なった2つの対象物を目前にして，子どもはどのような興味を示すのであろうか。その結果，どのような取り扱いをするのであろうか。さらに，この月齢では普遍的に観察される，物を入れたり出したりする行動が，自発的に行われるのか，検査者の指示によって行われるのか，例示を加えると行うのか。積木を取り扱う指の使われ方も観察記録しておく必要がある。

　積木の検査が終了した後，10個の積木とコップを，積木が子どもの利手（この月齢では，左を優位に使用する子どもも多いから注意すること。最終的な利手はまだ確定していない，この月齢では優位な手の使用といっても，一時的なものである）の前に来るように置いて，子どもがどちらに興味を示すかを観察する。コップを見る（P 30）・コップに触る（P 31）は，見慣れた積木よりも新たに提示されたコップに興味が向いている段階である。積木を無視してコップを見たときもP 30を通過とし，見るだけでなくコップに触ればP 31を通過とする。積木を持ったときには，「コップに入れてちょうだい」と教示する。言葉の教示だけでなくコップを指差しながら，動作を交えて教示してよい。検査者が自分の指をコップの中に入れて見せてはいけない。このときに，指差しに反応すればM 15（指差しに反応）を通過としてよい。コップに積木を入れて手を離したら，P 36を通過とする。数回繰り返しても教示だけではコップに入れようとしないとき，検査者が積木を1個づつコップに入れて見せる（例示）。積木をコップの上まで持っていくが入れない，あるいは，積木をコップの中に入れ，持っている積木でコップの中に入っている積木に触れたり叩いたりするが，そのまま手を離さず積木を持ち出してしまう行動も，コップの上に示す（P 34）である。中の積木に触れる（P 32）は，積木を持っていない手でコップの中にある積木に触れたり握ったりするが，コップの外に持ち出さない反応である。中の積木に触れる（P 32）・中の積木を出す（P 33）は，このような手順のなかで観察されることが多い。

　積木だけの検査場面から積木とコップの検査場面へ移行するとき，子どもが積木を持っていたら，「チョウダイ」と言いながら手を出してみる。このような手続きで，「チョウダイ」渡さぬ（M 16）・「チョウダイ」渡す（M 17）が観察できる。M 16・M 17の観察は，このほかの検査項目でも，次の検査項目へ移行するとき，子どもが持っている玩具を回収し，次の玩具を提示するときなどに適時観察することができる。「チョウダイ」と言うと，持っている玩具を取られないように玩具を隠そうとするときにも，M 16を通過としてよい。

12-2-3　小　鈴
[主題とする項目]

P 37	注視する	（通過年齢　0：32）
P 38	熊手状かき寄せ	（通過年齢　0：65）
P 39	拇指側かき寄せ	（通過年齢　0：72）
P 40	鋏状把握　試みる	（通過年齢　0：69）
P 41	持ち上げる	（通過年齢　0：63）
P 42	鋏状把握	（通過年齢　0：81）
P 43	釘抜状把握　不完全	（通過年齢　0：90）

| P 44 | 釘抜状把握 | （通過年齢　0：106） |
| P 45 | 示指を近付ける | （通過年齢　0：83） |

[検査手続と行動の判定基準]

　小鈴は，小さな物体に対する子どもの興味と反応を調べようとする。音が出ること，光っていることによって反応が生じやすくなっている。しかし，この検査項目を施行する対象児は，手に持った物をすべて口へ入れることが多い。小鈴を口に入れると飲み込む恐れがあり危険なので十分な注意を怠ってはいけない。検査は，原則として坐位の姿勢で小鈴を子どもの前に置いて反応を調べる。通常は机上に小鈴を置くが，子どもの状態によっては，鏡の裏面に置いて提示した方が便利なこともある。

　机上に小鈴を提示しても反応がないときに，検査者は，小鈴を指先につまんで子どもの視線上に提示する。視線上で小鈴を振って見せてもよい。このように十分注意を小鈴に引きつけてから，机上に置いて提示する。このようにして机上の小鈴を見たときでも，注視する（P 37）を通過とする。

　子どもが，小鈴に手を出すときには，手と指の使い方をよく観察する。手の掌全体で持とうとするのか，指の働きが分節化しているのか，指は全部が同調して5本の指を熊手のような形にしてかき寄せ（P 38）ているのだろうか。P 45 は，小鈴に働きかけるとき，人差し指を伸ばして小鈴に近付けることをいう。拇指側の機能が分化して使われ，人差し指・中指・拇指の3本の指が中心となって小鈴をかき寄せ（P 39）ているのだろうか。小さい物を持つ指の使われ方を調べるために設定された検査項目でもある。

　小鈴を持ち上げたときには，手の掌や指を全体（P 41）として使用するのか，拇指と人差し指の2本で持つかなど，より詳細な観察が必要となる。P 41 の段階の子どもでは，手掌を握り締めていて手に汗などがあり，そのために持つというより手にくっついて持ち上がることもある。このようなときでも，P 41 を通過としてよい。2本の指で小鈴を摘んで持つときには，その2本がどのように使われているのか，さらに詳しく観察する。拇指と人差し指がまっすぐ伸び，その間に小鈴を挟んでいるときを鋏状把握（P 42　図 23（a–2））という。釘抜状把握（P 44　図 23（b–2））とは，

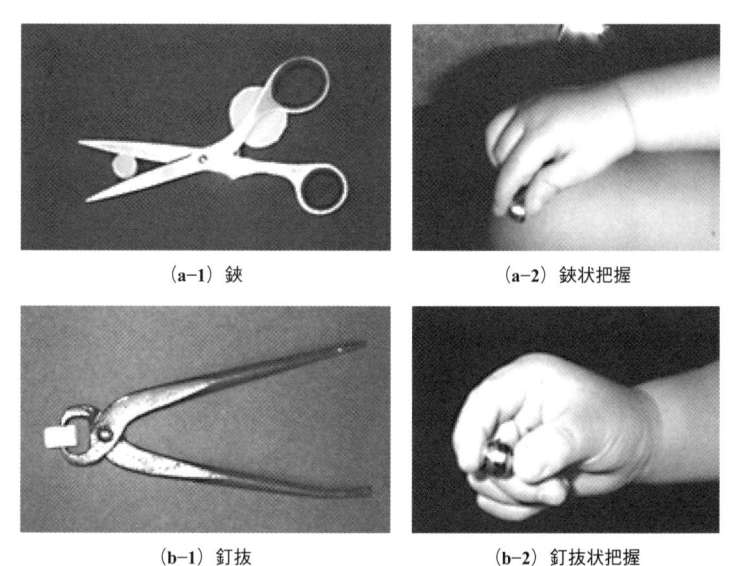

（a–1）鋏　　　　　　　　　　（a–2）鋏状把握

（b–1）釘抜　　　　　　　　　（b–2）釘抜状把握

図 23　鋏状把握と釘抜状把握の説明

人差し指が曲がって、拇指と人差し指の指先で小鈴が保持される状態である。それぞれ試みるが失敗して前段階の持ち方になってしまうとき、鋏状把握試みる（P 40）・釘抜状把握不完全（P 43）とする。

12-2-4　小鈴と瓶
[主題とする項目]

P 46	瓶に手を出す	（通過年齢　0：60）
P 47	小鈴に手を出す	（通過年齢　0：92）
P 48	小鈴を取る	（通過年齢　0：97）
P 49	入れようとする	（通過年齢　0：106）
P 50	瓶に入れる　例後	（通過年齢　0：112）
P 51	瓶に入れる　例前	（通過年齢　0：114）
P 52	瓶から出す	（通過年齢　1：28）

[検査手続と行動の判定基準]

　小鈴の検査が終ったら、利手の前が小鈴、弱手の前が瓶になるように、小鈴と瓶を並べて提示する。小鈴に興味を示さず、瓶に手を出す（P 46）段階から、小鈴に興味が向いて小鈴に手を出すが持ち上げられない（P 47）段階、小鈴を持ち上げる（P 48）段階というように行動が発達する。積木とコップの検査と同様に、「ここ（瓶）に入れてちょうだい」と身振りを交えて教示したとき、小鈴を瓶の中に入れればP 51を通過とする。言葉による教示だけでは入れようとしないときには、例示として検査者が入れてみせる。例示した後、自分で入れればP 50を通過とする。入れようと試みるが瓶の中に入らないときP 49を通過とする。瓶を指差すのはかまわないが、検査者が自分の指を瓶の中に入れて見せるのはやりすぎである。

　瓶から出す（P 52）は、子どもの前に小鈴が入った瓶を置き反応を見る。小鈴を自分で入れたときは、その後の行動を観察して判定する。中の小鈴に注意を向けないときには、瓶を振って中の小鈴に興味を向けるとよい。指を入れて出そうとするときもそのまま試みさせる。指でうまくかき出せれば、P 52を通過としてよい。瓶を振っているうち、偶然に小鈴が飛び出したときには、もう一度実施してみる。初めの試行で気がついたときにも、小鈴を出すために意図的に振っていればP 52を通過としてよい。瓶から出す方法を教示したり例示してはいけない。

12-2-5　鐘
[主題とする項目]

P 53	机に打付ける	（通過年齢　0：67）
P 54	柄を持つ	（通過年齢　0：61）
P 55	柄先から持つ	（通過年齢　0：96）
P 56	振り鳴らす	（通過年齢　0：68）
P 57	鐘舌に触る	（通過年齢　0：102）

[検査手続と行動の判定基準]

　子どもによく見えるように鐘を持ち、振って音を出して子どもの興味を引いてから、鐘を子どもの前に置く。鐘を持とうとするのか、持つとすれば、どのように手を出して、どの部分を持つの

か，持った鐘をどのように扱うのかを観察する。鐘の上方から手を出し柄先をつかむとき，P 55 を通過とする。鐘が子どもの手より下にないと，手を上から出すことは少ないので，机の上で検査すると観察が困難な検査項目である。畳の上で坐位の安定を調べるとき，この検査を実施すると手が上から出やすい。手の位置が鐘と同じ高さにあると，手を真横から出して，柄を横から持つ（P 54）方が容易になる。机で検査するときには子どもの膝の高さに，鐘を適当な台（たとえば，鏡の裏面）に乗せて提示するのがよい。P 54 の段階の子どもは，それでも手を横から動かし柄の部分を持つ。P 55 の段階の子どもは，容易に手を上から伸ばして柄先を持つことができる。柄を持たず鐘の金属部分を持つときには，子どもの手に鐘の柄を持たせて，机に打付け（P 53）たり，振り鳴らす（P 56）ことがあるか調べる。

　柄を持ったときには，鐘をどのように扱うかを観察する。机に打付けて遊ぶ（P 53）か，振り鳴らして遊ぶ（P 56）かを調べる。鐘の中にある鐘舌に興味を持ち，鐘舌をいじって遊ぶとき，P 57 を通過とする。鐘を持っているとき，意図的でなく鐘舌に触れることがある，この場合には P 57 を通過としない。意図的に鐘舌に触れて遊ぶときだけ，P 57 を通過とする。鐘舌に触れることは，誘導したり見本を示してはいけない。

12-2-6　紐付き輪
[主題とする項目]

P 58	輪へ伸ばす	（通過年齢　0：71）
P 59	とにかく引き寄せる	（通過年齢　0：63）
P 60	輪と紐で遊ぶ	（通過年齢　0：70）
P 61	すぐ輪を引き寄せる	（通過年齢　0：75）
P 62	紐で下げる	（通過年齢　0：116）

[検査手続と行動の判定基準]

　吊り輪の輪の部分を子どもによく見せ，輪に注意が向いてから，輪が子どもの正面・遠地点（手の届かないところ）にあり，紐の先が子どもの利手のすぐ前に位置するように置く。子どもが身体を乗り出し，直接輪を取ろうと手を伸ばすとき（P 58）には，輪を遠ざけて取れないようにしてみる。すぐ紐をつまんで輪を引き寄せたとき，P 61 を通過とする。紐をつまもうとするとき，指先の使われ方にも注意するのがよい。小鈴を持つときと同様，小さい物を扱う子どもの指先機能を観察することができる。

　とにかく引き寄せる（P 59）では，紐がなかなかつまめないため，苦労してやっと引き寄せた場合だけでなく，紐に興味をもって遊んでいるうちに輪を引き寄せ，それから紐に興味が向かった場合も通過としてよい。

　輪を持ったときには，遊びの内容を調べる。輪と紐で遊ぶ（P 60）は，とにかく輪と紐の両方に興味があれば通過としてよい。紐で下げる（P 62）は，偶然にぶら下げただけではいけない。偶然で始まっても，意図的にぶら下げ，振ったりして遊ぶようになったとき，P 62 を通過とする。

12-2-7　自動車
[主題とする項目]

P 63	部分隠し	（通過年齢　0：64）
P 64	全体隠し	（通過年齢　0：86）

P 65	包み込む	（通過年齢　1：27）
P 66	玩具（車）の追視	（通過年齢　0：51）

[検査手続と行動の判定基準]

　第1葉の検査項目（P 66）では，机上に自動車を提示して子どもの注意が自動車に向いてから，自動車を子どもの前を横切るように動かしてみる。動かす速度は子どもが視線を動かす移動速度に合わせる必要がある。検査者が子どもを膝に乗せて検査するときは，自動車を鏡の裏に乗せて鏡を傾けて動かすのがよい。子どもが検査者の手を追視しているのでは通過とできない。机上を動かすときには，自動車を検査者が手に持ったまま動かすのではなく，軽く弾みをつけて走らせる必要がある。いずれにしても，子どもに合わせてゆっくり走らせるためには，多少の練習が必要であろう。この検査項目は，生後すぐの子どもにも試してみるとよい。吊り輪の追視とは違う状態での追視反応が調べられるし，かなりの低日齢でも追視が生じることもある。

　第2葉の検査項目（P 63・P 64）では，自動車に興味を持たせた後，布をかぶせて自動車を隠してみる。部分隠し（P 63）の検査では，自動車が視線からいったん完全に隠れて見えなくなってから，一部分が（全体の半分程度）見える状態にしてみる。いったん，視線から消えると，一部分が見える状態になっても自動車への興味がなくなっているのか，自動車への興味が持続し，再び見えた自動車を取って（P 63）遊ぶのか。さらに，自動車が完全に布の下で見えなくなっても，布を取り除いて自動車を取り出す（P 64）のかを調べる。布に興味が移動して，布をとったとき自動車を見つけて自動車を持ち上げたときには，もう一度施行してみる。偶然始めても，初めの施行で学習して，自動車を取るために布を取り除いたときにはP 64を通過としてよい。

　第3葉の検査項目（P 65）では，自動車に興味を持たせた後，自動車を布の中央に乗せ，布の四端を折って包み込んで見せる。包み込まれても布を開いて自動車を取り出すことができる（P 65）のだろうか。自動車を包んだ布を持って振り，中から自動車を取り出すのも，P 64と同様，初めは偶然であっても次の試行では中の自動車を取り出す意図が認められるときにはP 65を通過としてよい。この検査項目は，21章1節の中で詳しく説明している（p. 209参照）。

12-2-8　はめ板

[主題とする項目]

P 71	円板をはずす	（通過年齢　0：87）
P 72	円板をはめる	（通過年齢　0：119）

[検査手続と行動の判定基準]

　丸・三角・四角の孔があいている孔あきはめ板（図36, p. 111参照）を机の上に置いた後，子どもに円板を渡す。子どもが円板に興味を示した後，検査者が円板を持ってはめ板に入れて見せる。子どもが円板を自分で外すことができる（P 71）か，外した円板をまた入れる（P 72）ことができるかを観察する。子どもが円板を入れたとき，偶然のように見えることもよくある。そのようなときには，再施行して2回以上入ったときには，偶然のように見えてもP 72を通過としてよい。子どもは片手で円板をはずす段階から，両手で円板を持ってはずす段階へと進歩する。はずすときに使用される両手の様子も記録するとよい。

　円板を外そうとするとき，孔あきはめ板が動かないように押えてやる必要もある。このとき，子どもの両手が机上に出ていることを確認する必要がある。出ていないときには，子どもの手を持っ

て両手が机上に位置するようにしてから施行してよい。

はめ板を使用する検査項目（P 73・P 74）は，後に15章3節（pp. 111〜116）で説明する。

12-2-9　描　画
［主題とする項目］

P 99	なぐり描き	例後	（通過年齢　0：118）
P 100	なぐり描き	例前	（通過年齢　1：11）

［検査手続と行動の判定基準］

　描画用紙（検査用紙の裏面でもよい）を机の上に置き，鉛筆を提示してなぐり描きをするように声をかけて子どもの反応を調べる。鉛筆を子どもの手に持たせてやってよい。自発的に描くときにはP 100が通過となる。描かないとき，検査者は，「グルグル」などと言いながら，なぐり描きの例示として紙面の上端に螺線状の線を描いて見せる。子どもが鉛筆を持った手を動かし，紙の上に何か描ければP 99を通過とする。また，家で鉛筆を持たせたことがないと否定的な態度をとる親の場合にも，試みさせると子どもが描画に興味を示し，上手に円錯画などを描いて親が驚くこともよく見られる。P 99の前段階としては，鉛筆で紙をつついたり，手で鉛筆を持って紙の上に動かすが，芯の出ている側を紙につけず，芯のない方で紙をこすることがある。このような段階では，鉛筆の芯が出ている端が反対になるように持ち替えさせてやると，今度は手をひっくり返してわざわざ芯がない方を描画用紙にこすりつけることもよくある。いずれもP 99は不通過である。この段階の検査では，長さが適当な（10〜15 cm）鉛筆を使用すること，鉛筆の片側だけが削ってあることが大切である。両側に芯の出ている鉛筆を使用したり，クレヨンやクレパスなど他の筆記用具を使用してはいけない。赤鉛筆を使用するのが原則だが，4 B程度の黒鉛筆を使用しても差し支えない。赤鉛筆と黒鉛筆の2本を提示して子どもに選択させるのがよい場合もある。

　この検査では，手に持った鉛筆を振り回すこともある。このようなとき，目を突くことがないように検査者は細心の注意が要求される。

　この検査項目は，K式検査のなかで多くの検査項目を持つ描画行動の先駆けである。そのため，15章1節（pp. 78〜103参照）のなかでも繰り返し説明している。実例は，15章を参照してほしい。

第Ⅳ部　検査項目への反応に見る子どもの発達

――課題性による検査項目：言語獲得後の子ども

言語を獲得する頃になると，子どもは検査場面で，検査者が要求することを理解して，検査者の要求に応えることに喜びを示し始める。自己の内発的遊びだけでなく，検査者とのやり取りを喜んでいる。うまくできると手を叩いて喜び，一緒に手を叩いて喜びを共有しろと要求することさえ珍しくない。このような子どもの態度を課題性の獲得とよんでいる。筆者は，乳児期を過ぎた子どもの発達検査では，この課題性の獲得が重要な指標であると考えている。言語をある程度獲得していても，自分勝手な遊びだけに執着して，検査場面には参加しようとしない子ども達もいる。このようなとき，課題性が獲得されていないことが，検査結果を判定するときに中心的関心となる。

　課題性を獲得した子どもを対象とする検査は，検査用紙第3葉の中程以降から配置されている検査項目であり，1歳児以降の検査である。K式検査は発達検査であるが，以上の観点からみると，この章で説明する年齢になると知能検査とよんでもおかしくない。主として，子どもが獲得している知的機能を調べようとしているからである。検査とよぶと，厳粛で子どもが最大限努力をするような状況であるべきだと考え，子どもに緊張を強いる親や先生方がある。しかし，子どもにとっては，一つひとつの検査項目を通して，1対1で検査者に丁寧に相手をしてもらえる，むしろ楽しい時間である。特に小学生の低学年までの子どもであれば，終了後には先生と楽しく遊んだと感じていることが普通であり，逆に言えば，子どもがそのように考えたとき，検査者は検査に成功したのである。

　新K式検査は，検査用紙（B4判）が第1葉から第5葉まで連続して作られているが，よく見ると第2葉と第3葉の間だけは，検査領域が配当された紙面の大きさが異なり，検査用紙を完全に張り合わせることができない。0歳児の検査と1歳を過ぎた検査では，年齢を区分する幅も異なり，配当されている検査項目数が大きく異なっている。検査項目が多く配置されている領域にも相違がある。0歳児では，姿勢や手掌の機能など姿勢運動機能を詳細に測定しているが，1歳を過ぎ課題性を獲得した子ども達では，測定する内容が大きく異なるからである。単純な表現をすれば，発達検査から知能検査へと検査が変容していると考えてもよい。検査用紙を領域別に調べると，姿勢・運動領域の検査項目は減少し，言語・社会領域の検査項目が増加する。項目数はあまり変化していないが，認知・適応領域では，微細運動行動から空間・図形認知へと調べようとする内容が変化している。同一の検査であっても，このように内容が異なるので，1・2葉と3・4・5葉の検査項目は分けて説明するほうが分かりやすい。

　新版K式発達検査では，検査項目を姿勢・運動，認知・適応，言語・社会の3領域に分けている。各々の領域には，項目が調べようとする内容によって検査項目を分類して配置している。しかし，検査を行うときには，認知・適応領域，言語・社会領域等の領域を意識する必要はない。第Ⅳ部では，子どもの機能に分けて検査項目が測定しようとしている方法を詳しく説明する。本書は，検査を使用することを直接の目的としていないから，主題とする項目の配列は，検査項目につけている記号や番号順などを無視して，内容が分りやすいように項目を分類しなおし，通過年齢の順番になるように配列を変えて説明する。検査を知らなくても，本書だけで内容が理解できるように，検査場面や用具，教示など手続についても具体的に説明していく。

　本書は，新K式検査の項目を解説しているのではあるが，あくまで，検査項目を通して，そこで測定しようとしている課題を主題として研究を進めようとするとき，課題の定義と測定は，どのようになされるべきか，具体例を通して明らかにしようとしている。上に説明したように，2葉と3葉の間は，形式的に連続していないが，旧K式と異なり新K式検査では，採点と指数化などは，第1葉から第5葉まで完全に連続させている。

第13章　姿勢・運動（Postural Motor）領域の検査

13-1　独力で歩行が可能な子ども

　1歳を過ぎた子どもを対象として，第3葉以降にもいくつかの姿勢・運動領域の検査項目が用意されている。しかし，第3葉以降に配置されている検査項目は少なく，T 12・13・14，T 16～20の8項目しかない。第4葉の初め，年齢段階で3：0超～3：6にあるケンケン（T 14）を最後に検査項目は用意されていない。このことは，子ども達の知的機能が発達する機制に対応している。換言すると，ケンケンができるようになった後の運動発達を調べることは，知的機能の発達にとって意味がないからである。

　姿勢・運動領域では検査項目が少ないので，最初にまとめて説明する。検査を実際に施行するときには，机上の検査項目が終了して最後に検査する方がよい。検査項目で調べるのは，一人歩きができるようになってから獲得される立位の検査であるから，独力で歩ける子どもを対象とした検査項目である。これらの検査項目は，子どもが獲得している運動機能を調べようとしている。意欲等は問題としていないので，例示や繰り返しが許される。

[主題とする項目]

```
　T 12　歩く2・3歩　　　　　（通過年齢　1：13）
```

[検査手続と行動の判定基準]
　判定基準は，子どもが独力で2, 3歩以上歩いて前進できればT 12を通過とする。
　通過基準には含まれないが，歩くときの姿勢調整機能も観察しておく方がよい。外反足，内反足，爪先歩き（尖足）等を調べておくことが臨床場面で子どもの発達状態を知る手がかりになることも多い。

[主題とする項目]

```
　T 16　片手支持　登る　　　　（通過年齢　1：32）
```

[検査手続と行動の判定基準]
　判定基準は，片手を支えてもらうとき，階段（1段の高さは15～20 cm程度）を立って3段以上登ればT 16を通過とする。
　階段は1段づつ足をそろえてもよい。試行は何回か繰り返してもよい。手を支えて検査者が引っ張り上げなければならないのは不通過とする。一般家庭にある階段のように，急で狭い階段を想定していないので注意が必要であろう。

［主題とする項目］

T 17　片手支持　降りる　　　　（通過年齢　1：41）

［検査手続と行動の判定基準］

　判定基準は，片手を支えてもらうとき，階段（1段の高さは15〜20 cm 程度）を立って3段以上降りればT 17を通過とする。

　階段は1段づつ足をそろえてもよい．試行は何回か繰り返してもよい．支える手に体重をあづけて降りるのは不通過とする．

［主題とする項目］

T 18　手すりで登降　　　　　　（通過年齢　1：68）

［検査手続と行動の判定基準］

　判定基準は，自分で手すりを持ち，階段（1段の高さは15〜20 cm 程度）を立って3段以上登り降りができればT 18を通過とする．

　階段は1段づつ足をそろえてもよい．また両手で手すりを持ったり，壁を伝って登り降りしてもよい．試行は何回か繰り返してもよい．登るのと降りるのが両方ともできなければならない．

［主題とする項目］

T 13　両足跳び　　　　　　　　（通過年齢　1：109）

［検査手続と行動の判定基準］

　判定基準は，両足で床から跳び上がればT 13を通過とする．

　同時に両足が床から離れて跳び上がれなくても，跳び上った後に両足とも宙に浮いている瞬間があれば通過としてよいが，着地した後にも立位を保持できなければならない．試行は何回か繰り返してもよい．着地したとき，床に手をついたり尻もちをつけば不通過とする．子どもが自発的に跳ばない場合には，検査者や保護者が見本を見せた後に生じる反応でも通過としてよい．

［主題とする項目］

T 20　飛び降り　　　　　　　　（通過年齢　2：20）

［検査手続と行動の判定基準］

　判定基準は，15〜20 cm ぐらいの高さ（階段の最下段等）の所から飛び降りることができればT 20を通過とする．

　片足を上の段に残したまま，またぐようにして他方の足を下に着けて降りる，飛び降りた後に尻もちをつく等は不通過とする．自発的に飛び降りようとしない場合には，検査者や保護者が見本を見せた後の行動でも通過としてよい．

［主題とする項目］

T 19　交互に足を出す　　　　　（通過年齢　2：66）

［検査手続と行動の判定基準］

　判定基準は，階段（1段の高さは15〜20 cm程度）を，独力で手すりなどを持たずに足を交互に出して3段以上登れば T 19 を通過とする。
　試行は何回か繰り返してもよい。1段づつ足をそろえるのは不通過とする。

［主題とする項目］

T 14　ケンケン　　　　　　　　（通過年齢　3：20）

［検査手続と行動の判定基準］

　軸脚は左右いづれか一方でよい。判定基準は，ケンケンで2,3歩前進できれば T 14 を通過とする。
　スキップしたり，交互に片足づつ足を上げて跳んだり，1歩づつ両足をついて着地するのは不通過とする。ケンケンをする子どもの身体バランスを観察記録しておくとよい。試行は何回か繰り返してもよい。自発的にしない場合は，検査者や保護者が見本を示した後に試みさせてよい。

第14章　机上検査の説明

　新K式検査で第3葉以降に配置している検査項目は，姿勢・運動領域の検査項目を除いて，認知・適応（Cognitive-Adaptive）領域と言語・社会（Language-Social）領域では，原則として子どもを机の前に坐らせ，検査用具を机の上に提示して行う検査である。それゆえ，これらの検査項目を一括して机上の検査とよんでいる。参考のために，われわれが使用している標準的な検査用の机を示しておく（図24）。検査机は，左側のやや低いのが子ども用の机であり，右側の高い机が検査用具を準備したり，記録したりするために検査者が使用する机である。検査者用の机には，検査用紙などを分類して入れておける仕切りがある。重要なのは，子ども用の机が低く検査者用の机との境に目隠し板があって，子どもから課題以外の検査用具が見えないこと，また記録している検査者の手元が見えないことである。検査者の位置が子どもに対して正面でなく，横に位置していることも，子どもの緊張をやわらげるのに効果がある。長机を使用するときには，子どもの横に坐るのがよい。利手の反対側に坐らせると，記録をしながら弱手で子どもの肩を抱くなどが出来て，落着きがなく動き回る子どもなどの検査では便利である。

　1歳を越えた子どもの検査では，検査項目間に相互作用が想定される特定の課題を除いて，項目の検査順序を定めていない。しかし，検査には，導入に適した課題がある。たとえば，2, 3歳の子どもでは，積木の課題は子どもを抵抗なく検査に導入しやすい。積木の塔から入り，積木を積むときの手指の調整や，課題への集中の程度を見たうえで，トラックの模倣，家の模倣，門の模倣というように積木の課題を順次実施していくとうまく検査できることが多い。一般的に積木遊びが好まれること，検査課題の通過年齢が広範囲に分布しているため，通過・不通過の境界がおよそどの年齢区分にあるかを推定しやすいことなどの理由による。必要なら，4つの積木，積木叩き，さらには数選びと積木を使用する課題を順次実施していく。積木のようにいろいろな検査項目で多目的に使用する検査用具は，一度出したら，その用具を使用する検査項目はすべて連続して検査することが望ましい。同じ検査用具を出したり引っ込めたりしない方が，検査がなめらかに進行する。描画が好きな子どもでは，一連の描画課題を実施するのも導入がしやすく，おおよその発達水準を把握できて便利である。検査に対して不安や緊張の強い子どもでは，言語課題は，回避されやすいため検査状況によく慣れてから後半に実施する方がよい。検査者とのラポールもついて不安や緊張が柔らいでいるからである。

　しかし，すべての子どもが積木遊びを好むとは限らない。なかには，積木課題に回避的な子どももあり，色の名前等，言語性の検査を好む子どもも少なくない。このような子どもには，言語課題から検査を始める方がよい。いずれにしても検査への導入は機械的に行うべきではない。子どもの状況に合わせて柔軟に対応することが望まれる。始めから積木叩きに問題なく対応できる子どもにまで，積木の塔から検査を始めるのは無駄に時間を消耗してよくない。結局は，検査者による子どもの状態を見る目の問題にいきつく。

図 24　検査机

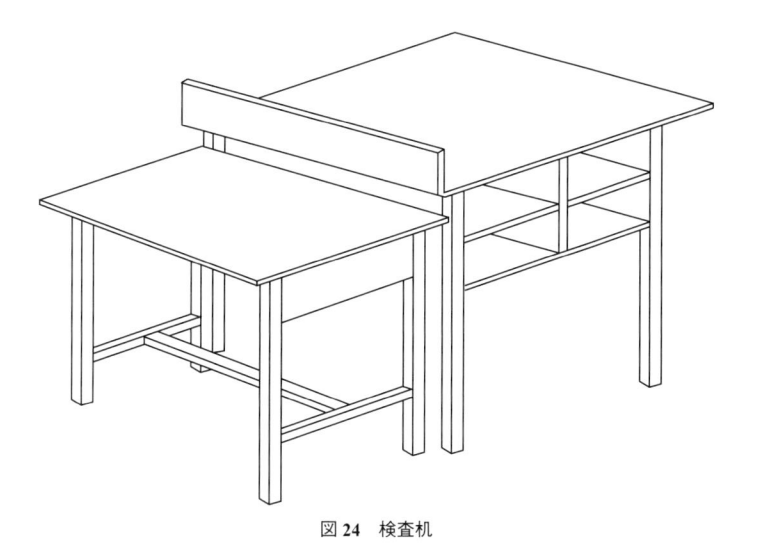

第15章　空間と図形の検査

　空間的関係や図形知覚を中心とした機能は，K式検査では認知・適応（Cognitive-Adaptive）領域の検査に分類されている。認知・適応領域の検査項目とは，項目記号を旧K式検査ではP（Performance）で示した検査項目であり，P1からP127まで合計127の検査項目がある。0歳の検査でPと分類した検査項目は，手掌の機能を中心として調べてきた。1歳を過ぎる検査項目では，獲得された手掌機能を利用することにより，形や図形の理解，描画など平面的・空間的な取り扱い，時系列的な理解力などを調べている。14章で述べたように，子どもによっては取組みの容易さが言語領域と異なることがあるので試行順については注意が必要である。

15-1　描　　画

　描画機能の発達を調べる検査項目をまとめて説明する。検査では，B4判の描画用紙（検査用紙の裏面でもよい）を机の上に置き，鉛筆（赤鉛筆や4B程度の柔らかい鉛筆）を提示するところから検査を始める。描画活動に対する興味と能力を調べる検査項目である。

　描画検査では"かたち"に関する用語を一切使用していないことに注意して欲しい。円・四角・三角・菱形を描かせるときに，「まる」「しかく」「さんかく」「ひしがた」等と教示してはいけないし，「おひな様の雛餅」とか「パンタグラフ」などと形を示す言葉を加えて教示することは許されない。検査者から子どもに"かたち"に注意を向けてはいけない。

　上記は検査全体に共通する注意事項である。積木の課題などでも同様な注意が必要である。教示では，「おなじ」「このような」と指示している。このような教示が具体的内容を示していないことに注意して欲しい。子どもが反応しようとする意欲は高めるが，具体的に意味のある教示をしていないことが重要なのである。検査者のなかには，「おなじかたちの……」等と教示したがる検査者がいる。心理学について基礎知識が欠如していると言うべきであろう。

　描画の発達は，ゲシュタルト心理学が始まった頃，研究者達が精力的に研究した。形の描画能力は，どのような順番で発達するのか。機能を獲得する年齢を明らかにしようとすること等が中心的な課題であった。当初からの課題であった，丸・四角・三角・菱形を手本となる図形を見て模写する課題も含まれる。

　なお，描画の反応例は，紙面の都合ですべて，子どもの反応を縮小率を示して掲載している。子どもの原反応を調べたいときには，拡大コピーしていただきたい。

（1）模　　倣
［主題とする項目］

P 99	なぐり描き　例後	（通過年齢	0：118）
P 100	なぐり描き　例前	（通過年齢	1：11）

　この項目は前節でも説明したが，これから説明する描画行動全体の先駆けとなる項目であるた

め，机上の検査としての注意点を中心に，再度説明する。

[実施手続]
　描画用紙と鉛筆を提示し，
「何か描いてごらん」
「ジージ書いてごらん」
と二重に教示する。
　反応がないとき，なぐり描き P 99 の例示に入る。
「こんなのを描こうね」
「グルグル」と教示しながら，
描画用紙の上端に，螺旋状に円錯画をして見せる。
「さあ，あなたもこんなのを描いてごらん」と教示する。
　反応が生じないときには，同じ手続であと 2 回，合計 3 回まで教示と例示を繰り返す。教示回数も記録しておくこと。鉛筆は検査者が子どもの手に持たせてもよい。

[行動の判定基準]
　なぐり描き P 100 の検査項目では，子どもが，教示だけで，鉛筆を保持している腕を自発的に動かし，描画用紙に鉛筆による何らかの痕跡を残したとき通過とする（図 25）。それゆえ，円錯画の誤答例（図 26-1）は，なぐり描きとしては通過反応となる。線を描かなくても，点をたくさん打ちつけるような反応も通過とする。
　自発的に描かないときには，例示して見せる。例示により子どもが紙の上に何か描ければ P 99 を通過とする。
　P 99 の前段階として描画に関心をもたない時期には，鉛筆に興味を示さない。鉛筆に興味を示して持つが口に入れる，持って振り回す，描画用紙の上で手を動かすが，鉛筆の芯が出ていない端を紙にこすりつける，あるいは，鉛筆を横に寝かしすぎて紙の上に何も描けない等がある。いずれも P 99 は不合格である。
　この段階の検査では，長さが適当な（10～15 cm）鉛筆を使用することと，鉛筆の片側だけが削ってあることが大切になる。両側に芯の出ている鉛筆を使用したり，クレヨンやクレパスなど他の筆記用具を使用してはいけない。検査では芯が出ている端を正しく紙の上につけて，腕を動かす目標と動作の巧緻性も重要な意味をもっている。赤鉛筆を使用するのが原則だが，4 B 程度の黒鉛筆を使用しても差し支えない。赤鉛筆と黒鉛筆の 2 本を提示して子どもに選択させると自発的な描画が始る場合もある。

80 第Ⅳ部 検査項目への反応に見る子どもの発達：課題性による検査項目

(a)

(b)

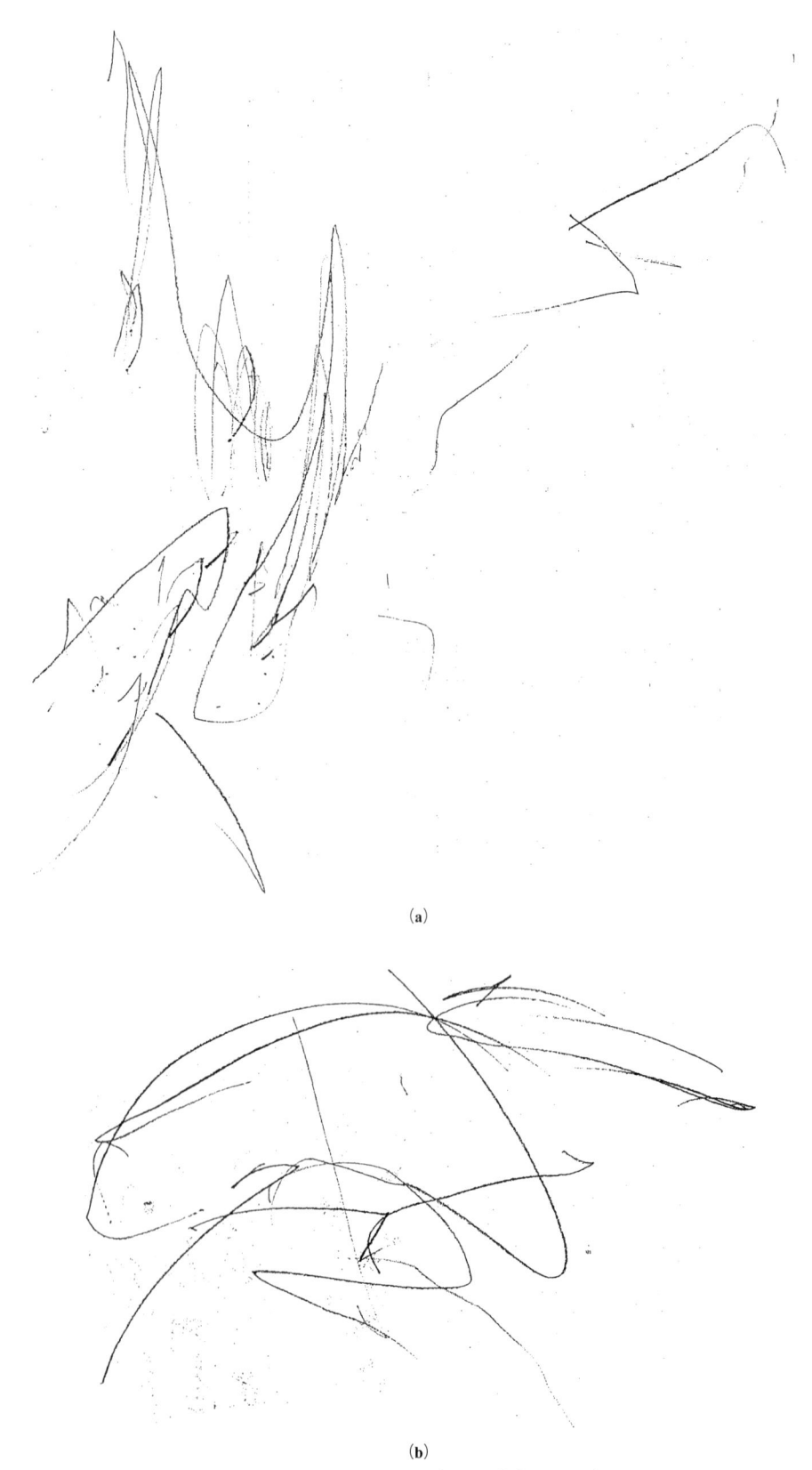

図 25 なぐり描き 通過例（54％ に縮小してある）

(c) (d)

図 25　なぐり描き　通過例（54% に縮小してある）

(e)

図25　なぐり描き　通過例（54％に縮小してある）

［主題とする項目］

P 101　円錯画　模倣　　　　　（通過年齢　1：80）

［実施手続］

描画用紙と鉛筆を提示し，
「何か描いてごらん」
「ジージ書いてごらん」
と二重に教示して，描画用紙の上端に，
「こんなのを描こうね」
「グルグル」と教示しながら，
グルグルと螺旋状に円錯画をして見せる。
「あなたも，こんなのを描いてごらん」と教示して，
鉛筆を紙の上に置いて子どもの反応を待つ。

子どもにとって必要であれば円模写を先に施行する。円錯画を先に施行すると円模写の例示となり，円模写の検査項目が施行不能になるからである。円模写の課題を施行する必要がない子どもにまで円模写を施行してみる必要はない。被検児の発達程度に見当をつける必要がある。満足な描画が得られないとき，3回までは教示を繰り返してよい。

［行動の判定基準］

描いた図が角のない丸い線であるときに P 101 を通過とする。螺旋にはならなくてもよい（図 26-2 参照）。

教示と手本となる検査者の行動は正確に行われる必要がある。課題設定をした後に子どもが行う自発的な反応を調べて検査項目への通過・不通過を判定する。反応が生じないときには，さらに 2 回，合計 3 回まで同じ手続きを繰り返してよいが，それ以上繰り返すことは，課題状況を変えることになり許されない。

K 式検査で模倣とよんでいるのは，検査者が手本を描いて見せて，検査者の行動を見て子どもが真似をして描く課題であり，模写とよんでいるのは手本図形を見せただけで描かせる課題である。模写では，検査者などが描く行動を見せてはいけない。検査するとき室内に保護者などがいるときには，描く動作を例示させないように注意が必要である。

不通過例の解説：
1. 左右への往復が主となり（図 26-1 a），両端はともに鋭い角をもつ（図 26-1 b, c）。
2. 単純な往復から丸く囲んだ図形を描いているが，両端とも角になめらかさが欠け，円錯画と認めるには不十分である（図 26-1 d）。

通過例の解説：
1. 直線部分や角もあるが，全体としては角がなく丸みを帯びた線で，丸く囲んだ図形が描けているため，通過と認める（図 26-2 a, b）。
2. 典型的な円錯画（図 26-2 c, d）。

(a)

(b)

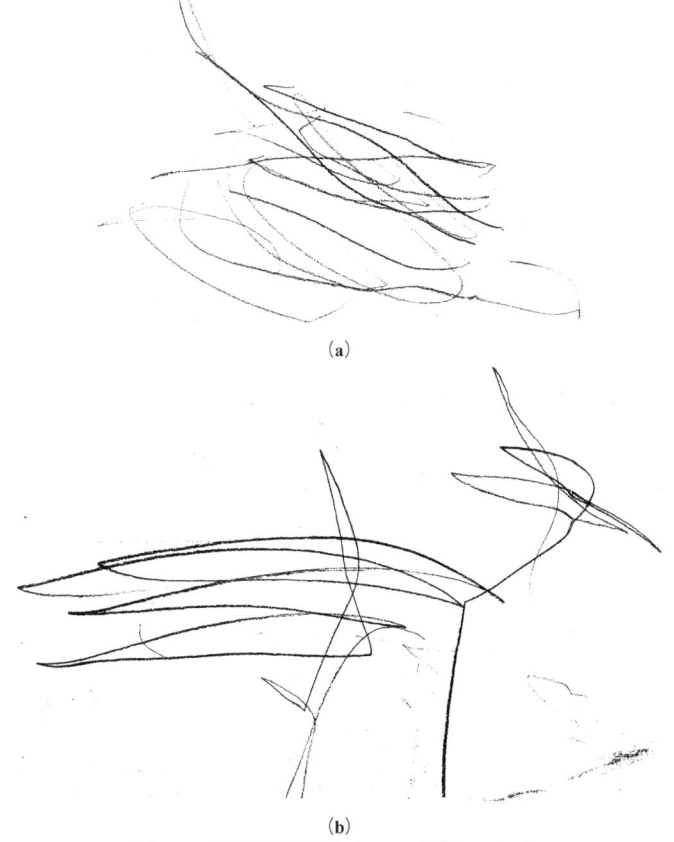

図 26-1　円錯画不通過例（**50%** に縮小してある）

84　第Ⅳ部　検査項目への反応に見る子どもの発達：課題性による検査項目

(c)

(d)

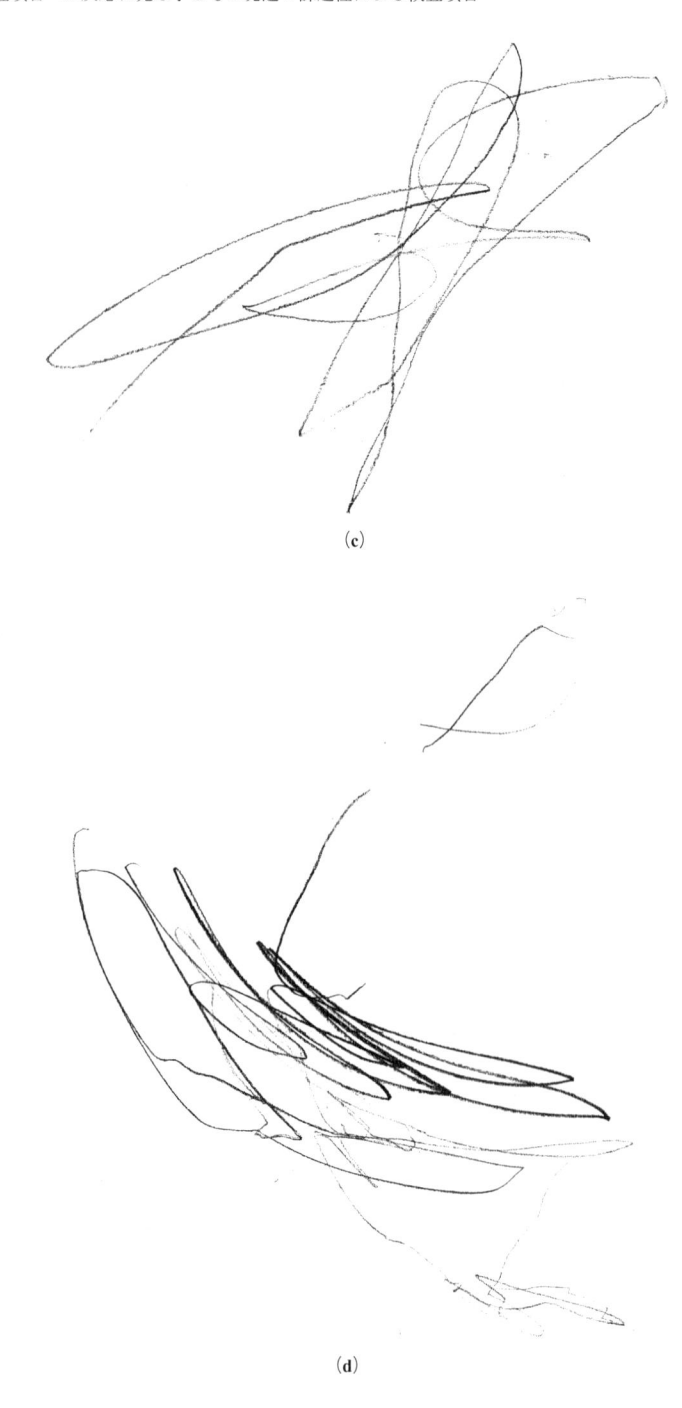

図 26-1　円錯画不通過例（50％に縮小してある）

(a) (b)

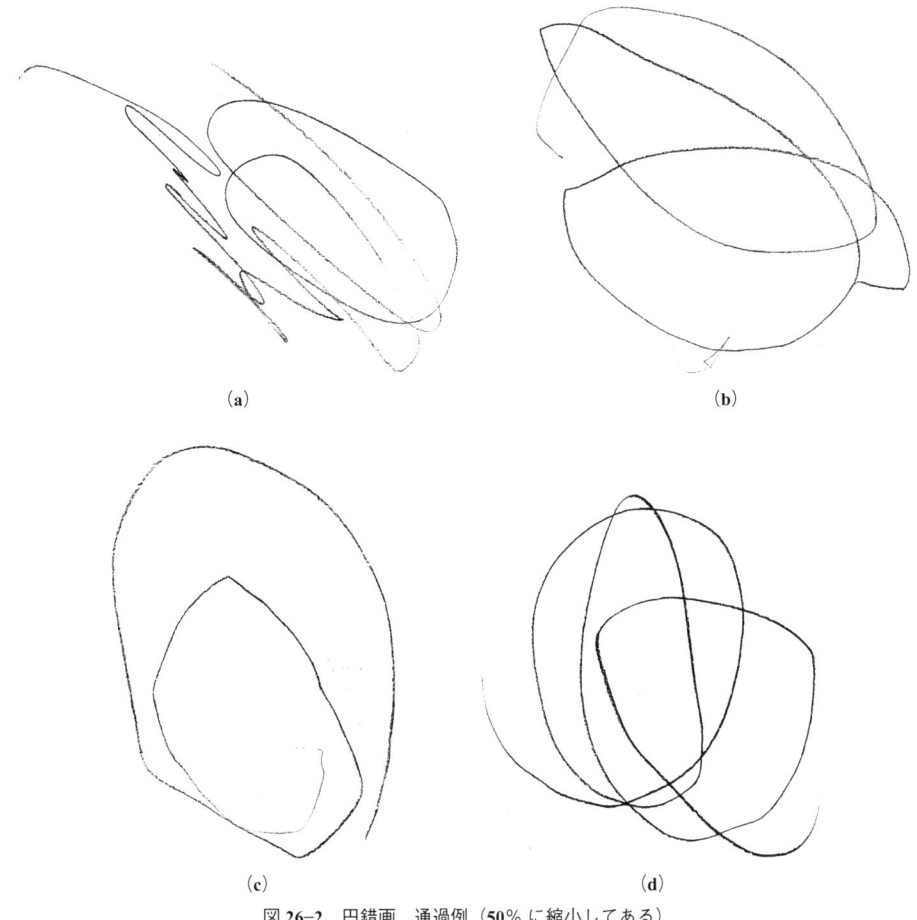

(c) (d)

図 26-2　円錯画　通過例（50％に縮小してある）

[主題とする項目]

| P 102　横線模倣　1/3　　　　　（通過年齢　2：08） |

[実施手続]

描画用紙を提示し，
「こんなのを描こうね」
と教示しながら，
検査者が用紙の上方に横線を2本描いて見せる。
「さあ，あなたも描いてごらん」と教示して，
鉛筆を用紙の中央に置く。
反応がないとき，教示は合計3回まで繰り返すことが許される。

[行動の判定基準]

例示後，3試行中1試行でも横線を描けばP 102を通過とする。
通過となればそれ以上同じ課題は行わない。

86 第Ⅳ部 検査項目への反応に見る子どもの発達:課題性による検査項目

(a)

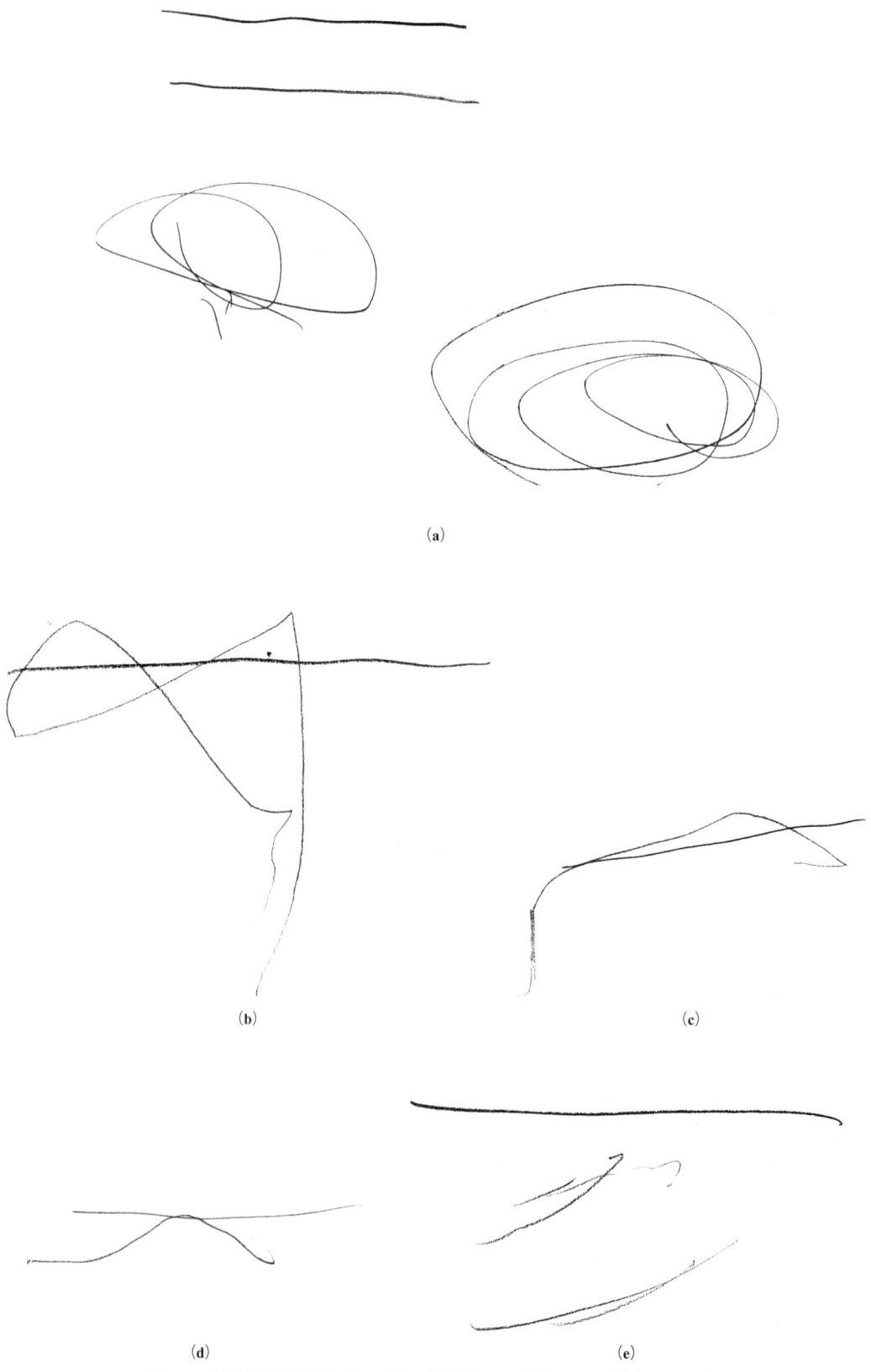

(b)   (c)

(d)   (e)

図 27-1 横線模倣不通過例(太い横線は検査者による例示 50%に縮小してある)

不通過例の解説：
1. 円錯画（P 101）での反応を P 102 にまで般化した（図 27-1 a）。
2. 横線を描こうとしていない（図 27-1 b）。
3. 横線が屈曲し，端に描かれた屈曲が鋭い（図 27-1 c，d）。
4. 水平線から 20°以上傾斜している（図 27-1 e）。

通過例の解説：
　図に示した程度の，傾斜や屈曲・曲線化は認める（図 27-2 a, b, c）。

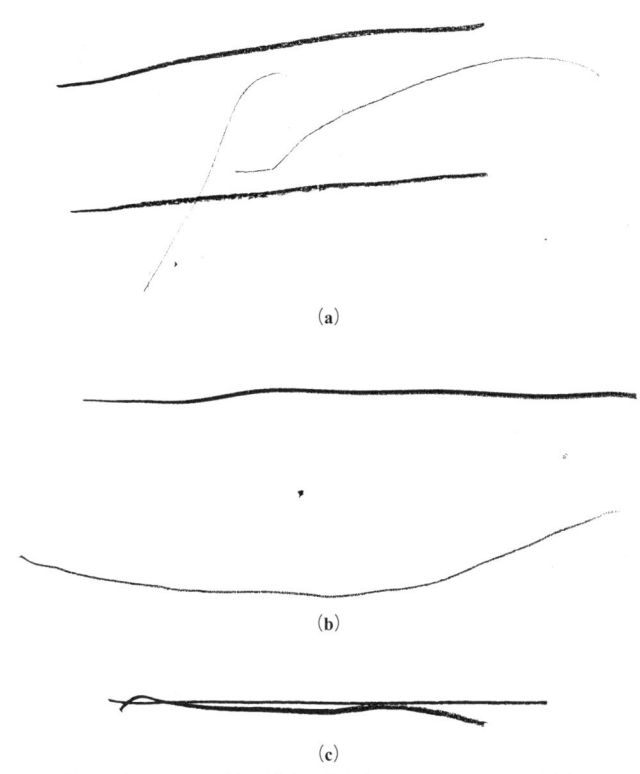

図 27-2　横線模倣　通過例（太い横線は検査者による例示　50％に縮小してある）

[主題とする項目]

| P 103　縦線模倣　1/3　　　　　（通過年齢　2：09） |

[実施手続]
　描画用紙を提示し，
　「こんなのを描こうね」と教示しながら，
　用紙の左端に縦線を 2 本描いて見せる。
　「さあ，あなたも描いてごらん」と教示し，
　鉛筆を用紙の中央に置く。
　反応がないとき，合計 3 回まで同じ教示を繰り返す。

88　第IV部　検査項目への反応に見る子どもの発達：課題性による検査項目

[行動の判定基準]

例示後，3試行中1試行でも縦線を描けば P 103 を通過とする。

通過となれば次の試行は行わない。

不通過例の解説：

1. 描かれた線の屈曲が鋭く大きい（図 28-1 a, b）。
2. 描かれた線の屈曲は小さいが，線全体の傾斜が鉛直線より 30°以上傾いている（図 28-1 d）。
3. 先端に鉤がある（図 28-1 c）。

通過例の解説：

図に示した程度の，傾斜や屈曲・曲線化は認める（図 28-2 a, b, c, d）。

(a)　　　(b)

図 28-1　縦線　不通過例（太い横線は検査者による例示　50％に縮小してある）

(c)　　　　　　　　　　　　　　　(d)

図 28-1　縦線　不通過例（太い縦線は検査者による例示　50％ に縮小してある）

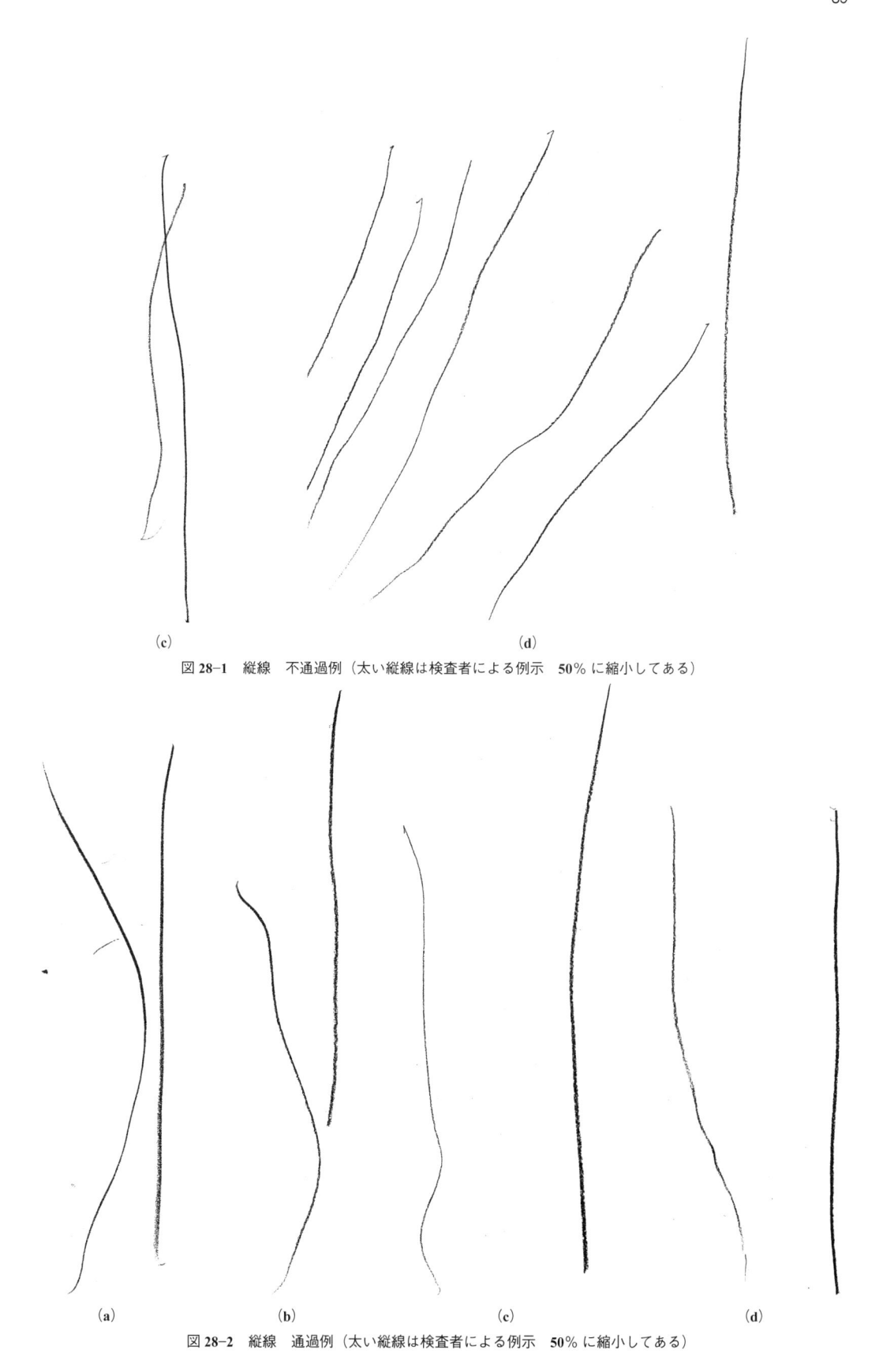

(a)　　　　　　(b)　　　　　　(c)　　　　　　(d)

図 28-2　縦線　通過例（太い縦線は検査者による例示　50％ に縮小してある）

(2) 模　写

模写課題では，例示が許されない。

［主題とする項目］

P 104　円模写　1/3　　　　　（通過年齢　2：67）

［実施手続］
円模写図版（B 6 判，当然，描画用紙と鉛筆も提示するが以下記載を省略する）を提示し，
「これと同じものを描いてごらん」と教示する。
通過例が得られないときには，
「もう一つ同じものを描いてごらん」と教示する。
通過となる描画が得られないときには，合計 3 回まで教示を繰り返してよい。

［行動の判定基準］
3 試行中 1 試行でも円を描けば P 104 を通過とする。
通過図形を描けば，それ以上次の試行を繰り返さない。
補筆があるときには，最後に描かれた線で判定する。特に注意が必要なのは，「かたち」「まる」等の具体的な言葉で教示していないことである。

不通過例の解説：
 1.　円錯画になっている（図 29-1 a）。
 2.　60°より鋭い屈曲がある（図 29-1 b, c, d）。
 5.　描き初めと終りが会合せず，そのすき間が 3 mm 以上ある（図 29-1 f）。

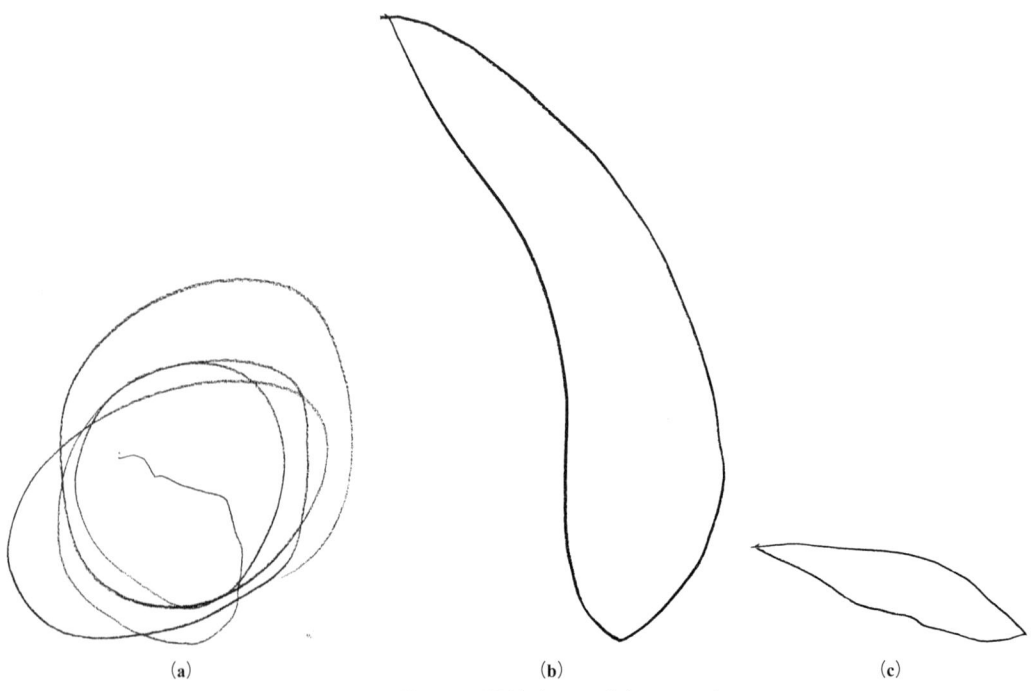

　　　　(a)　　　　　　　　　　(b)　　　　　　　　(c)
図 29-1　円模写　不通過例（50％に縮小してある）

(d)　　　　　　　　　(e)　　　　　　　　　(f)

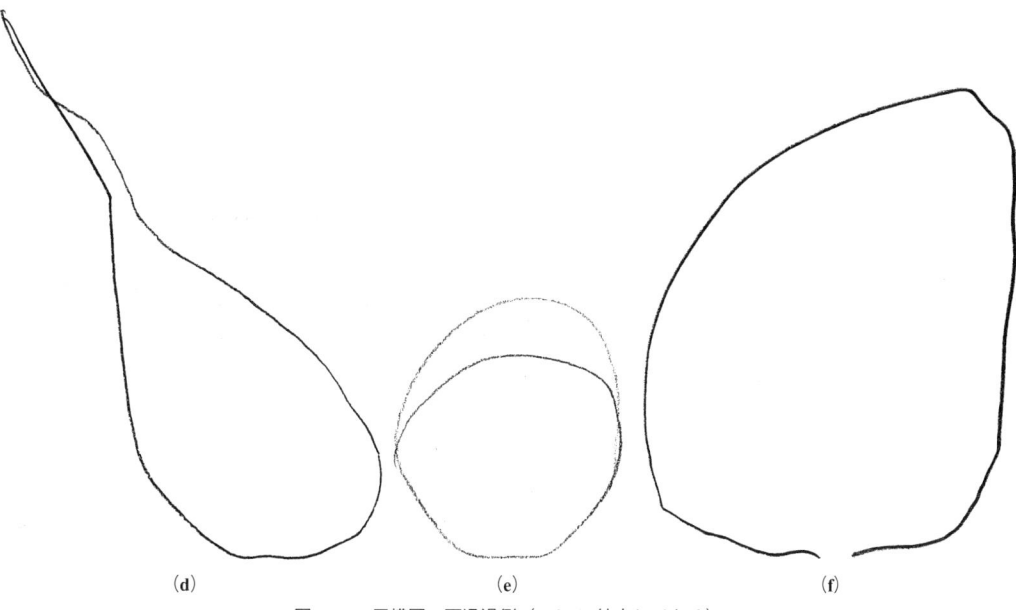

図 29-1　円模写　不通過例（50％に縮小してある）

3. 楕円形であり，長径が短径の 3 倍以上ある（図 29-1 b）。
4. 会合の後，伸びた線が全体の 1/3 以上ある（図 29-1 e）。

通過例の解説：

図に示した程度の，ゆがみは通過と認める。

1. 円全体のゆがみ。縦と横の比が 2：1 以下であること（図 29-2 a, b, f）。
2. 描き初めと描き終りの食い違い（図 29-2 e, f）。
3. 描き終りが伸びているが，全体の 1/3 以下である（図 29-2 b, d, e）。

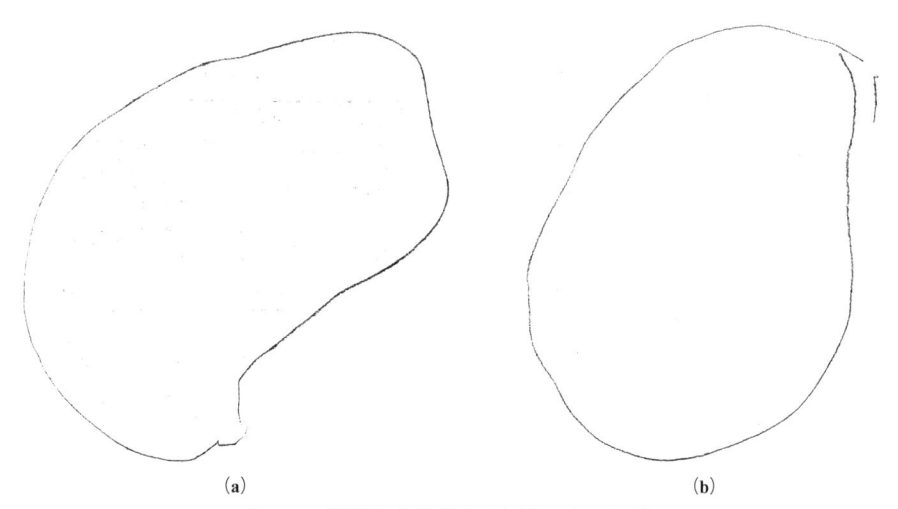

(a)　　　　　　　　　　　　　　(b)

図 29-2　円模写　通過例（50％に縮小してある）

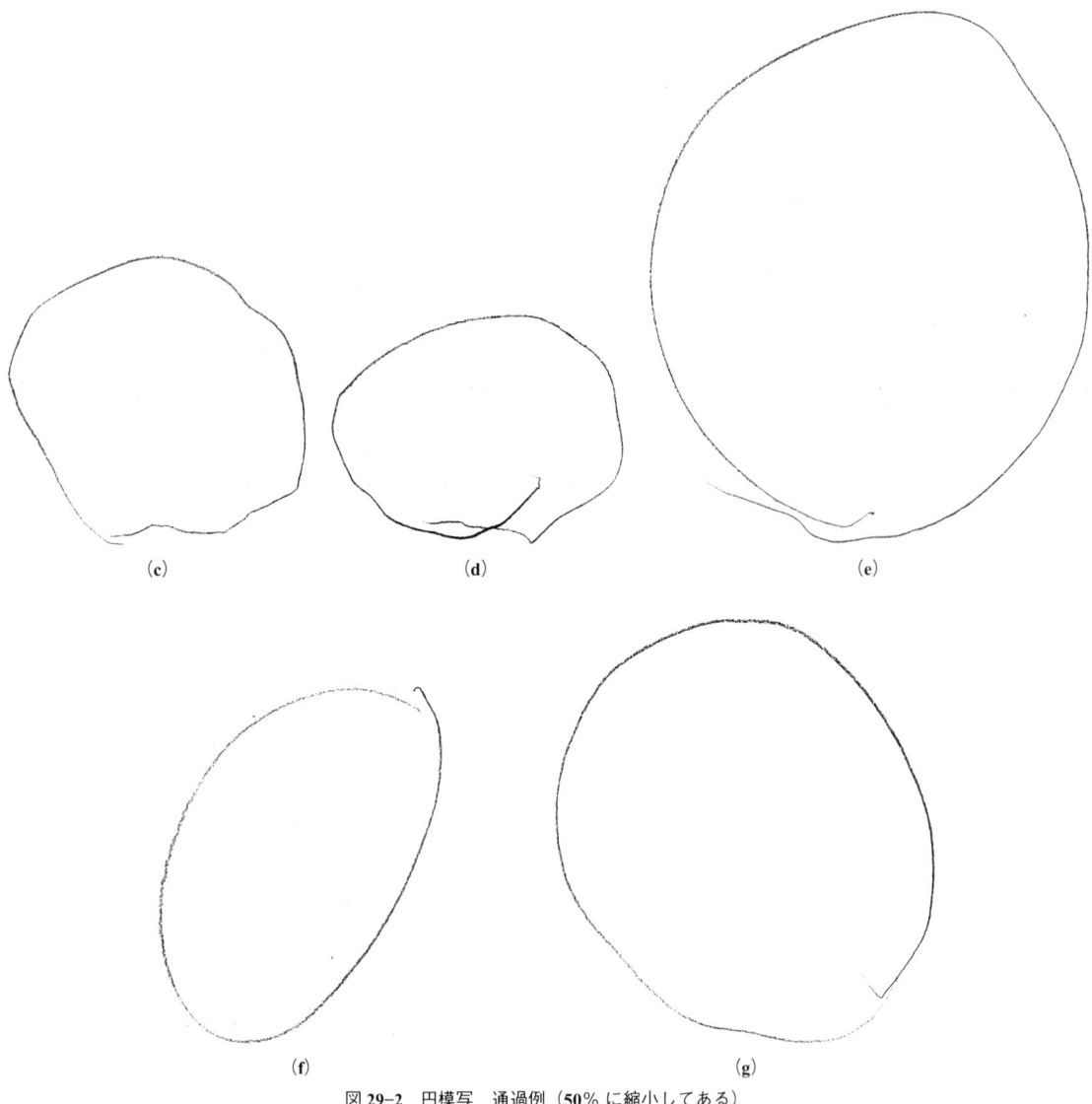

92   第Ⅳ部 検査項目への反応に見る子どもの発達：課題性による検査項目

(c)　(d)　(e)

(f)　(g)

図29-2　円模写　通過例（50％に縮小してある）

［主題とする項目］

| P 105 | 十字模写 | 例後 | 1/3 | （通過年齢　2：109） |
| P 106 | 十字模写 | 例前 | 1/3 | （通過年齢　3：23） |

［実施手続］

　十字模写図版（B 6 判）を提示して，
「これと同じものを描いてごらん」と教示する。
　通過反応が得られないときには，同じ手続で合計 3 回まで試みる。
　3 試行内に通過反応が得られないときには，例後 P 105 の検査に入る。
　例示をするから，P 105 は模写ではなく模倣課題である。
　描画用紙の上端に，一筆ごとに

「こう描いて」
「こう描いて」と教示しながら，
ゆっくり十字を描いて見せる。
その後，
「さあ，あなたも描いてごらん」と教示する。
この手続きは合計 3 回まで繰り返してよい。
通過基準は，例後も例前も同じであるから一括して説明する。

[行動の判定基準]

例示後，3 試行中 1 試行で十字を描けば P 105 を通過とする。P 105 は模倣課題である。
例示しなくても 3 試行中 1 試行に十字を描いたとき P 106 を通過とする。
通過となれば次の試行は行わない。図形を通過と判定する基準は，P 105 と P 106 で変らない。

(a)　　　　　　　　　　　　　　(b)

(c)　　　　　　(d)　　　　　　(e)

図 30-1　十字模写　不通過例（50% に縮小してある）

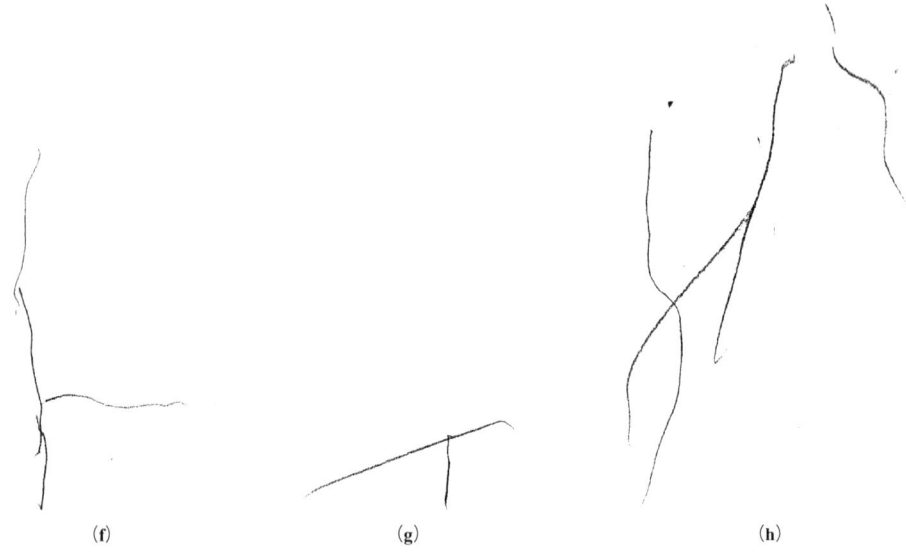

94　第IV部　検査項目への反応に見る子どもの発達：課題性による検査項目

(f)　(g)　(h)

図30-1　十字模写　不通過例（50％に縮小してある）

不通過例の解説：
1. 2本の線が，交叉していない（図30-1 a, c, d, e, f）。
2. 2本の線以外の，余分な線が付加されている（図30-1 a, h）。
3. 縦または横の線を往復し何本も描いている（図30-1 a, h）。
4. 横線と縦線から上下・左右へ伸びる量が不十分である（図30-1 f, g）。

通過例の解説：
1. 図に示した程度に線が屈曲するのは許す（図30-2 a, b, c, d）。
2. 交叉は正確に直交していなくてもよい。全体的な傾斜は許す（図30-2 a, c, d）。
3. 1本の線を二筆で描いたときにも，食い違いがなければ認める（図30-2 c）。
4. 直線の端の屈曲は，この程度まで認める（図30-2 b, d）。

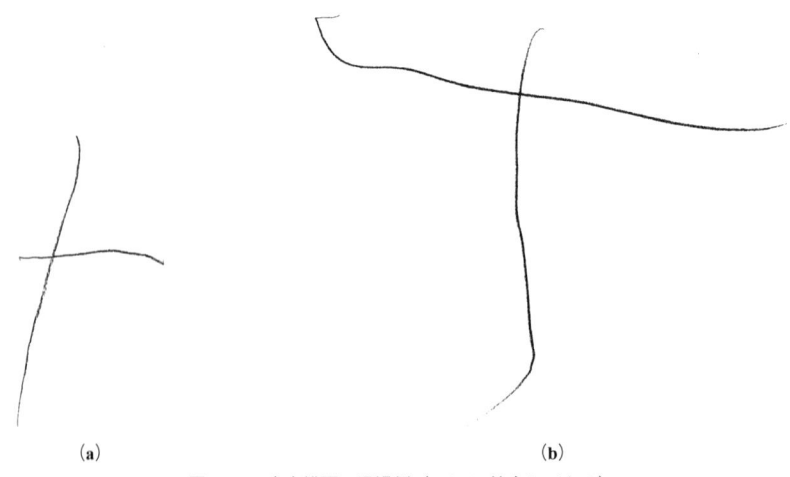

(a)　(b)

図30-2　十字模写　通過例（50％に縮小してある）

(c)　　　　　　　　　　　　　　(d)

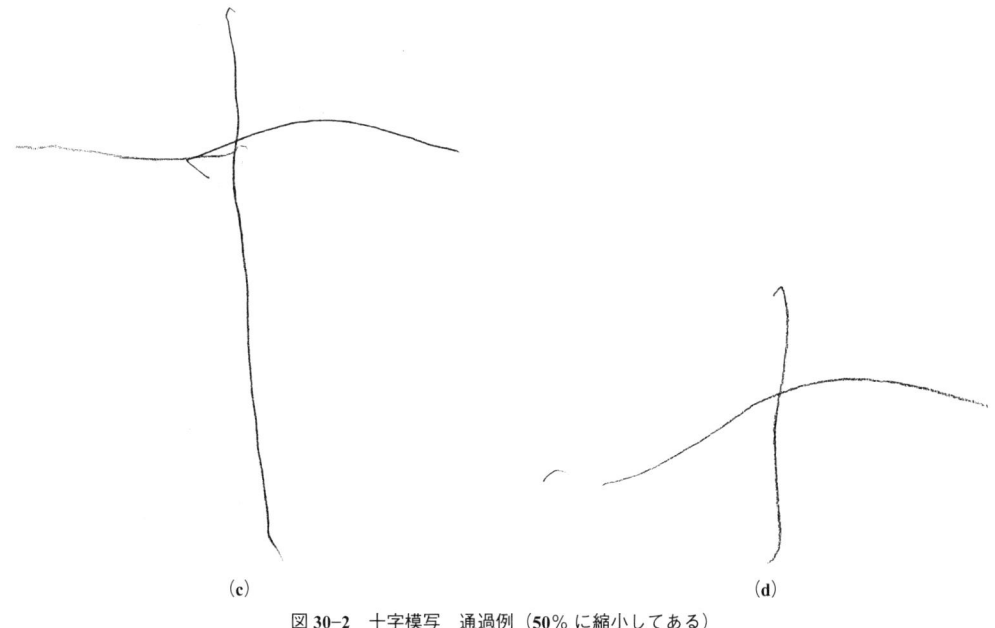

図 30-2　十字模写　通過例（50% に縮小してある）

[主題とする項目]

P 107　正方形模写　1/3　　　　（通過年齢　3：107）

正方形模写図版（B 6 判）を提示して，
「これと同じものを描いてごらん」と教示する。
同じ手続きを合計 3 回まで繰り返してよい。

[行動の判定基準]

3 試行中 1 試行，正方形を描けば P 107 を通過とする。
通過となれば次の試行は行わない。
描かれた形の大小は問わない。自発的に描き直したときには，後のもので判定する。

不通過例の解説：
1. 四隅に直角ではない角がある（図 31-1 a, b, c）。
2. 左下の角が鋭角である（図 31-1 b）。
3. 右上の角が曲線化している（図 31-1 c）。
4. 結合不十分な角が 2 ヶ所あり，間が 5 mm 以上ある（図 31-1 d）。
5. 結合不十分な角は左下隅の 1 ヶ所で，間が 5 mm 以下なので許されるが，長辺が短辺の 1.5 倍以上ある（図 31-1 e）。

通過例の解説：以下の程度のゆがみは認める。
1. 図の程度に左下の角で隙間が生じる（図 31-2 a）。
2. 左上の程度に線が角から飛び出す（図 31-2 a, b）。
3. 辺の直線が屈曲している（図 31-2 a, b, c）。
4. 正方形が長方形化しているが，長辺と短辺の比が 1.5 倍以下である（図 31-2 a, b）。

(a)

(b)

(c)

(d)

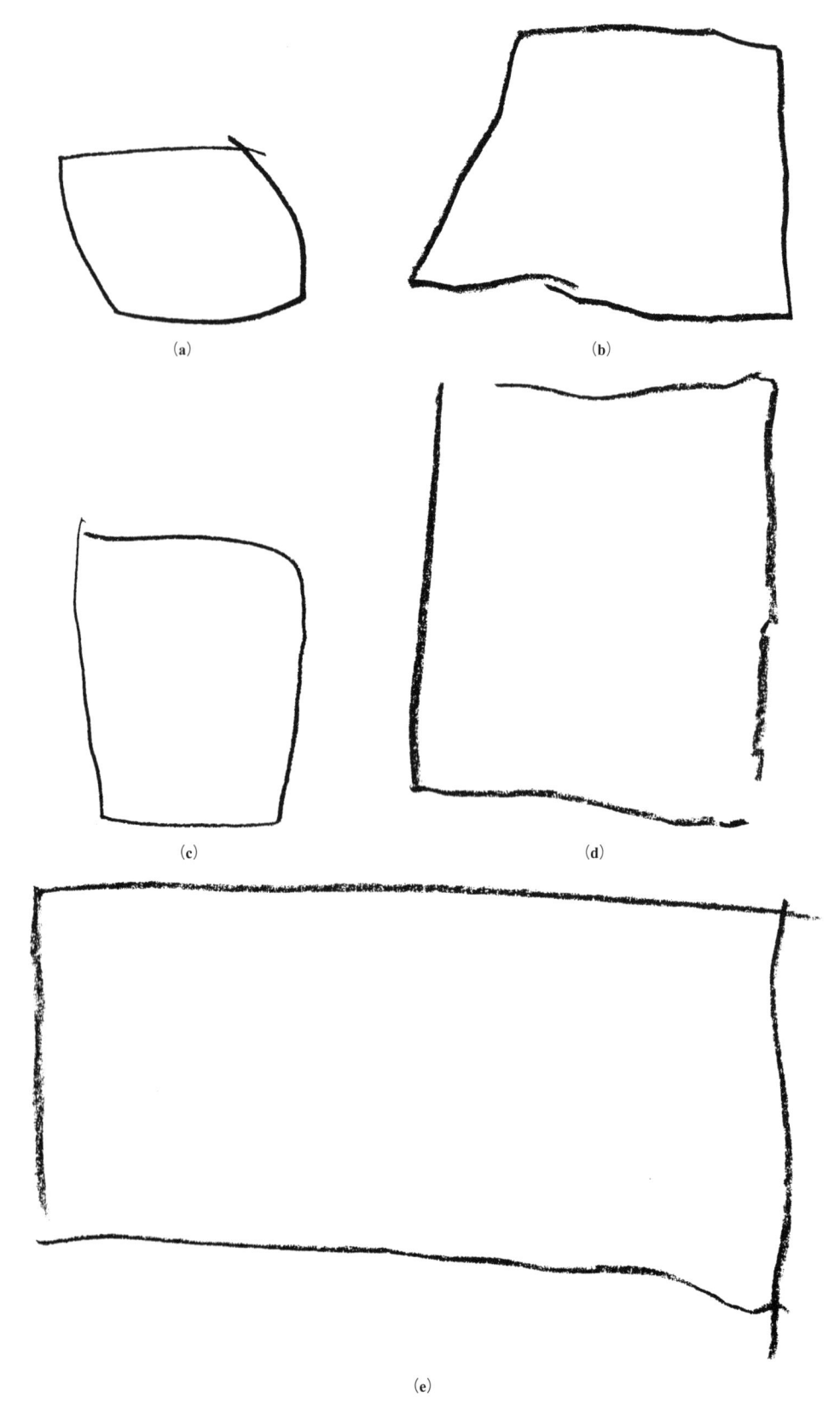

(e)

図 31-1　正方形模写　不通過例

(a) (b)

(c)

図 31-2　正方形模写　通過例

[主題とする項目]

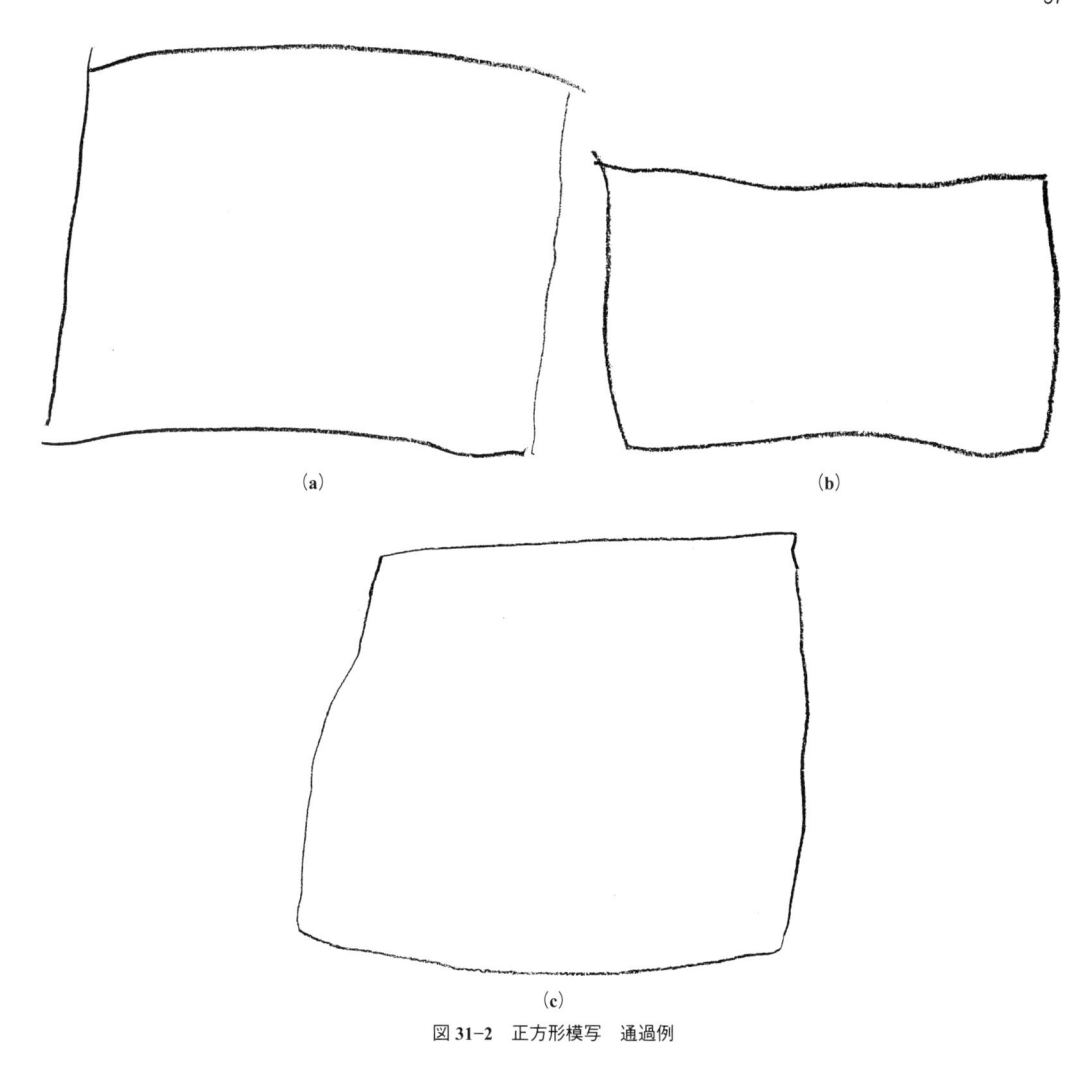

| P 108　三角形模写　1/3　　　　（通過年齢　4：81） |

[実施手続]

三角形模写図版（B 6 判）を提示して，
「これと同じものを描いてごらん」と教示する。
通過反応が得られないときには，同じ手続きを合計 3 回まで繰り返す。

[行動の判定基準]

3 試行中 1 試行，三角形を描けば P 108 を通過とする。
通過となれば次の試行は行わない。
　不通過例の解説：
　　1.　底辺が水平でない（図 32-1 b, d, e）。
　　2.　左下の角が鈍角である（図 32-1 c）。

3. 上の角が2つ角をもっている（図32-1 a）。
4. 上の角が鈍角になっている（32-1 c）。
5. 2辺で辺の屈曲がみられる（図32-1 b, e）。
6. 高さと底辺の比が2：1以上ある（図32-1 d）。

通過例の解説：
1. 図の程度の曲線化は許す（図32-2 a, c）。
2. 上の角の鈍角化は許す（図32-2 a）。
3. 線の食い違いは，1ヶ所だけであり間隔が3 mm以下であれば許す（図32-2 a, d）。
4. 角のところで線が延びるのは，全体の1/3以下であれば許す（図32-2 a, d）。
5. 高さと底辺の比は，2：1から1：2の範囲にある（図32-2 a, b, c, d）。

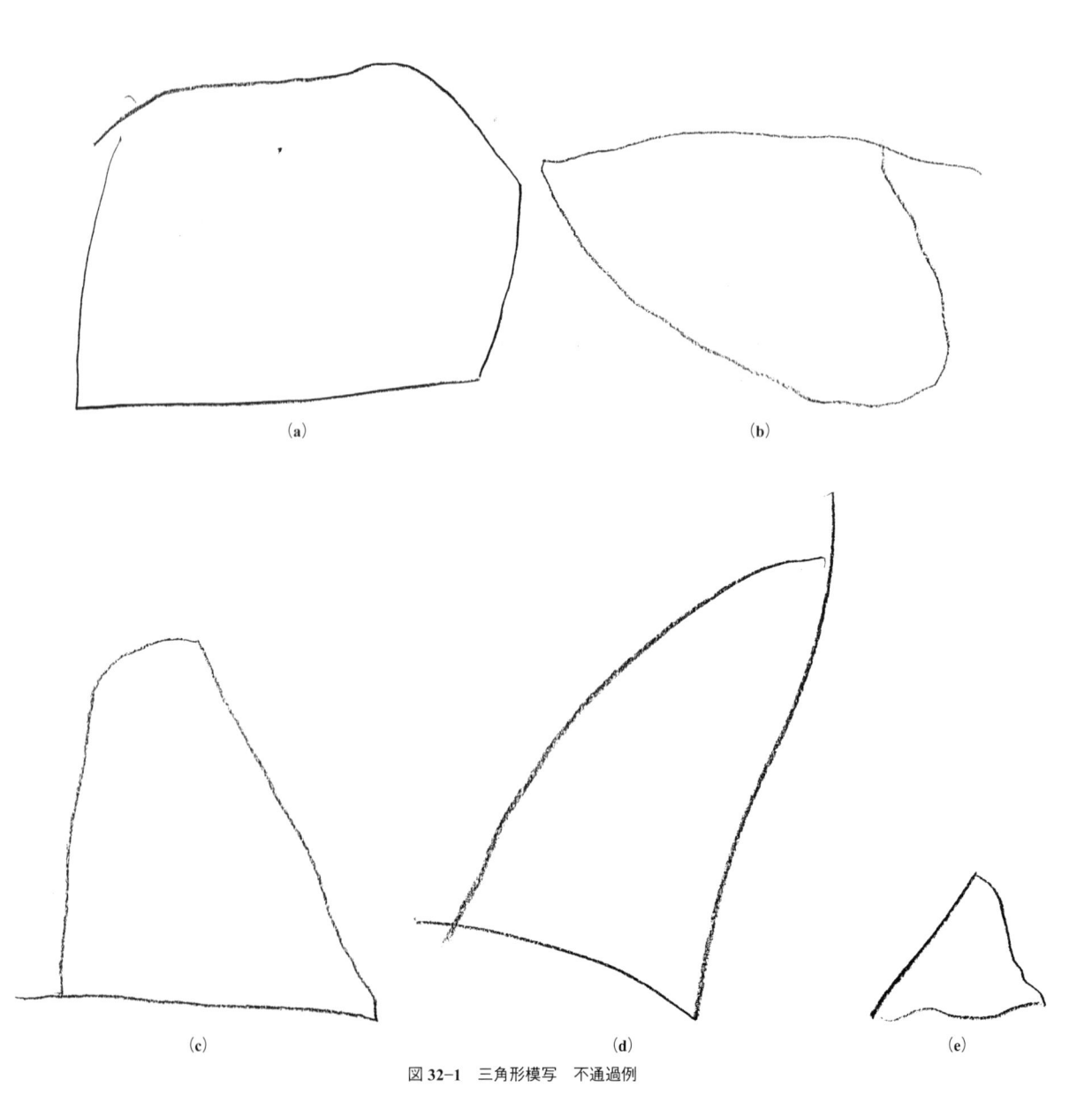

図32-1 三角形模写　不通過例

(a) (b)

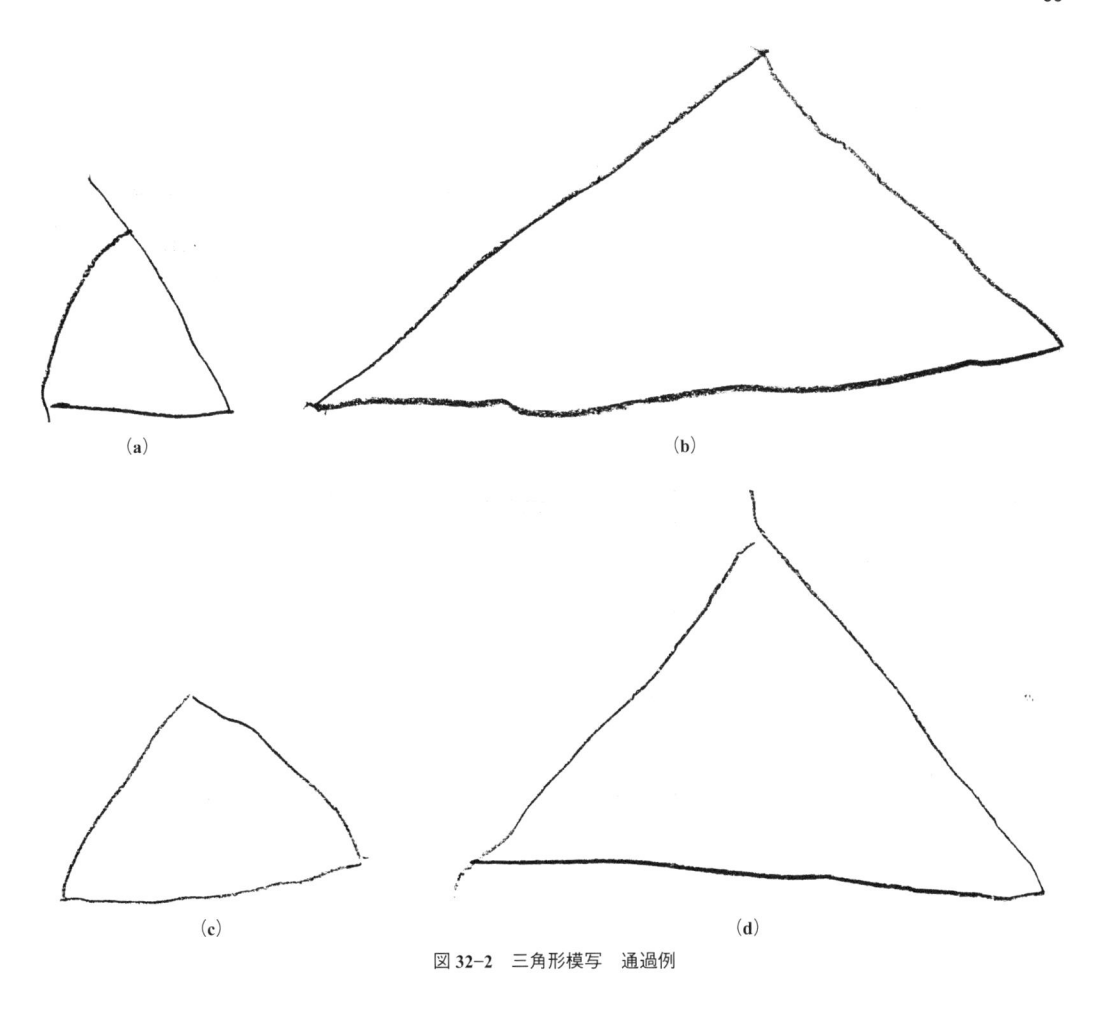

(c) (d)

図 32-2　三角形模写　通過例

[主題とする項目]

| P 109　菱形模写　2/3　　　　　（通過年齢　6：29） |

[実施手続]

　菱形模写図版（B 6 判）を提示して，
「これと同じものを描いてごらん」と教示する。
正答反応が 2 回得られるまで，同じ手続きを合計 3 回まで繰り返す。

[行動の判定基準]

　3 試行中 2 試行に正答が得られたとき P 109 を通過とする。
　この項目だけ通過基準が 2/3 であることに注意する。すなわち，他の描画課題では正答図を 1 つ描けば通過となるが P 109 だけは，正答図を 2 つ描くことを要求している。
　最初の 2 試行ともに誤答（正答）で検査項目が不通過（通過）となれば次の試行は行わない。
　菱形模写では，上半分の三角形がきれいに描けたから下半分も描けると期待するべきではない。下半分を描くこと，両側の角を手本図と同じに描くためには，認知と描画機能の発達がそれ以上に必要となる。

(a)

(b)

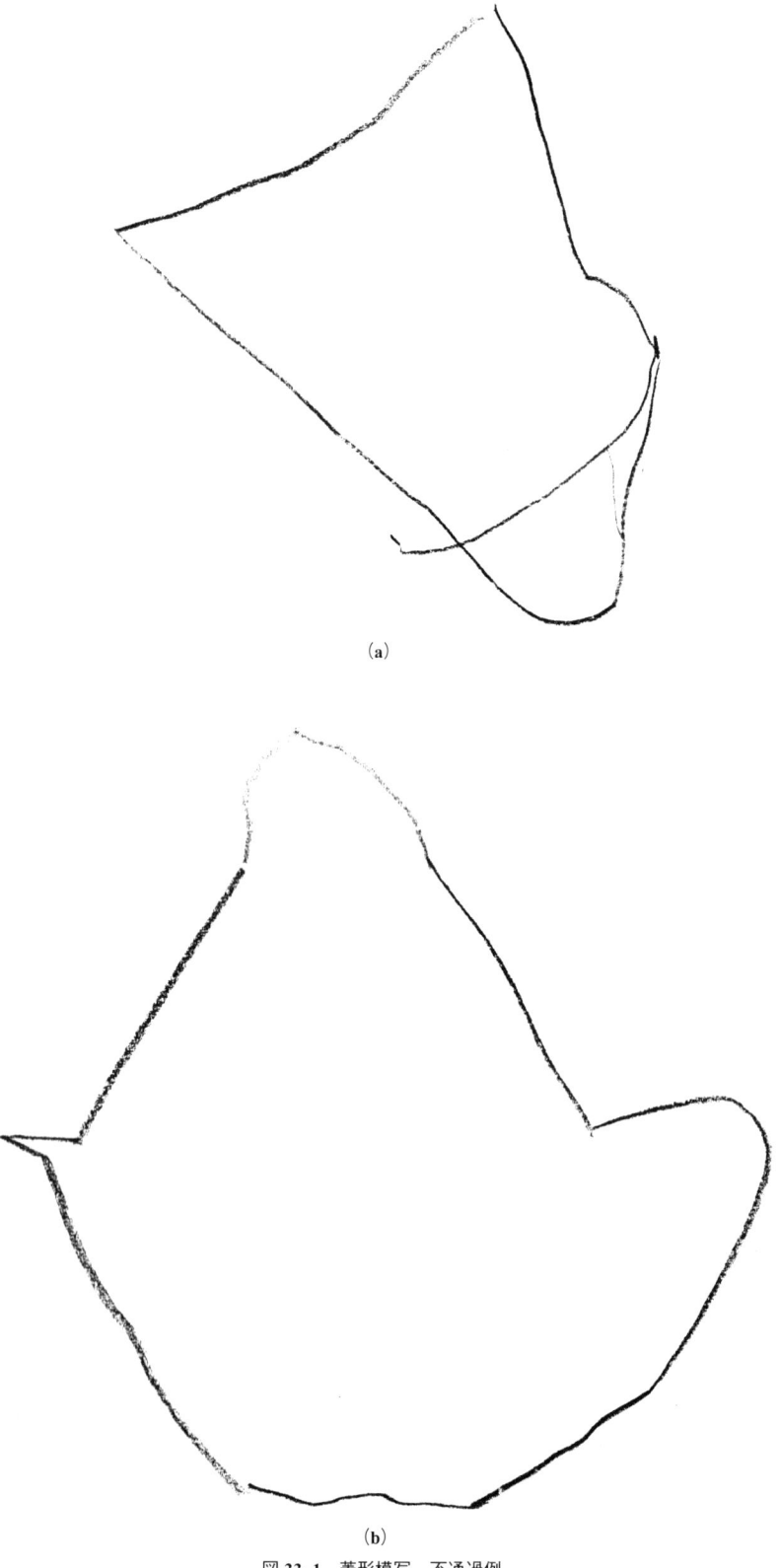

図 33-1 菱形模写 不通過例

(c)　(d)

(e)

図 33-1　菱形模写　不通過例

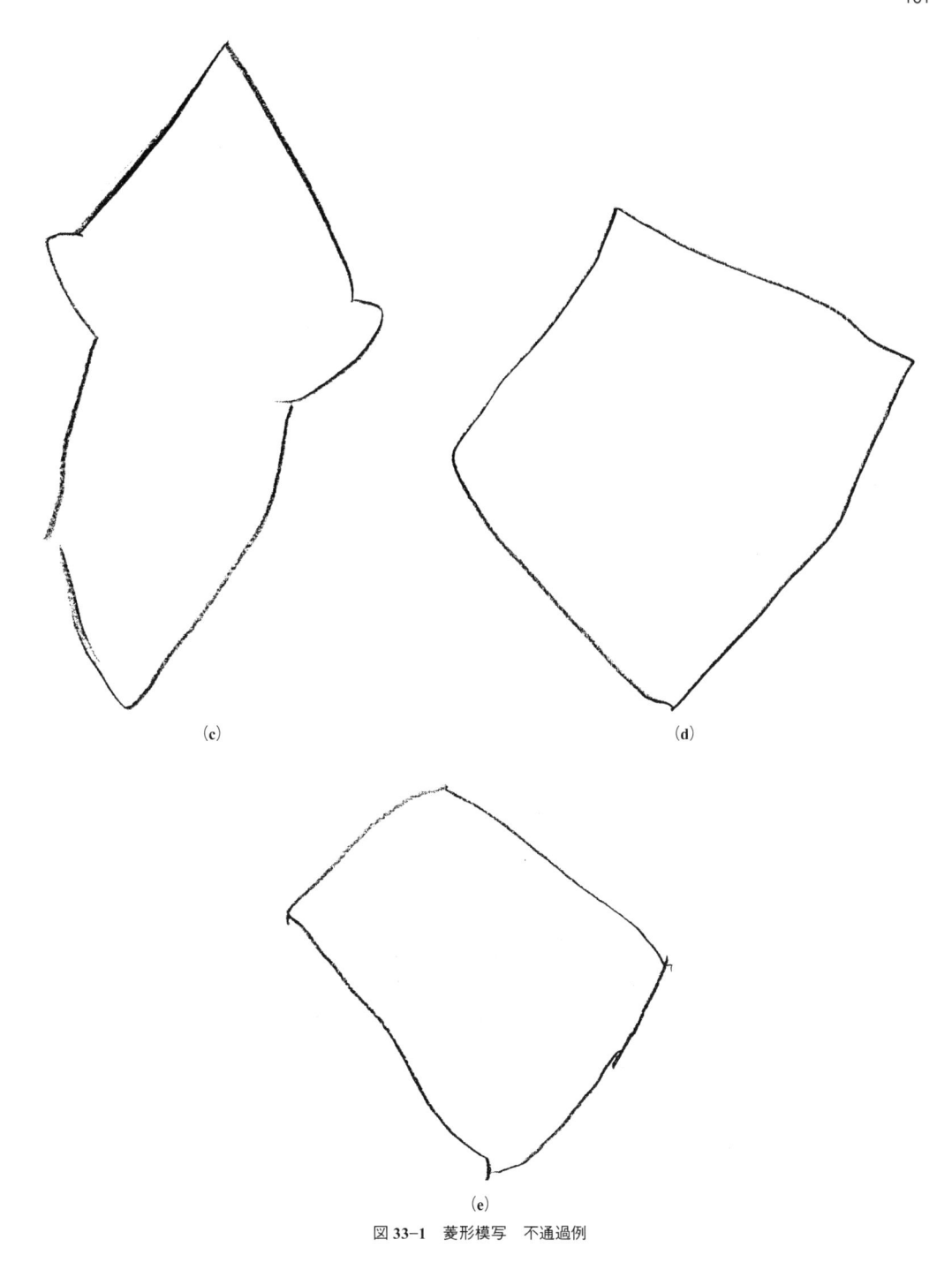

不通過例の解説：
1. 対角線の交叉が直交より 15°以上ずれている（図 33-1 d, e）。
2. 上下の角が鈍角である（図 33-1 b, e, f）。
3. 左の角が曲線化し，下の角も鈍角である（図 33-1 d）。
4. 角が 2 つになっている（図 33-1 b）。
5. 角が突起している（図 33-1 b, c）。

(f)

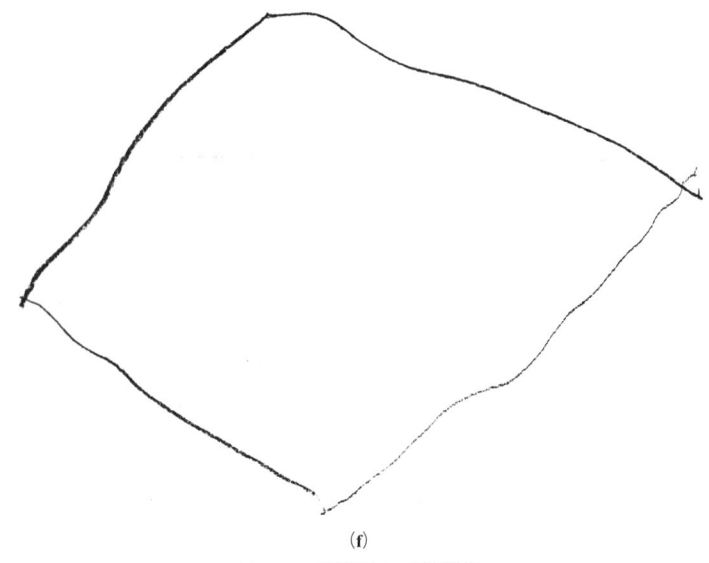

図 33-1 菱形模写　不通過例

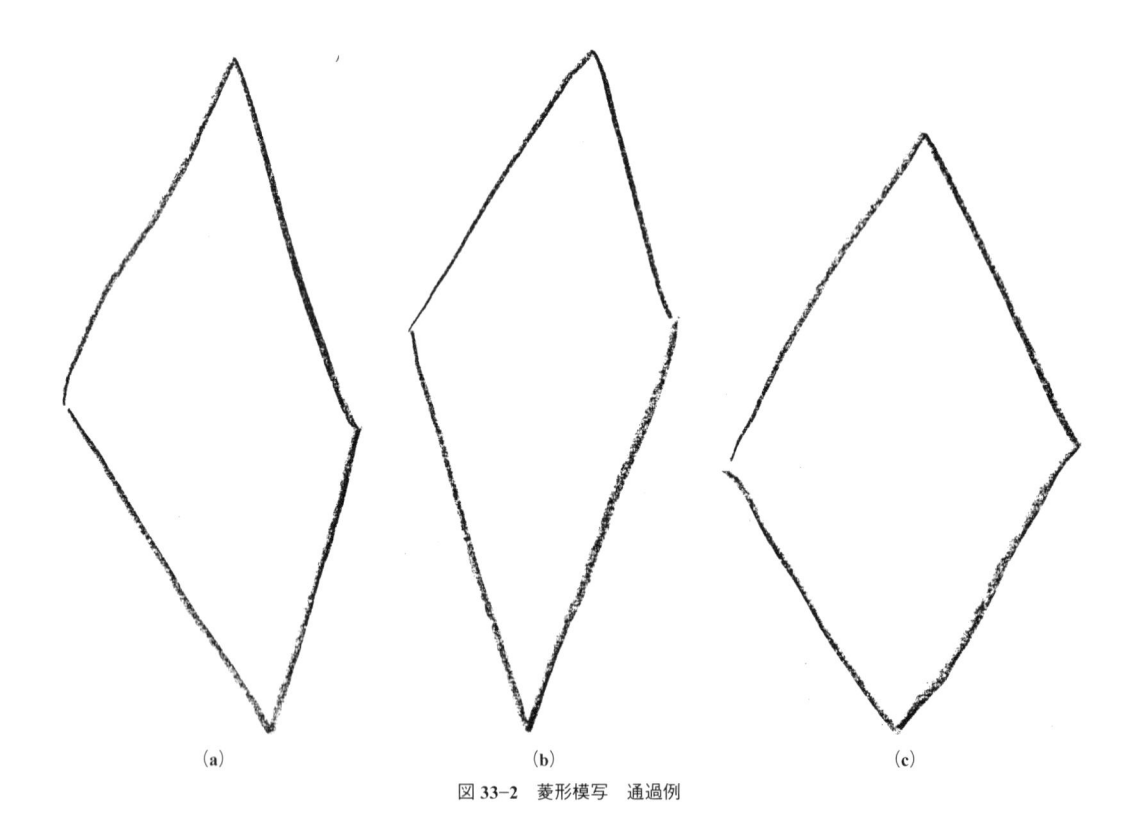

(a)　　　　　　　　(b)　　　　　　　　(c)

図 33-2 菱形模写　通過例

通過例の解説：

1. 縦の対角線が，横の対角線より長い（図 33-2 a, b, c）。
2. 対角線がほぼ直交している（図 33-2 a, b, c）。
3. 上下の角はともに鋭角である（図 33-2 a, b, c）。
4. 左右の角はいずれも鈍角である（図 33-2 a, b, c）。

5. 以下の基準が 2 個以上ない（図 33-2 a, b, c）。
   （イ）辺の食い違いが 1 ヶ所を超えない。
   （ロ）角の結合不十分な箇所は 3 mm 以下である。
   （ハ）角に不要な線が付け加わり 3 本になる箇所が 1 ヶ所を超えない。

15-2　描画による探索－財布探し

　紛失した物を探す行為を，記入する検査用紙の中に再現させようとする課題である。図形模写と同様，ゲシュタルト心理学者によって古くから研究されてきた課題である。K 式検査では，実際的適応を調べるとするのであるが，幼児では，検査課題での反応と現実場面の反応は関係がないことが実験で示されている。現実場面で，組織的に探せる子どもが検査課題では単純な回答を示し，検査場面で組織的な探索を示す子どもが現実場面では行き当りばったりの探索を示す。それゆえ，あくまでも検査課題の中で，課題性としてどのように処理しているかを調べている。

[主題とする項目]

　P 96　　財布探しⅠ　　　　（通過年齢　9：84）
　P 96 b　財布探しⅡ　　　　（通過年齢　10：98）

[実施手続]
　財布探し用図形（図 34 にある菱形輪郭図が印刷された用紙，B 5 判）を提示し，
　「これは広い広い運動場です。短い草が，一面に生えています。もしあなたが，この中のどこかで，お金の一杯入った財布を落したと考えてごらんなさい。その落した財布を，きっと見つけ出そうと思ったら，どういうふうに歩いて探したらよいでしょうか。この入口（指差す）から入って，あなたが探すときに通る所を，この鉛筆で，ここに描いてごらんなさい」と教示する。
　子どもが，単純な線を描いただけで，
　「ここにあった」とすぐ止めるときには（図 34-1 a），
　「そこに行ってもなかったときには，どうしますか」と再教示する。
　"歩き回る" と教示を加えてはいけない。

[行動の判定基準]
　子どもが描いた図形を判定して P 96・P 96 b の通過・不通過を決定する。
　財布探し（P 96・P 96 b）の判定基準は，子どもの反応を，
　1. 合理的であるか。
　2. 計画性をもっているか。
　の 2 つの視点から調べる。
　子どもの反応になれていないと判定が困難な検査項目の一つである。現実に検査の経験を重ねて子どもの反応を知ることが一番よいが，ここではできるだけ多くの事例を示すことで，子ども達がみせる発達を明らかにしようとする。財布探しについては，標準化資料とは別に 826 名の検査結果から詳しい分析を行っているので（中瀬，1986），詳細は文献を参照してほしい。
　子ども達の代表的な反応例を図 34 に示す。探索の図形的特徴によって反応内容を分類すると，低年齢では課題図形の輪郭にそった渦巻き状の探索が多く，年齢が高くなるにしたがってジグザグなどの探索方法が増加する。その他に，一見複雑で高度な計画性があるように思われる探索方法も

生じるが（図 34-1 d, e, f, g, h），資料を分析すると特定の年齢段階（小学校の低・中学年）だけに発生する一時的な反応であることが分かった。それゆえ，このような複雑な反応は，正答とする必要がないと考える。

子ども達が描く探索反応に現れる，年齢の増加に伴って単調な増加を示す特徴は，探索方法の変化ではなくて，探索の詳しさ（描画の精緻さ）であることが分かった。それゆえ，反応の合理性は，描かれた探索図形の形式によって判定し，探索の計画性は描画の精密さによって判定する。

以上から，P 96・P 96 b を通過とする具体的な判定基準は，以下のようにまとめられる。

不通過とする反応：

合理性と計画性に欠け，不通過とする反応の実例（図 34-1）と，その説明を以下に述べる。

1. 無反応。
2. 課題図からはみ出す反応（図 34-1 b）。
3. 単純な反応（図 34-1 a）。
4. 交差の多い反応（図 34-1 d, e, g）。
5. 同じ場所を複数回（後戻りするなど）通らなければならない反応（図 34-1 d, e, f, g）。
6. 入り口に何回も帰る反応（図 34-1 e）。
7. 実際には歩くことが不可能な経路を描く反応（図 34-1 h）。

通過とする反応：

1. 探索の合理性は，子どもの描いた図形の形で判断する（図 34-2　図 34-3）。
    a）渦巻き状の探索図（図 34-2 a　34-3 a, b, c）。
    b）ジグザグ状の探索図（図 34-3 e, f）。
    c）その他，例数の少ない探索図（図 32-2 b　図 34-3 d）で探索が合理的と考えられる基準。
       探索方針が一貫していること。
       同じ所を通らず，入り口から 1 回で歩けること（いわゆる，一筆書きで描かれていること）。
2. 探索の詳しさは，子どもの描いた図形の周回数で判断する（図 34-2　図 34-3）。
    a）2 回以上周回しているとき，P 96 を通過とする（図 34-2 a, b）。
    b）4 回以上周回しているとき，P 96 b も通過とする（図 24-3 a, b, c, d, e, f）。

ジグザグ状の探索図では周回していないので屈曲の数を周回数に換算する。周回数の数え方は，課題図に縦または横に縦断する線（垂直線または横断線）を引き，どちらかの線に交わった回数（多い方）を 2 で割ったものと定義する。

(a)

(b)

(c)

(d)

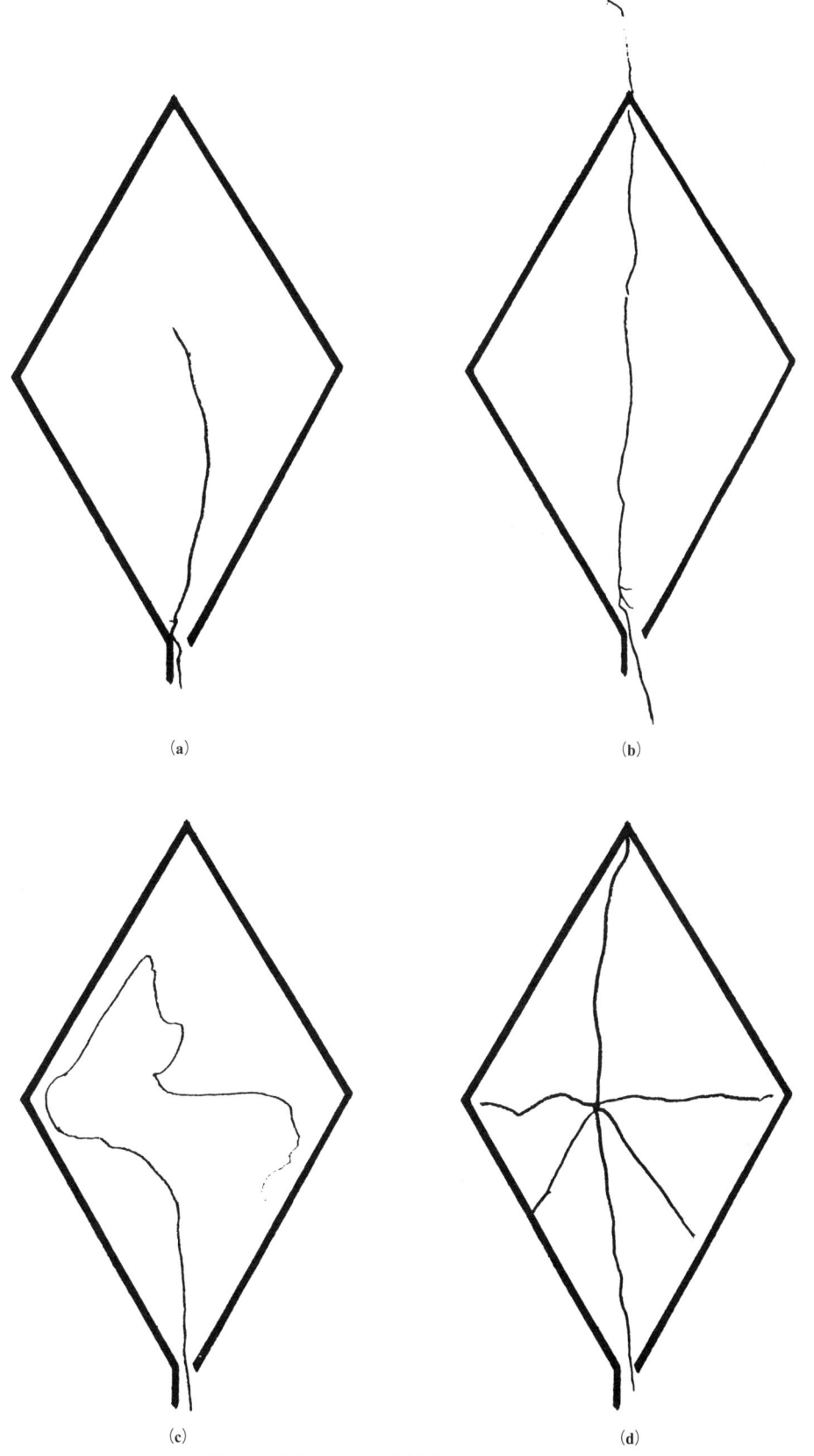

図 34-1　財布探し　不通過例（54% に縮小してある）

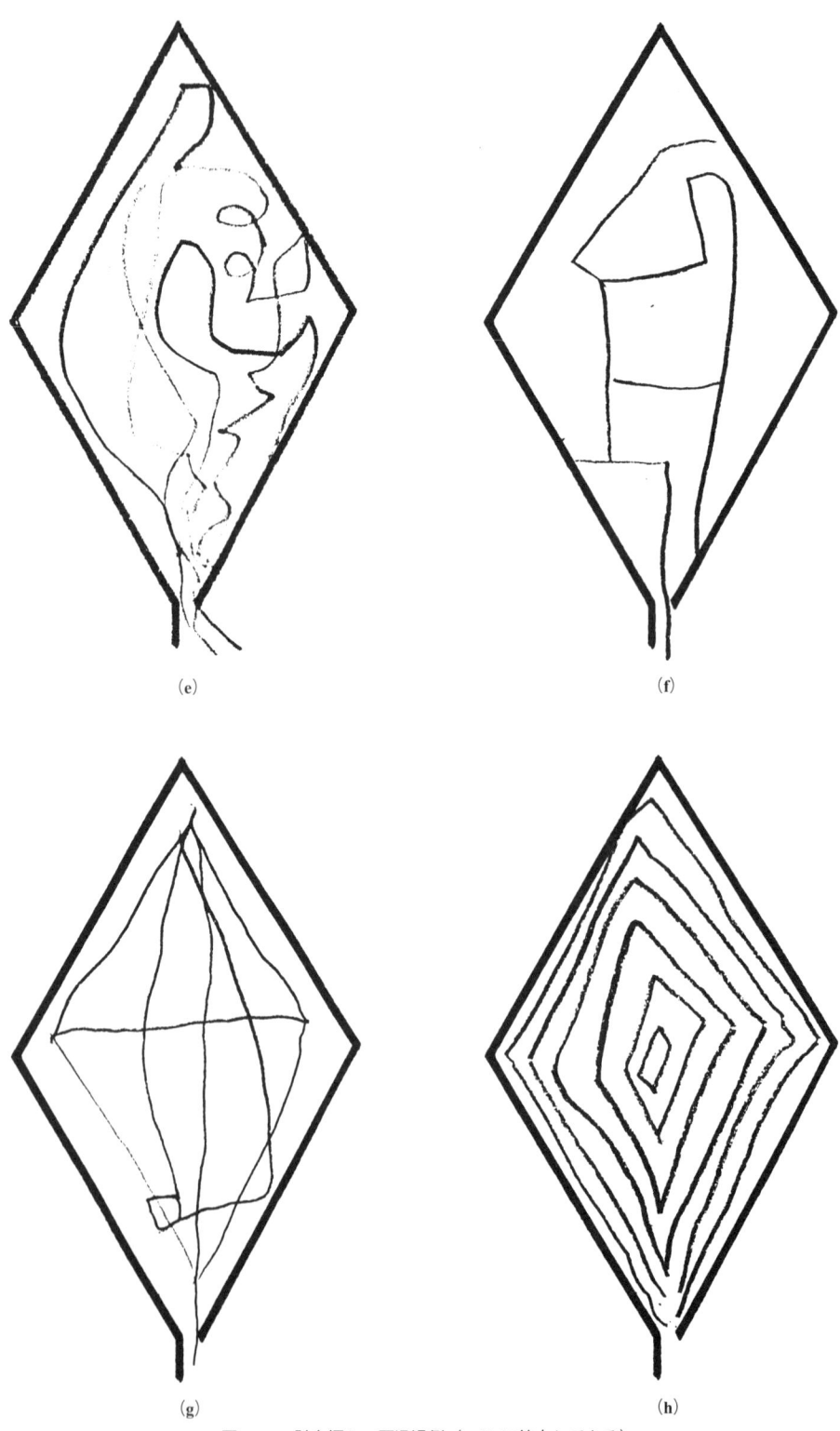

106　第Ⅳ部　検査項目への反応に見る子どもの発達：課題性による検査項目

(e)　(f)

(g)　(h)

図 34-1　財布探し　不通過例（54％に縮小してある）

(a) (b)

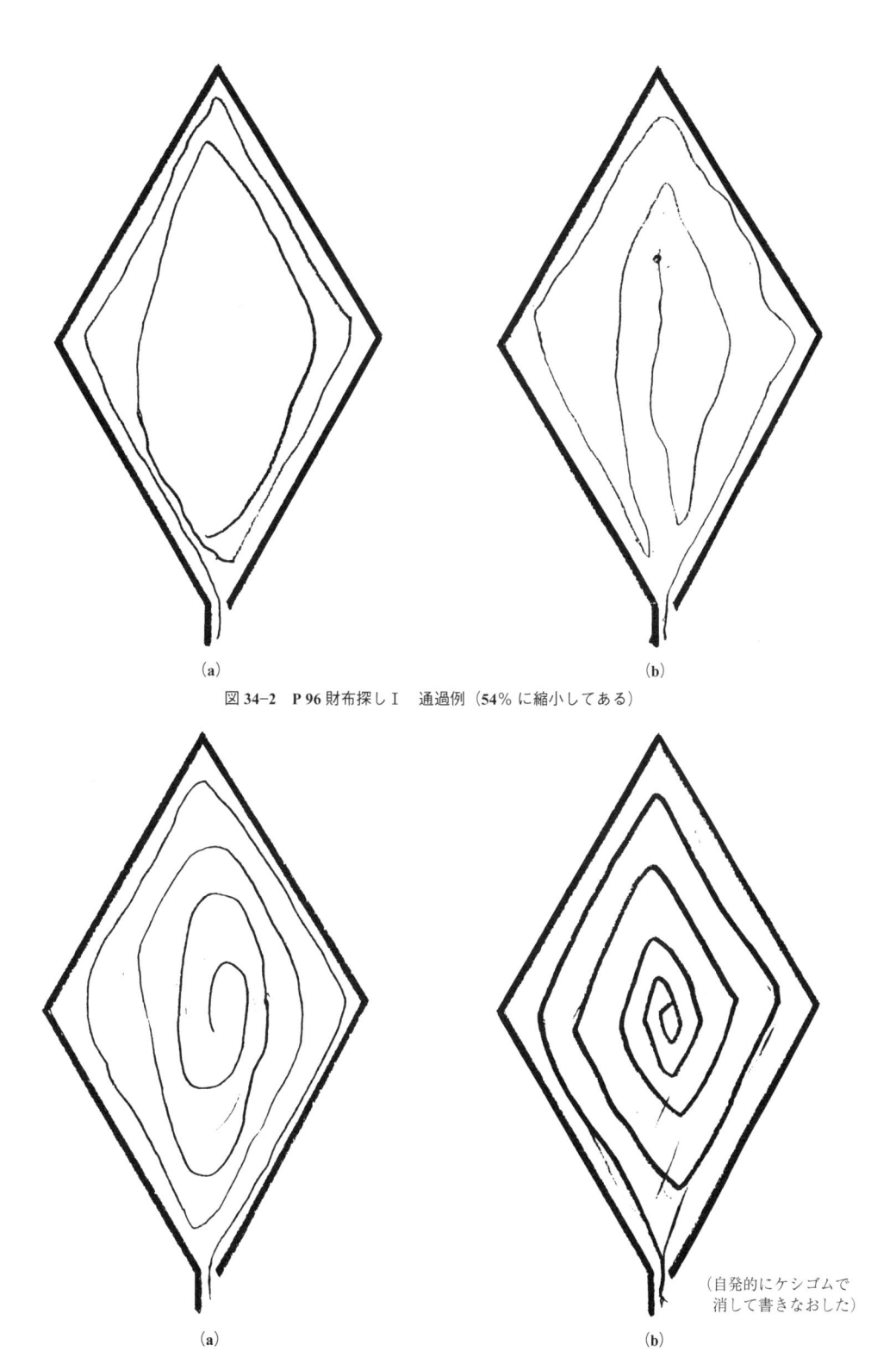

図 34-2　P 96 財布探しⅠ　通過例（54％に縮小してある）

(a) (b)

（自発的にケシゴムで
消して書きなおした）

図 34-3　財布探しⅡ　通過例（54％に縮小してある）

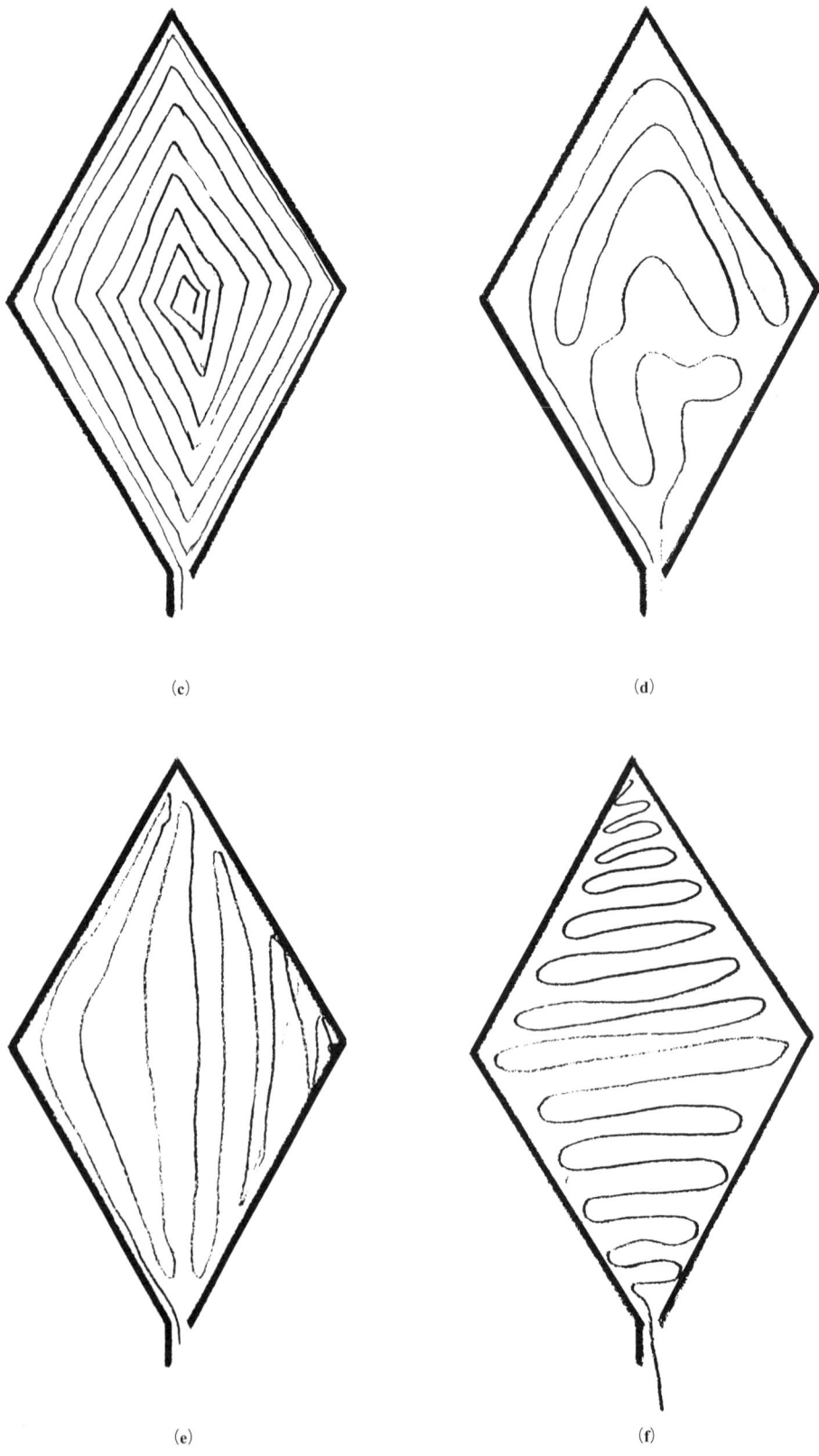

108 第Ⅳ部 検査項目への反応に見る子どもの発達：課題性による検査項目

(c) (d)

(e) (f)

図 34-3 財布探しⅡ 通過例（54％に縮小してある）

15-3　形の理解

　形の対応関係を調べる検査項目について説明する。課題箱とはめ板は，異なった形の中から同じ形の孔を選択して手に持った棒や板を入れる課題であり，入れ子は形の大小関係を理解して入れ子状態にする検査項目である。

　小鈴と瓶を使用して，瓶に入れた小鈴を意図的に出すことができるかを調べる P 52 は 1 歳を超えた子どもへの検査項目である。しかし，この検査項目は説明の都合上，小鈴と瓶の検査項目の中で説明した（第 12 章 2 節 4 p. 66 参照）。

15-3-1　課題箱
［主題とする項目］

P 68	丸棒	例後	1/3	（通過年齢　1：13）
P 69	角板	例後	1/3	（通過年齢　1：63）
P 70	角板	例前		（通過年齢　1：108）

［実施手続］
　課題箱（図 35）を提示して，子どもの右側に小さな角孔，左側に長方形の角孔がくるように提示する。
　検査者は丸棒を取り出して子どもに手渡し，
　「ここに入れてごらん」と中央の丸孔を指差し，教示する。
　孔に指を入れて見せることは禁止されている。
　子どもが入れないときには，丸棒を子どもから取って，子どもによく見えるように，ゆっくりと例示して見せる。
　1 試行ごとに例示を繰り返して，合計 3 回まで教示を繰り返してよい。
　丸棒を正しい孔に入れたときには，子どもに角板を渡して
　「これを入れてごらん」と教示する。
　入れられないときには，例後 P 69 の検査項目を行う。角板でも同じように例示をして見せる。
　教示は，例前・例後とも 3 回まで許される。

［行動の判定基準］
　例前・例後にかかわらず，丸棒を丸孔に入れれば P 68 を通過とする。
　例示の結果，角板を入れれば P 69 を通過とする。
　例示がなくても角板を入れれば P 69 と P 70 を通過とする。
　丸棒　P 68
　丸棒を丸孔の中に突っ込むが，手が離せず棒を出したり入れたり繰り返す，丸棒を左右いずれかの角孔に入れる等の反応は，通過反応を獲得する前に多くの子どもがよく見せる一般的反応であり，不通過である。検査では例示してもよいが，その後に，子どもが独力で丸棒を丸孔に正しく入れ，箱の中に落としたとき，P 68 が通過である。丸棒から手を離すことができないときには不通過とする。

角板　P 69・70

　丸棒で子どもに例示すると，角板でも保護者が例示したり，言葉や動作で指示してしまうことがしばしばある。検査中には，検査者以外が例示したり教示を繰り返したりして，教示を付け加えないように注意する必要がある。

　保護者が入れるべき孔を具体的に教えたり，「こっちにも孔があるよ」等と声をかけて教えれば，口頭による指示であっても例示とみなし，P 70 は不通過とする。子どもが，正しい孔に入れようと一生懸命努力するが，角度などをうまく調節できず，箱の中に入れることができないときはP 70 を不通過として，改めて例示をする。

　この課題を施行する年齢の子どもは，まだ腕の使用において左右の分化が十分でなく，利手が確立しているわけではない。検査の中で子どもがより優位に使用している手を利手とみなしておく。利手の完成度合いも観察しておくとよい。

図 35　課題箱（検査用具をすべて示した写真であり，検査では丸棒と角板は同時に提示しない）

　課題箱には，取手がついているため，右利きの子どもと左利きの子どもとでは利手に対して孔の位置が同じにならない。箱の位置を工夫して，利手を伸ばして，一番手近な孔へ持っていったとき，成功したという状態にならないことが肝要である。偶然課題に成功したと思われる場合には再試行する。この検査では，形と大きさを相互関係として理解しているか否か，手と指の調節機能を調べている。

　課題箱は子どもの興味を引きやすい課題である。検査中に，子どもの注意が散漫になったり，構えがくずれてきたときなどに提示すると子どもが検査への興味を回復し，構えをとりなおせることがある。検査に導入するのが困難な子どもで，この検査用具に興味をもって検査に入ることもある。課題箱は，使用しないときには子どもの目につかないところに置く方がよい。課題箱に興味が向かい，他の課題への導入が困難になることがあるからである。同様の注意は，子どもが強く関心を示す材料すべてに共通する。

15-3-2 はめ板

0歳児に対して円板をはずすP71と円板をはめるP72の2課題が同じ検査用具を使用して施行されている（p. 68参照）。1歳を超えた子どもに対する検査項目として，以下の3項目がある。いずれも，円孔・三角孔・四角孔があるはめ板（図36-1）を提示し，円板・三角板・四角板（図36-2）をそれぞれの孔に入れる課題である。はめ板の孔の形とはめるべき板にある孔の形に相互関係が理解されていることを調べるとともに，課題を達成するために必要な注意の集中力と持続力，正しく入ったときの達成感を調べる。

「丸・四角・三角」とか「同じ形」など形を指す教示を加えて，子どもの注意を形に向けてはいけない。通過となる前段階として，円孔の中に円板，三角孔の中に三角板，角孔の中に角板を配置するが，孔の中に立てる，きちんと孔に入らず一部がはめ板の上に乗っている等がよくある。それで満足しているときには無理な教示を加えない方がよい。

図36-1　はめ板

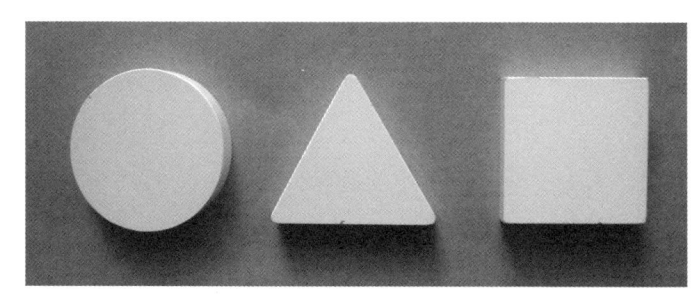

図36-2　はめ板に入れる3枚

図36-3　円板をはめる（P72）の通過

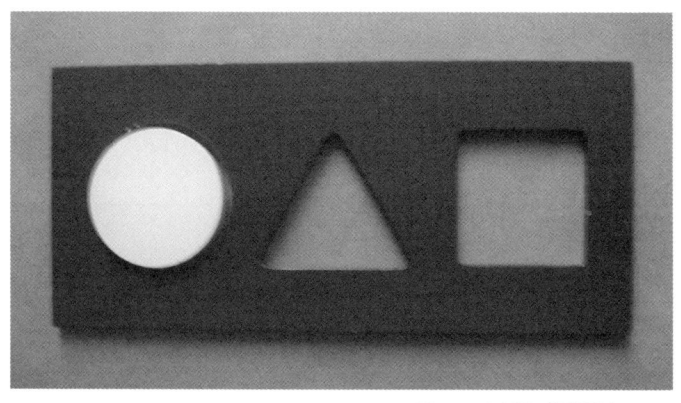

図36　はめ板　通過反応

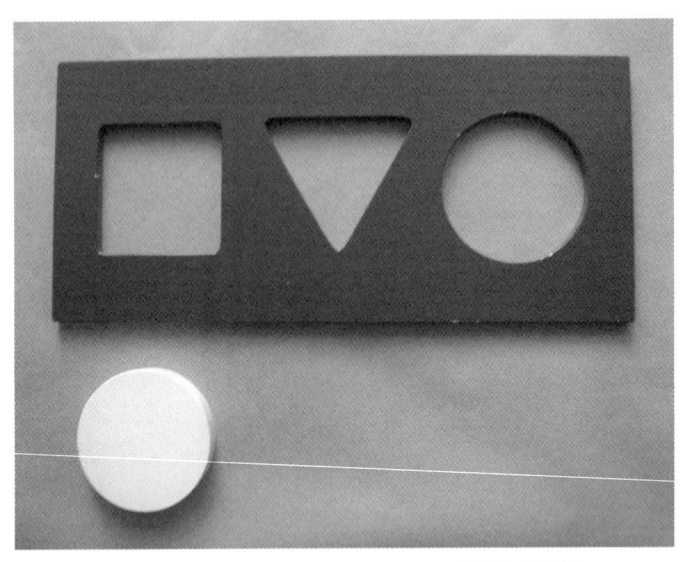

112　第Ⅳ部　検査項目への反応に見る子どもの発達：課題性による検査項目

図 36-4　円板回転（P 73）の課題状況
図 36　はめ板

[主題とする項目]

| P 73　円板　回転 | （通過年齢　1：34） |

[実施手続]

はめ板で円板をはめる（P 72）の検査項目で，円孔に円板を入れたら（図 36-3），はめ板を持ち上げ円板の前に四角孔が，円孔が反対側になるようにはめ板を 180°回転させて提示する（図 36-4）。

「これをはめてごらん」と教示する。

[行動の判定基準]

回転して反対側になった円孔に円板をきちんとはめれば P 73 を通過とする。

この課題では例示をしてはいけない。はめ板の上に円板を置き，孔に入っていないとき，円板を円孔の中に入れるけれども一部がはめ板の上に乗って浮いているときは不通過である。このようなときは，円板を指差し，きちんと入れるように教示を繰り返してみる。その後，子どもがきちんと入れれば通過とする。

円板を入れようと，はめ板の孔全部に順番に円板を当てがうことがある。結果として，円孔に円板がきちんと入れば通過とする。

[主題とする項目]

| P 74　はめ板　全　例無 | （通過年齢　1：58） |

[実施手続]

はめ板と 3 枚の板が入れるべき形の位置が対応するように手前に提示する（図 37-1）。

「これをみな，上手にはめてごらん」と教示する。

反応がなかったり，土台板（はめ板）だけで遊ぶときなどには，子どもにはめるべき板を 1 枚づ

つ順番に手渡し，そのつど土台となるはめ板の方に注意を促し，教示を繰り返してみる。ただし，この場合，はめ板の正しい孔を教示したり，指差したりしてはいけない。

[行動の判定基準]

円板・三角板・四角板の3枚とも，はめ板にきちんと入れたときP 74を通過とする（図37-2）。
対応した孔の位置に正しく置くが，板の一部が上に乗り，板が浮いてきちんと入らない場合には，中にきちんとはめ込むように促す。はめ板の方を動かそうとする子どもがいたり，土台となるはめ板が動いたはずみで，上に乗っていた板が孔に入ってしまうこともあるので，検査者がはめ板をしっかり固定させておくことが望ましい。土台を動かして入ってしまったのを経験して，自発的に孔の中に正しく入れたときには通過とする。

[主題とする項目]

P 75　はめ板　回転　全　1/4（通過年齢　1：78）

[実施手続]

P 74に通過したら，はめ板を持ち上げて180°回転し，板と孔の位置がちょうど逆になり，中央の三角孔と三角板は上下が逆の形になるようにはめ板を置き（図37-3），
「これをみな上手にはめてごらん」と教示する。
3枚の板をすべては入れられないときには，例示して見せてから（図37-4），もう一度はめ板を持ち上げ旋回して，前回と左右が逆の位置になるように，はめ板を置き教示を繰り返す（図37-5）。それでもできないときには，もう一度例示して繰り返し（図37-6, 7），まだできないときにはもう一度同じ手順を繰り返す（図37-8, 9）。

[行動の判定基準]

4試行中1試行で，回転して反対側になった孔に円板・三角板・四角板の3枚をきちんとはめれ

図37-1　はめ板　全　提示

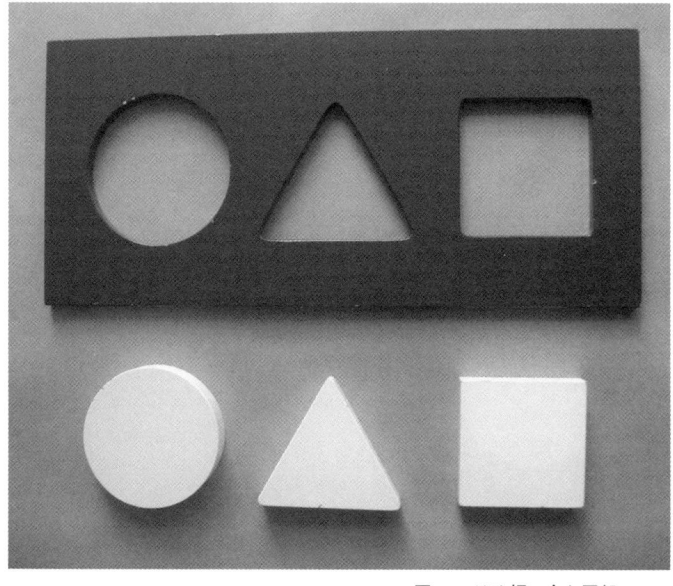

図37　はめ板　全と回転

ば P 75 を通過とする。

3 枚とも正しく入れた時点で検査項目を終了する。

P 74 が不通過であっても，P 75 では例示を見て課題に対して理解が生じ，通過する子どもがいるので，P 75 を施行してみる必要がある。課題は P 74 に引き続いて行う。例示後に完成しても通過とする。

板の一つをはめ板に正しく入れたのに，すぐ取り出してしまい，3 枚ともがはめ板に収まった状態にならないことがある。板を入れたり，はずしたりして遊ぶ場合は経時的には全部を入れること

図 37-2　はめ板全　通過

図 37-3　はめ板回転　第 1 試行　提示

図 37-4　はめ板回転　第 1 試行
　　　　通過または例示

図 37　はめ板　全と回転

115

図 37-5　はめ板回転　第 2 試行　提示

図 37-6　はめ板回転　第 2 試行
　　　　 通過または例示

図 37-7　はめ板回転　第 3 試行　提示

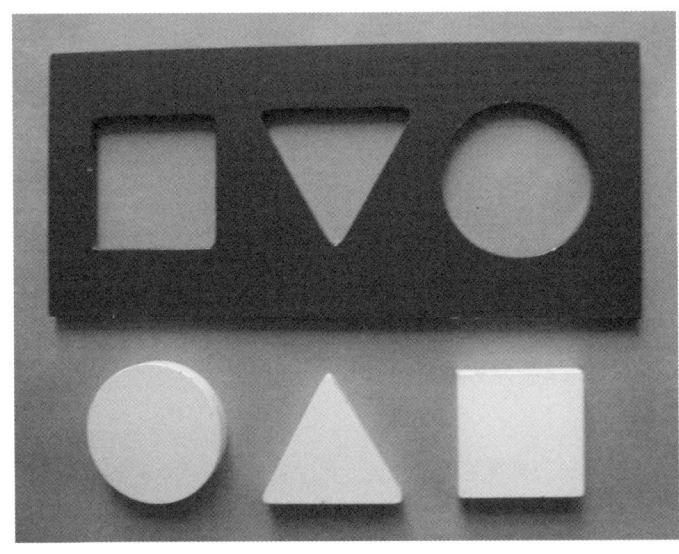

図 37　はめ板　全と回転

図 37-8　はめ板回転　第 3 試行
　　　　　通過または例示

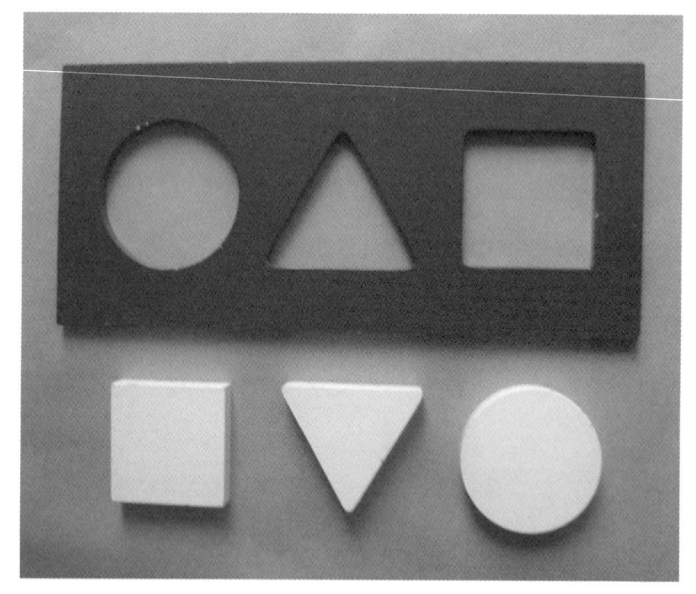

図 37-9　はめ板回転　第 4 試行　提示

図 37-10　はめ板回転　第 4 試行　通過

図 37　はめ板　全と回転

ができても不通過とする。例示して全部が入った状態を見せた後，第 2 試行を行う。3 枚ともが入った状態にならないと通過とはしない。ただし，一つを入れたら，すぐに次の板を手渡してやるなど，入れてしまった板に注意が戻らないように検査を工夫する必要はある。1 歳前後では，出し入れを喜ぶ行為がよく見られることに留意しておく。

15–3–3　入れ子
［主題とする項目］

| P 76 | 入れ子　3個 | （通過年齢　1：53） |
| P 77 | 入れ子　5個 | （通過年齢　2：34） |

［実施手続］
　検査内容を分かりやすく説明するため，入れ子の一番小さいものから順に A, B, C, D，一番大きいものを E と命名しておく。

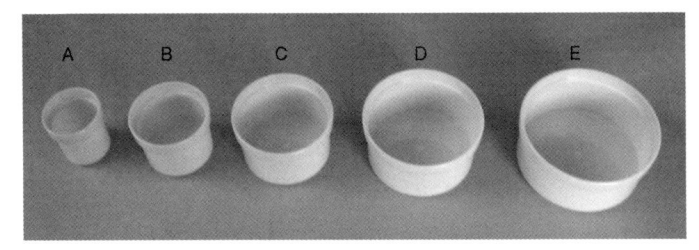

図 38-1(1)　横から見た図

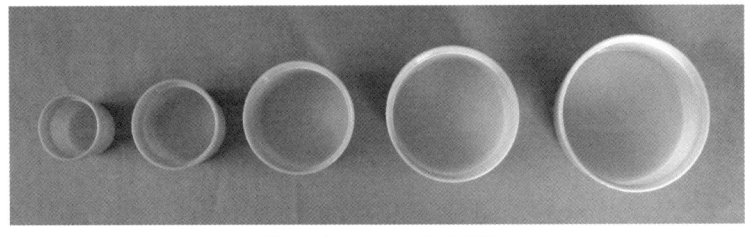

図 38-1(2)　真上から見た図
図 38-1　入れ子

入れ子 3 個　P 76
　B, C, D が入れ子状に重なった状態（図 38-2-1）で子どもに提示し，入っている入れ子 B, C を出して見せる。一番大きい D を中央に，B, C をその両端に 15 cm 間隔で横一列に並べて出す（図 38-2-2）。
　「さっきのようにナイナイしましょう」と教示する。

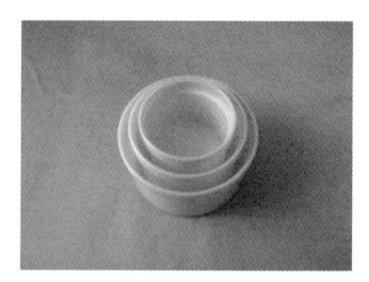

118   第Ⅳ部　検査項目への反応に見る子どもの発達：課題性による検査項目

図 38-2-1　提示

図 38-2-2
図 38-2　入れ子　3個

入れ子 5個　P 77（図 39）

5個の入れ子が入れ子状に重なった状態（図 38-3-1, 2）で子どもに提示する。

中の入れ子を一つづつ取り出し，一番大きいEを中心として，その周囲に取り出した入れ子を大きさの順序にならないように並べる（図 38-3, 4）。

「さっきのようにナイナイしましょう」と教示する。

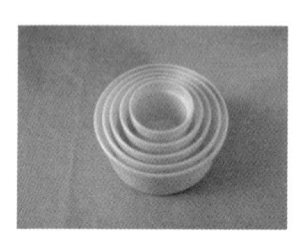

図 38-3-1　　　　　　　　　図 38-3-2
図 38-3　入れ子　5個　提示

図 38-3-3

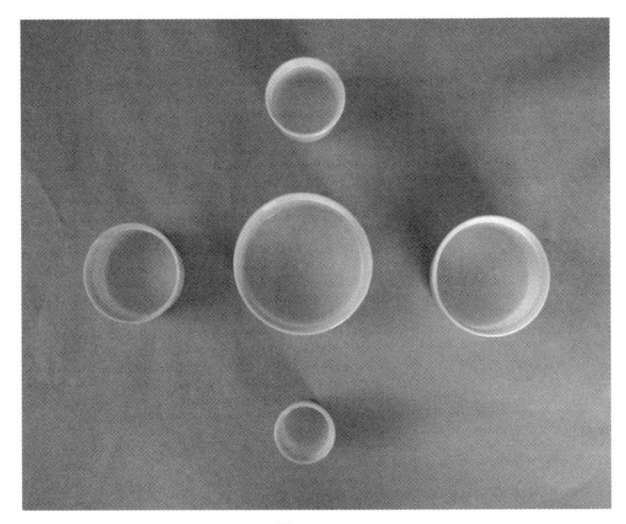

図 38-3-4
図 38-3　入れ子　5 個　課題状況

[行動の判定基準]

　いずれも提示した状態に入れ子を重ねて入れたとき P 76・P 77 を通過とする。

　この課題では入れ子相互の大小関係を理解して大きさの系列化を行い，入れ子が重なった状態を作り出す操作能力をみている。また，入れ子状に重なった状態を完成した形だと認識する課題意識も重要になる。入れ子状に興味がなく，裏向けて塔のように積上げたり，入れ子を上向き下向きなど向きに関係なく入れたり，「ナイナイ」を玩具を片づけることだと考え，2 つにまとめたりバラバラのまま検査者に渡してしまおうとする反応も，通過する前段階の反応としてよく生じる。入れ子に興味をもっても，再試行時には興味がうすれることがあるので注意を要する。この検査用具は市販されている玩具を検査用具としているため，使用経験があり簡単に完成することがあるので注意する。

入れ子 3 個

図 39-1-1

図 39-1-2

図 39-1-3

図 39-1-4

図 39-1-5

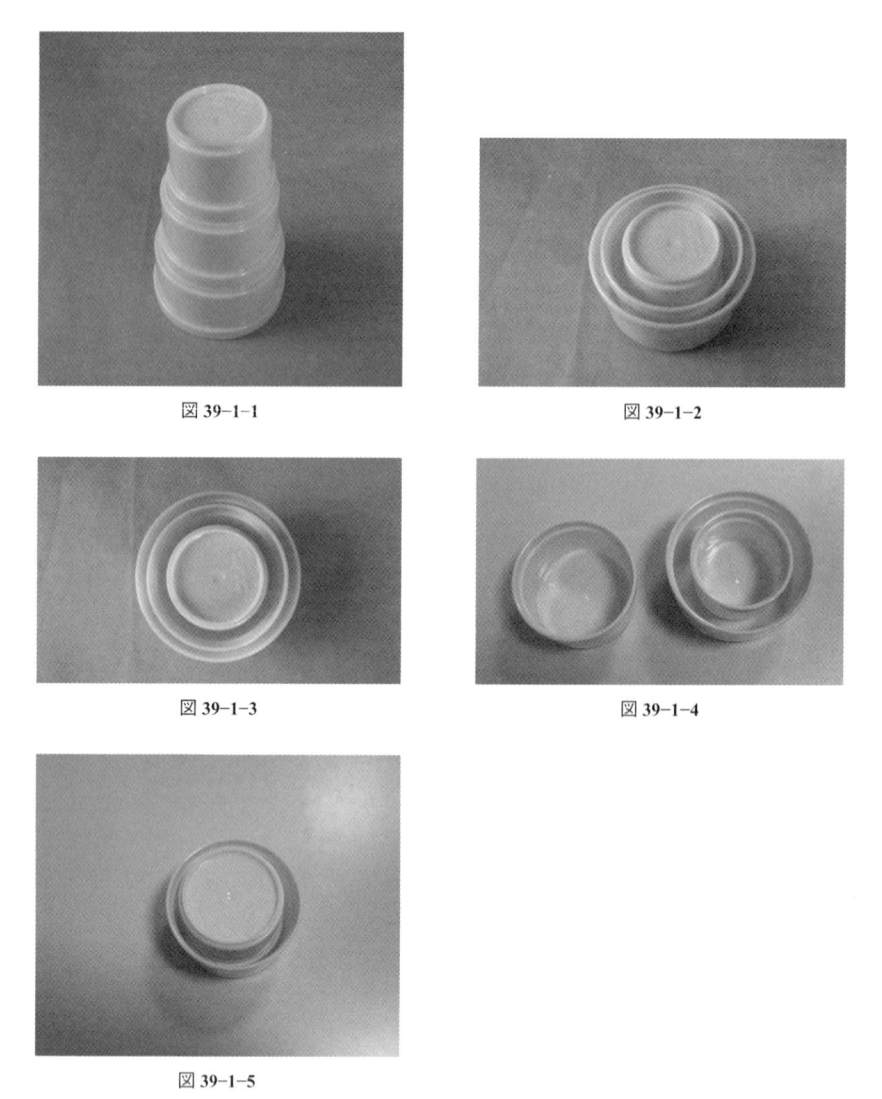

図 39-1　入れ子 3 個（不通過反応例）

不通過例：
① D の中に B を入れ（図 39-1-4），上から蓋をするように C を入れた場合（図 39-1-5）は不通過とする。この場合は再試行する。再教示して，最初の状態にして提示して見せる。検査者が入れるところを子どもに見せてはいけない。
② B のみ裏返して入れ子 3 個の状態にするのも不通過とする（図 39-1-2, 3）。
③ 入れ子を 3 個とも裏返して塔のように高く積んだ場合は不通過とする（図 39-1-1）。

通過例：
① 提示された状態になるよう D の中に C，C の中に B を入れ，提示通りに入れ子 3 個の状態になれば通過である（図 38-2-1）。
② 試行錯誤した後，B, C, D が入れ子 3 個の状態になったときも通過とする。

入れ子 5 個

図 39-2-1　　　　　　　　　　図 39-2-2

図 39-2-3　　　　　　　　　　図 39-2-4

図 39-2-5　　　　　　　　　　図 39-2-6

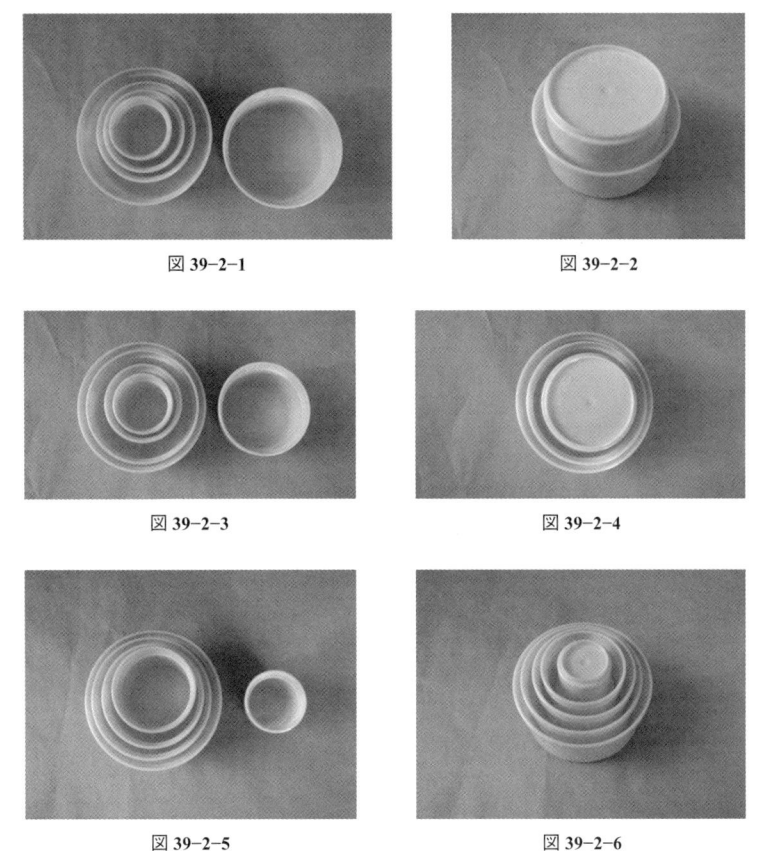

図 39-2　入れ子　5 個（不通過反応例）

不通過例：
① A, B, C, D を蓋のようにして上からかぶせるのは誤答とする（図 39-2-2, 図 39-2-4, 図 39-2-6）。この場合，再度最初の入れ子 5 個の手本を提示してもよい。検査者が入れ子を入れるところを見せてはいけない。
② 不通過例を示したが，手本以外の状態はすべて不通過とする（図 39-2）。

通過例：
① E の中に D, その中に C, さらにその中に B, そして最後に A が入り，提示したときの手本通りに入れ子 5 個の状態になれば通過とする（図 38-3-1, -2）。
② 入れ子 3 個同様に試行錯誤は認める。

15-4 立 体 構 成

K式検査に含まれている検査項目では，形の構成を積木を使用した簡単な立体構成と，平面図形を使用した少し複雑な図形構成に分けることができる。積木を使用した検査では，形の理解だけではなく，積木で形を作る腕と手掌の運動機能による操作と巧緻性を調べていることに注意して欲しい。積木を構成するためには，注意の持続も必要となる。

なお，P25以下の項目では，手本に積木を付け加えた反応は，すべて誤答（不通過）である。

15-4-1　積木の検査（P 20～P 29）
(1) 積木の塔
［主題とする項目］

P 20	積木の塔	2	（通過年齢　1：18）
P 21	積木の塔	3	（通過年齢　1：35）
P 22	積木の塔	5	（通過年齢　1：62）
P 23	積木の塔	6	（通過年齢　1：83）
P 24	積木の塔	8	（通過年齢　2：11）

［実施手続］

子どもの前に積木を1つ提示し，別の積木を手渡して
「この上に積んでごらん」
「高い高いしよう」と二重に教示する。
積もうとしないときには，例示として3, 4個積んで見せる。例示は3回まで繰り返してよい。

［行動の判定基準］

子どもが独力で積んだ積木の段数で通過項目を決定する（図40）。

積木を放り投げたり，途中まで積んでも自分で積木の塔を倒してしまうなど，子どもが課題へ集中しないときには，何回か試みさせてよい。そのなかで，最も高く積み上げた積木の段数で判定する。0歳で調べた，積木を積もうとするP19の行動から，積木を積む行動を楽しむような反応への変化が見えてくる。

腕と手の調節機能を見る検査項目でもあるから，子どもが積木を積む手指と腕の動作，積み方が慎重か乱雑かなど積む方法や精密性，検査に臨む態度も観察しておくことが重要である。

この検査課題は，第6章で詳しく説明したように，課題が完成している大人からみると，P20からP24への進歩は，上に1個づつ積んでいく動作の精緻性だけを測定している単純な構造の課題にみえるが，ちょうどこの課題を達成しつつある子どもにとっては，解決すべき複雑な課題構造をもっている検査課題である。途中まで正確に積めていた子どもが，次の高さでは突然積木を両手に持って上に同時に乗せようとして失敗したりする。課題解決をするために必要な全体の見通しが得られていないときには，ちょうど子どもの解決力と拮抗する段階で，このような解決方法の混乱がしばしば観察される。再度，施行させてみるのは許されるが正しい方法を誘導するような教示を付け加えることは課題構造を変化することになるから許されない。

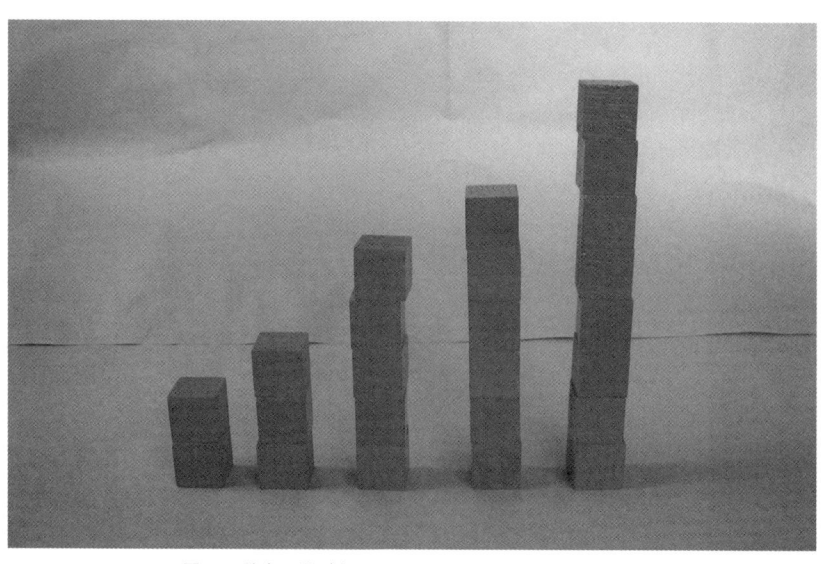

図40 積木の塔（左から2段，3段，5段，6段，8段）

（2）積木構成
［主題とする項目］

P 25　トラックの模倣　　　　（通過年齢　2：40）

［実施手続］
　4個の積木を提示し，
「トラックを作りましょう」と教示しながら，
積木を一列に並べて後ろを押して動かして見せる。
　次に，先頭の1個を取り，
「これは運転手さんの乗る所です」と教示して，
先頭の積木の上に乗せる。
「さあ，走りますよ，ブッブー」と教示しながら，
走らせて見せる。（図41-1）
　手本（図41-1）は提示したまま，新たに4個の積木を出して提示し（図41-2　左側の4個は手前に提示してもよい），
「さあ，これと同じトラックを作ってごらん」と教示する。
　子どもの作った物が手本と違うときには，手本を指差し，
「これと同じですか」と再教示する。
　異なっている所を具体的に指示してはいけない。
　子どもが手本のトラックに積木を乗せにくる場合には，自分の手元で構成するよう再教示する。

［行動の判定基準］
　子どもが提示した手本と同じものを作ればP 25を通過とする。
　再教示に対して自発的に直せば通過とする。トラックに見立てて遊ばなくても，とにかく同じものを作れれば通過とし，トラックの向きが手本と反対になっても通過とする。
　子どもの誤反応としては，前の課題に固執して4個の積木を積み上げてしまう。4個の積木を横一列に並べて喜ぶ。手本の上に積木を乗せにくる等，検査課題よりも自分自身の興味にしたがった

遊びに向かうこともよく認められる。このような反応は，課題性が十分に獲得されていないことを示している。課題性を獲得しているが不通過反応を示すことと，課題性を理解していない不通過反応は区別をしておく方がよい。課題達成前の典型的な反応としては，積木を一列に並べる（図41-3），積木を塔にして積み上げる（図41-4），手本の運転台の上に4個の積木を積み上げる（図41-4），手本の荷台に荷物のように乗せる（図41-5），手本の後ろに積木を並べて長いトラックを作るなどがある（図41-3）。積木を3個並べるが最後の積木を横に置いて，4個の積木を横一列に並べるのも不通過である（図41-2左側）。

トラックの模倣では，検査者の要求を理解して見本を模倣し，積木を垂直と水平方向に並べて手

図41-1　トラック（手本）

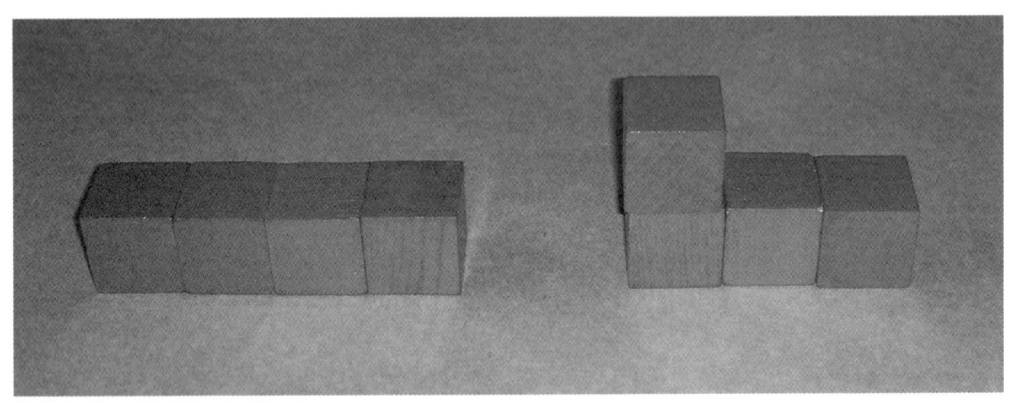

図41-2

図41-3　トラック　不通過

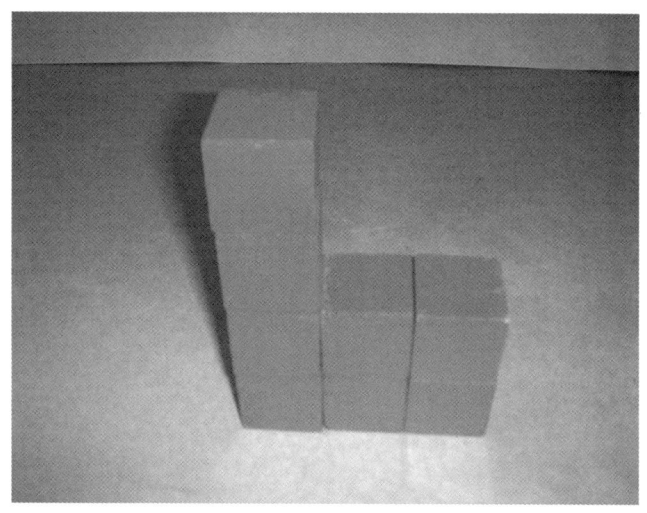

図41-4　トラック　不通過

図41-5　トラック　不通過

本どおりに構成できるかを調べる課題である。また，単に同じものを作るだけではなく課題を理解しているか，トラックに見立てて遊ぶかどうかも観察しておく。

［主題とする項目］

P 26　家の模倣　　　　　　　　（通過年齢　2：77）

［実施手続］

　3個の積木を提示し，
「お家を作りましょう」と教示して，
衝立に隠して手本を作る。衝立を取り，
「ほら，お家です」と教示する。（図42-1）
　上に乗っている積木を指差し，

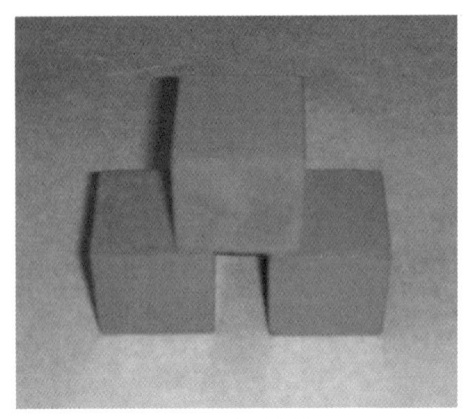

図 42-1 家（手本）

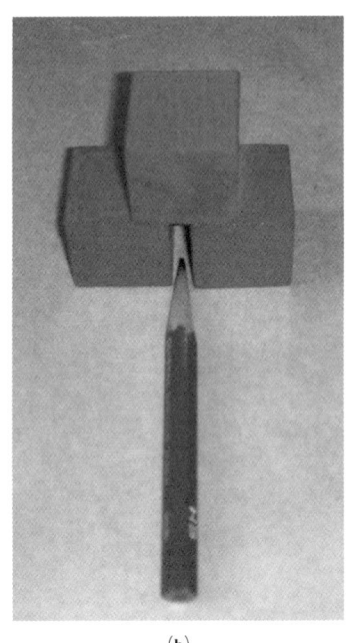

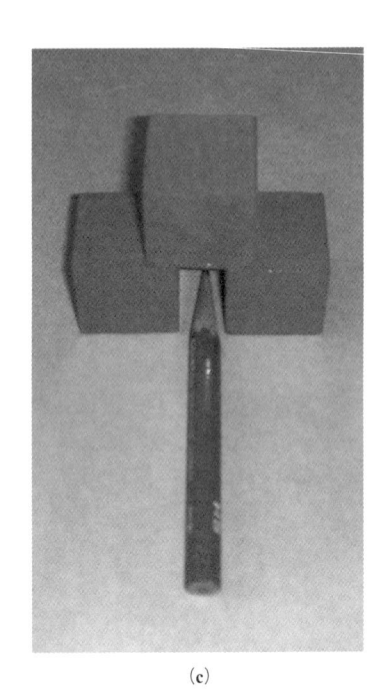

(a) (b) (c)

図 42-2 家（反応例 a, b は不通過，c が通過）

「これは屋根です」と教示してから，
土台に置いた積木の隙間を指差し，
「これは入口です」と教示する。
手本はそのまま残し，新たに 3 個の積木を出して提示し，
「さあ，これと同じお家を作ってごらん」と教示する。
　家の模倣では，検査者は衝立てに隠して手本を作成し，作成過程を見せない。土台となる 2 個の積木の間には鉛筆を通すことができる程度の空間（隙間）を作る（図 42-2 c）。

[行動の判定基準]
　子どもが独力で，提示した手本と同じものを作れば P 26 を通過とする。
　下の 2 つの積木の間隔が，鉛筆が通る程度に開いており，屋根となる積木が上に乗っている必要がある。低年齢の子どもにとって隙間を作るのは困難である。通過年齢をみるとトラックの模倣よ

り困難な課題であるが，家の模倣だけ通過する子どももいる。検査用紙では横に並べているが，トラックの模倣と家の模倣は独立した検査項目として両方を実施する方がよい。

よく生じる子どもの不通過反応としては，勝手な遊びになり，積木を積み上げたり横一列に並べる。手本に積木を乗せにくる等がある。検査者による要求を理解する程度と，適度な間隔で積木を配置し残りの1個を上に乗せる能力を調べている。通過以前には，課題を理解していても，土台となる2個の積木をうまく調整して間隔を作れず，間隔が狭すぎたり（図42-2 a, b），間隔を広げすぎ上に乗せる積木が落ちてしまったりするなどがある。

[主題とする項目]

| P 27 | 門の模倣　例後 | （通過年齢　3：35） |
| P 28 | 門の模倣　例前 | （通過年齢　3：93） |

[実施手続]

例前 P 28 を先に施行しなければならない。例後 P 27 を先に施行すると例前の検査が不能になるからである。

5個の積木を提示して，
「門を作りましょう」と教示する。
衝立に隠して手本を作り，衝立を取って見せる。（図43-1）
「ほら，門です」
「この下を自動車が通りますよ」と教示しながら，
鉛筆を下の隙間に通して見せる。（図43-2）
手本はそのまま残し，新たに5個の積木を出して提示し，
「さあ，これと同じ門を作ってごらん」と教示する。
同じ物ができないときには，
「これと同じですか」と再教示する。
それでも同じ物が作れないときには，例前 P 28 を不通過として例後 P 27 の課題に入る。
「こうして作るのですよ」と教示しながら，
手本を土台から作る過程を見せ（図43-3-1, -2），最初の教示に戻る。

机の表面がすべりやすいとき，積木を斜めに乗せると土台の積木が両側に滑って斜めに乗せる積木がうまく乗せられないことがある。ボール紙やハンカチなどを適当に敷いて実施するとよい。P 27 で行う例示は，土台の2個を置いてから積木を斜めに乗せ，最後に両端の積木を乗せる。

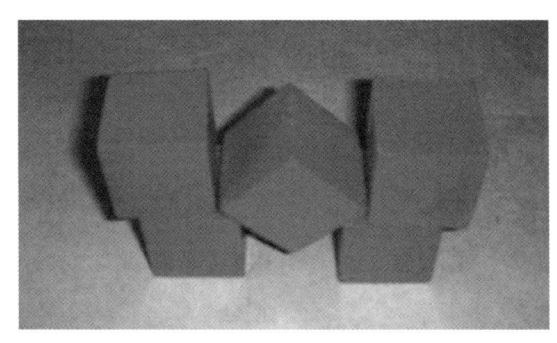

図 43-1　門（手本）

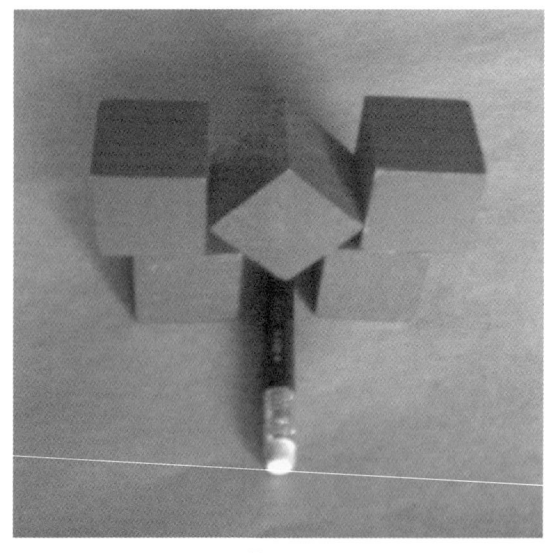

128　第Ⅳ部　検査項目への反応に見る子どもの発達：課題性による検査項目

図 43-2

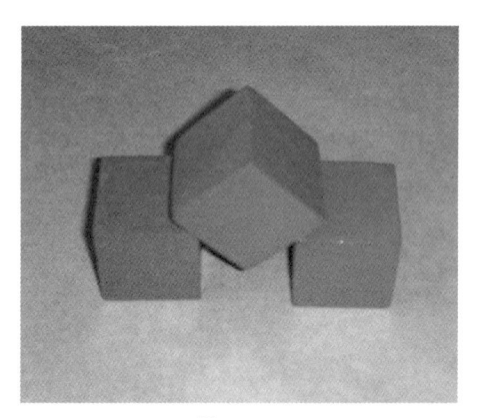

図 43-3-1 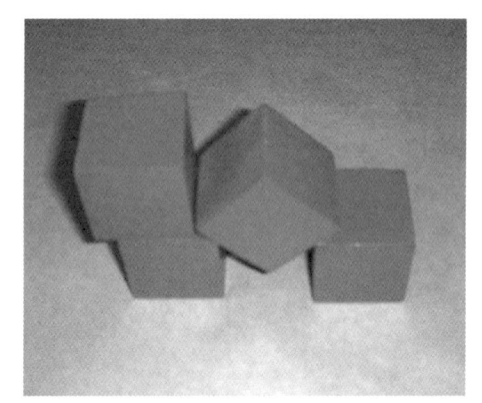　　　　　　　　　　　　　　図 43-3-2

図 43-3　例示過程

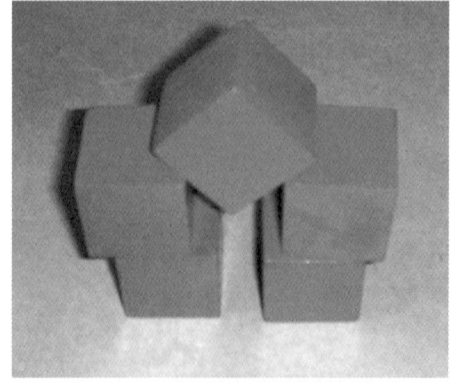

図 43-4-1 　　　　　　　　　　　　　　図 43-4-2

図 43-4　不通過例

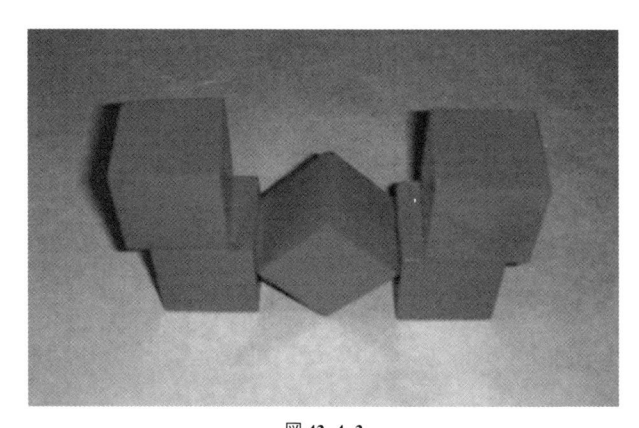

図 43-4-3
図 43-4 不通過例（真ん中の積木が机についている）

[行動の判定基準]

例示後に子どもが手本と同じものを作れば P 27 を通過とする。

例示しなくても子どもが手本と同じものを作れば P 28 も通過とする。

判定基準は，中央の積木が斜めに浮いた状態で乗り，その両横に積木を置ければ通過とする。再教示後，自発的に訂正したときも通過とする。

例前 P 28 で通過反応が得られないとき，例後 P 27 の課題を行うが，例示をどのように理解し，課題への取組み方法がどのように変化するかも観察しておく。

子どもの不通過反応としては，例示後も土台に積木を斜めに置けずあきらめてしまう。中央の積木を，図 43-4-1, -2, -3 のように置く等がある。

門の模倣は，土台となる積木を 2 個適当な間隔に配置して，土台に乗せ斜めに浮かさなければならない。手本を正確に認知する能力だけでなく手本を再現するためには微妙な積木の扱いが必要となり，そのために手を制御する能力を調べる。高度な手指の機能と積木を構成する力が必要とされる課題であり，なかなか上手にできないときには，課題に対して興味が持続する必要がある。その意味で，注意の持続力を調べる課題でもある。

[主題とする項目]

P 29　階段の再生　　　　　（通過年齢　5：00）

[実施手続]

10 個の積木を提示し，

「面白いものを作りましょうね」と教示して，

衝立に隠して手本を作る（図 44-1）。

「これは階段です。ここを登って行くのですよ。ほら，1 段，2 段，3 段，4 段」と教示しながら，指で階段をトントンと登って見せる。

「これを壊してしまっても同じものが作れますね。よく見ておいてちょうだいね」と教示して，10 秒待つ。

「さあ，壊しますよ」と教示してから，

手本を壊し，

「さあ，さっきのと同じ階段を作ってごらんなさい」と教示する。

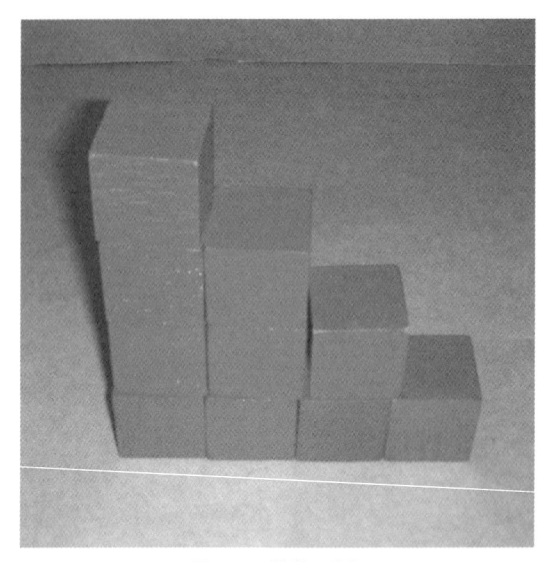

130　第Ⅳ部　検査項目への反応に見る子どもの発達：課題性による検査項目

図44-1　階段　手本

図44-2-1
図44-2　階段不通過　反応例

　子どもが作った階段が手本と違うとき，
「それでよいですか」と再教示する。
これ以外の教示を加えることは許されない。

［行動の判定基準］
　手本と同じものを作れば P 29 を通過とする。

図 44-2-2　　　　　　　　　　　　　　　　　　図 44-2-3

図 44-2-4

図 44-2　階段不通過　反応例

　階段の方向や積木の多少のゆがみは問わない。手本と違ったときには，再教示後，自発的に訂正すれば通過とする。
　子どもの誤反応としては，図 44-2-1 のように積木を 2 段または 3 段までは作るが，その後混乱して図 44-2-2, -3 のように階段状に積めないことがよくある。また，図 44-2-4 のように階段状にはなるが 4 本の列柱のようにしてしまうことも少なくない。いずれも，不通過である。
　最後の教示でも自発的に通過反応を完成しないときには，いずれも不通過とする。
　階段の再生は他の積木課題と異なり，子どもが階段を作るときには手本の階段は崩され存在しない。積木で構成された手本の形を記憶に保持し再生する能力を調べている。記憶のなかにある階段の状態を再生しながら，階段の 1 段，2 段，3 段，4 段という数と高さの系列を理解する概念操作の能力も必要となる。

15-4-2 折　紙

[主題とする項目]

P 78	折り紙 I	（通過年齢　2：33）
P 79	折り紙 II	（通過年齢　2：76）
P 80	折り紙 III	（通過年齢　3：16）

[実施手続]

折り紙 I　P 78

折紙（大きさ 150×150 mm）を 1 枚提示して，
「折紙をして遊びましょう」
「さあ見てごらん」と二重に教示しながら，
折紙を中央で 2 つに折って見せる（図 45-1(a)）。
手本を提示したまま，新しい折紙を提示して，
「さあ，あなたもこんなふうに折ってごらん」と教示する。
必要があれば，
「ちゃんと，折ってごらん」と教示を重ねてもよい。

折り紙 II　P 79

P 78 の折紙はそのまま机上に置き，新しい折紙を出して P 78 の状態（図 45-1(a)）に折り，さらに中央でもう 2 つに折って見せる（図 45-1(b)）。
教示は P 78 と同じである。

折り紙 III　P 80

P 78，P 79 の折紙はそのまま机上に置き，また新しい折紙を出して P 78 から P 79（図 45-1(b)）の状態まで折り，次にそれを三角になるように 2 つに折る（図 45-1(c)）。
教示は P 78 と同じである。
検査では，子どもが検査者の手元を見ているのを確認しながら例示する必要がある。例示するとき検査者が折り目をつける様子をよく見せておくが，折り目をつけるために上から押したり叩いたりするように教示してはいけない。
折り紙は，前の課題で使用した物を使ってはいけない。検査者も検査を受ける子どもも，検査項目ごとに，必ず，新しい折紙を使用して検査を施行する必要がある。

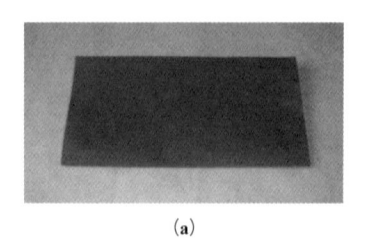

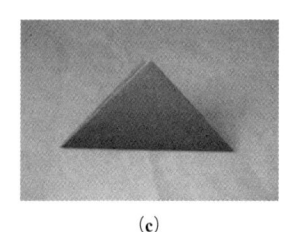

　　　(a)　　　　　　　　　(b)　　　　　　　　　(c)

図 45-1　折紙 I，II，III　手本

［行動の判定基準］
　子どもが手本と同じ形に折ればその検査項目を通過とする。
　折り紙に折り目が残っていなければ通過としない。折った後，折り紙が一つ前の段階まで自然に開くのは許すが，折り目は全体の6割程度残っている必要がある。

P 78　折り紙 I
誤答例：
① 折り目が6割に満たない場合は不通過とする（図45-2-1 a）。
② 折り目が対角線になれば不通過とする（図45-2-1 b）。
③ 手本の状態以上に勝手に折り進むのは，たとえ，途中で正答とする形が存在しても不通過とする。手本の形で止めることも大切である（図45-2-1 c, d）。

合格例：
① 折り目が全体のほぼ6割以上あれば通過とする（図45-2-2 a）。
② 折り目が斜めについていても，対角線にならなければ通過とする（図45-2-2 b）。
③ 折り目が中央になくても，2折になれば通過とする（図45-2-2 c）。

P 79　折り紙 II
　折った形が多少ずれているのは許す。折り方が不十分で手を離したとき，折紙が開くときには，

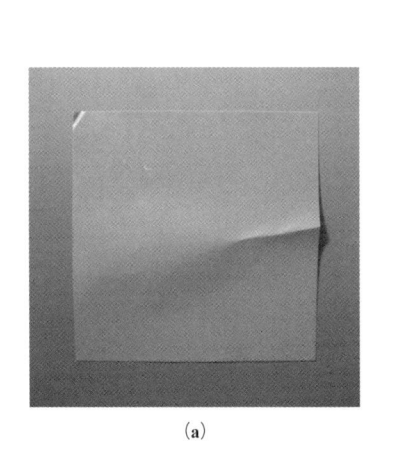

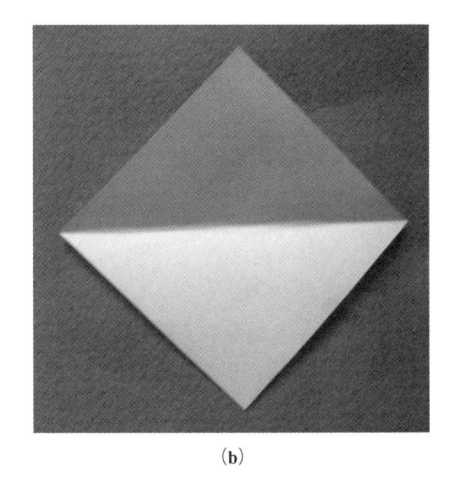

(a)　　　　　　　　　　　　　　(b)

(c)　　　　　　　　　　　　　　(d)

図 45-2-1　折紙 I　不通過例

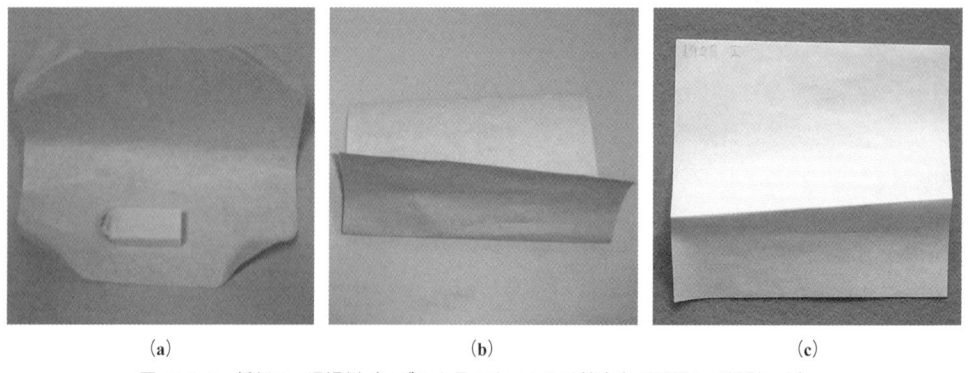

134 第Ⅳ部 検査項目への反応に見る子どもの発達：課題性による検査項目

図 45-2-2　折紙Ⅰ　通過例（いずれも見やすいように検査者が展開して撮影した）

図 45-3-1　折紙Ⅱ　不通過例（図 c は自然に開いた状態）

図 45-3-2　折紙Ⅱ　通過例（c, d は写真を写すために a, b を展開したもの）

前の段階（P 79 では P 78 の手本図 45-1-1(a)）まで自然に開くのは許すが，それ以上に開いてしまうときは不通過とする。P 79 では，図 45-1(a) の状態まで開いてもよいが，折紙を開いて見たときに，中央部に十字が残っていなければならない。

P 80　折り紙Ⅲ

折り方が多少ずれているのは許す。折り方が不十分であって，子どもが手を離したとき，折り紙が開くときには，前の段階（図 45-1(b) の手本）まで開くのは許すが，それ以上に開いてしまうときには不通過とする（図 45-1(a) の手本）。P 80 では，図 45-1(b) の状態まで開くのは許すが，十文字の折り目以外に対角線の折り目は残っている必要がある。

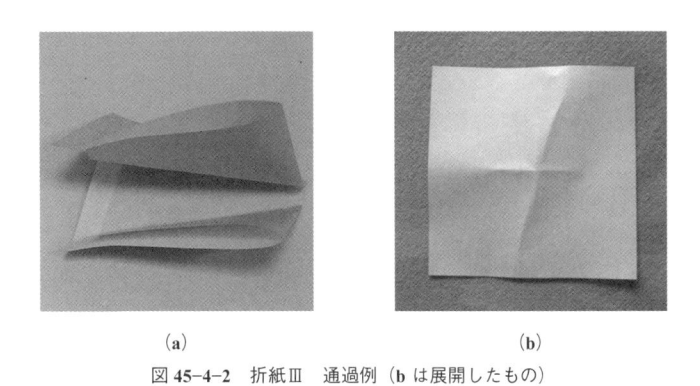

図 45-4-1　折紙Ⅲ　不通過例（e は d を展開したもの）

図 45-4-2　折紙Ⅲ　通過例（b は展開したもの）

図 45-5-1　一人の子どもの反応例　見やすくするために展開して撮影した。P 78＋，P 79＋，P 80－である。

図 45-5-2 一人の子どもの反応例　見やすくするために展開して撮影した。P 78＋，P 79＋，P 80－である。

15-4-3　玉つなぎ

[主題とする項目]

| P 95 | 玉つなぎ | 1/2 | （通過年齢　4：103） |

[実施手続]

　玉つなぎの検査用具を提示し，
「私のすることを，よく見ていてください」と教示する。
　子どもの注意を持続させながら，玉を一つづつ通して図 46-1(a) の手本を作って見せる。
「これと同じものを，作ってください」
「気をつけて，これと同じものを作りましょうね」と二重に教示する。
　図 46-1(a) が誤答だったときには，検査者が作った手本と，子どもの作ったものを 2 本並べて子どもに見せて，
「これと同じですか」とたずねてから
「今度は同じものを作りましょうね」と二重に再教示してから，
　子どもの前で図 46-1(b) の手本を作成して見せる。
　子どもの返答にかかわらず，
　教示は同じものを繰り返す。
　子どもが試行する制限時間は，それぞれ 2 分とする。

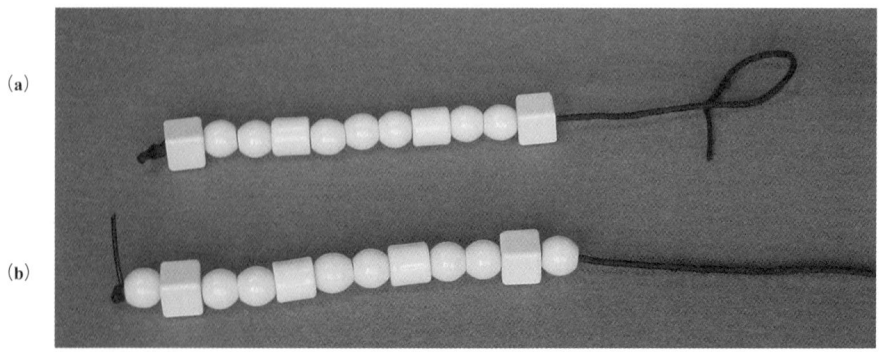

図 46-1　玉つなぎ　手本

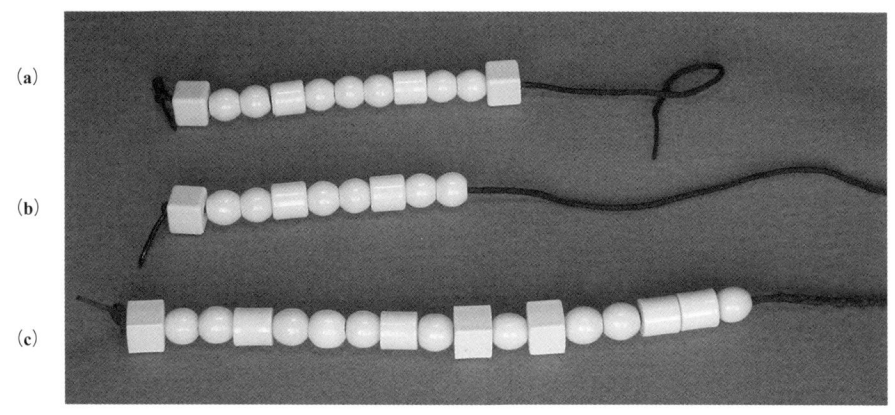

図46-2　玉つなぎ　不通過例（a は b に対して a を作った例）

　子どもは時間を意識していることが少なく，床の上に玉を落としてものんびりしている。検査者が拾ってやるなどの配慮が必要となる。1試行目が制限時間内にできない場合，
「次は，さっさとやろうね」と教示を加えてよいが，
特に急がせないで2試行目を実施する。反応態度の観察も大切である。

［行動の判定基準］
　2試行以内に1試行で正答すればP95を通過とする。
　制限時間内に手本と同一の物が完成したとき正答とする。
　検査者が紐を持ち，子どもに玉を通させるような検査を施行してはならない。この課題は手指の巧緻性も調べている。このように検査の目的は多面的であり，特に記載されていない限り，手助けをすることは認められていない。
　手掌の機能等に障害があり，制限時間内に完成することはできないが，正しく反応するときも，検査としては不通過であるが，正しく反応できたことを記録しておく。このような場合には，課題の理解ができないのか，制限時間だけが不通過の原因であるのか，不通過の理由を明らかにすることが解釈のために大切となる。

15-5　形 の 弁 別

　平面図形を比較して同一の形を発見する課題であるが，検査では，それだけではなく，子どもが見つけた図形を検査者に伝える方法も調べようとしている。伝達方法の発達は，子どもの言語発達水準を表すとともに対人関係を知るためにもよい指標となる。

［主題とする項目］

| P 81 | 形の弁別Ⅰ | 1/5 | （通過年齢　1：104） |
| P 82 | 形の弁別Ⅰ | 3/5 | （通過年齢　2：07） |

［実施手続］
　形の弁別図版（図47-1）を提示し，円図形（図47-2の1，円）を子どもに渡して，
「これと同じものは，どこにあるの」
「これと同じものの上に置いてごらん」と二重に教示する。

以下，刺激図形 2, 3, 4, 5 の順に同じ手続で施行する。ただし，3 試行で正答となれば検査を打切ってよい。

刺激図形：
(1) 円，　　(2) 三角，　　(3) 四角，　　(4) かまぼこ型，　　(5) 十字形

円のみは，できないときや，間違ったときに，
「ここですね」と再教示して，
刺激図形を正しい位置に重ねて例示する。

[行動の判定基準]
5 図形中 1 図形が正答であれば P 81 を通過とする。
5 図形中 3 図形以上が正答であれば P 82 を通過とする。
3 図形に正答すればそれ以降の図形を施行する必要はない。

材料図形を同じ形の弁別図形の上に置けば，位置がずれたり，きちんと重ならなくても通過とする。正しい位置に示した後すぐ手元に戻しても通過とする。図版の上に置かず，正しい図版を指差しても正答とする。

刺激図形をすべて，中央にある十字形のうえに重ねるときでも，十字形の刺激図形を弁別図形の十字に形をきちんとそろえて重ねれば，十字を正答として P 81 を通過とする。

図 47-1　提示図版（実物は縦 22 cm，横 27.5 cm）　　図 47-2　刺激図形

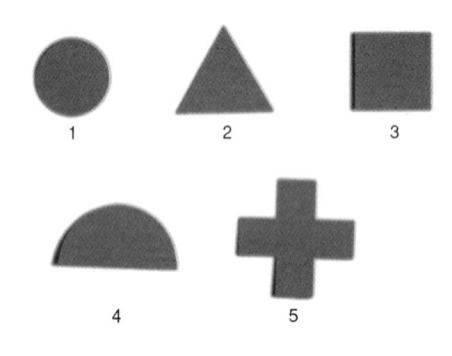

図 47　形の弁別 I

[主題とする項目]

| P 83 | 形の弁別 II | 8/10 | （通過年齢　2：60） |
| P 84 | 形の弁別 II | 10/10 | （通過年齢　3：25） |

[実施手続]
形の弁別 II 用の弁別図版（図 48-1，B 6 判）を提示し，図版中の×印の所に刺激図形を提示する（図 48-2）。
「これと同じものは，どこにありますか」
「同じものを指で押えてごらんなさい」と二重に教示する。
以下，刺激図形は，円，三角，正方形の順番に，それ以降は任意の順に検査する。
円図形を間違えたときだけは，
「いいえ，これと同じものです」と再教示し，

検査者が弁別図版の円図形を指差して例示してから次の試行へ進む。

子どもが刺激図形の定規を動かして弁別図形に重ねようとすることがある。そのようなときは再び教示を繰り返す。定規を動かすことは許さない。

それでも指で差し示すことができない場合は，

「このように指で押えるのです」と教示しながら，

検査者が指で差し示して見せる。例示したとき，円図形は正答と数えない。

円図形以外の図形では再質問や例示をしてはいけない。

再教示に対して，「これでよい」と答えた場合は誤答として，次の図形へ進む。再教示は正答を誘導するのではなく，弁別図版全体に注意を促すのが目的であるので必要以上にたずねてはならない。弁別図版全体を見るようにするため，弁別図形が印刷された図版の輪郭を指で大きく円を描くように指で差し示してやるのがよい。

[行動の判定基準]

10 図形中 8 図形以上が正答であれば P 83 を通過とする。

10 図形すべてが正答であれば P 84 も通過とする。

Kuhlman（1912）が作成した図形を使用して，注意の集中と形の認知能力を調べる検査である。弁別図形には，円，三角，四角を含む 10 の幾何学図形が描かれている。子どもが弁別図版の全体をよく見ないで誤答するときは，もう一度弁別図版を見直すように促してみる。自発的に訂正できれば正答とする。形の弁別 I では，刺激図形を弁別図形に直接重ねることを認めている。それに対して，形の弁別 II では正しい図形を指で差し示して答えることを要求している。

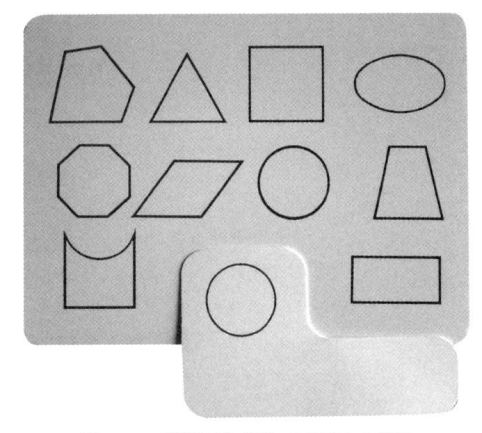

図 48-1　弁別図版　　　　　　　　　図 48-2　刺激図形（円）を提出した状況

図 48　形の弁別 II

15-6 図形構成

15-6-1 四角構成

[主題とする項目]

P 88	四角構成	例後	2/2	（通過年齢	2：118）
P 89	四角構成	例前	2/3	（通過年齢	3：98）

[実施手続]
例前を先に実施する。

P 89　例　前　2/3

四角構成用積木を提示し，三角板を指定された配置（図49 b, c, d の順）で提示し，三角積木を指差しながら，
「この2つを合わせ（くっつけ）て，ちょうどこれと同じにしてください（図49 a を指す）」と教示する。
　誤反応のときには，
「もう終りですか」
「それでよいのですか」と再教示して，
終了を確かめる。
「ちょうど同じになっていますか」などと再教示してはいけない。
最初の2課題に誤反応で有れば，P 88 の検査項目を施行する。

P 88　例　後　2/2

三角板を最初の配置（図49 b）に戻して，
「こうするのですよ」と教示しながら，
検査者が2枚の三角板を合わせて四角になるように例示して見せる。

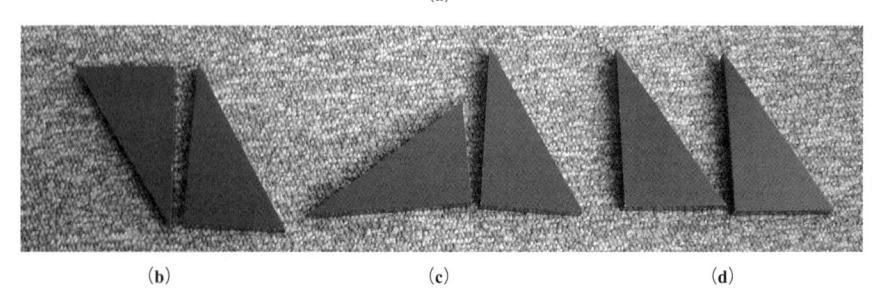

図49　四角構成

例後の検査を施行するために例示するときは，子どもの注意を促しながら丁寧に実施する。しかし，同じ形になったということを強調しようとして，四角積木の上に構成した2枚の積木を重ねて見せてはいけない。

［行動の判定基準］
例示後に残り2試行ともに正答であればP 88を通過とする。
例示しなくても3試行以内に2試行で正答したときP 89を通過とする。
"形"に関係する具体的な言葉を一切使用してはいけない。
正しく長方形が構成できれば，置かれた四角形の方向が手本と違っていても正答とする。
いろいろ試しているうちに正しい四角形を構成するがそこで止めずに，また形を崩してしまうときは誤答とする。この検査では，形の構成能力だけでなく注意の持続力も調べている。

15-6-2　模様構成
［主題とする項目］

P 90	模様構成Ⅰ　1/5	（通過年齢　4：26）
P 91	模様構成Ⅰ　2/5	（通過年齢　4：99）
P 92	模様構成Ⅰ　3/5	（通過年齢　5：28）
P 93	模様構成Ⅰ　4/5	（通過年齢　5：76）
P 94	模様構成Ⅱ　1/3	（通過年齢　6：52）
P 94 b	模様構成Ⅱ　2/3	（通過年齢　8：16）
P 94 c	模様構成Ⅱ　3/3	（通過年齢　9：87）

［実施手続］
模様構成用の積木を提示し，一つづつ子どもに各面を回して見せてから白い面を上にして，4個の積木を上の面で白い正方形ができるように並べる（図50-1-1）
模様図版Ⅰの図版1を提示して（図50-1-1の状況），
「この4つの積木を上手に並べて，上にこれと同じ模様が出るようにしてごらんなさい」と教示する。
図50-1-1のみは，誤反応のとき，
「こうやるのですよ」と再教示しながら，
検査者が4つの積木を一つづつ丁寧に動かしてゆっくり正しい模様を作成して見せる（図50-1-3の状況）。
図50-1-5，図50-1-6については，模様の方向が90°，または180°旋回した模様を作成したとき，
「これでよいですか。この絵のとおりですか」と再教示する。
手本となる模様図形の上に積木を重ねて模様を作成しようとするときは（図50-1-2），
「手本を見ながら，その隣に作るのですよ」と教示し，
手本と積木を所定の位置に戻して再試行させる。模様図版に重ねて作成することは認めない。
模様構成Ⅱでは，再教示は一切許されない。
制限時間は，各々の図版について1分とし，再教示後は，30秒とする。
制限時間を超えるときには，誤答として次の課題に移る。

[行動の判定基準]

制限時間内に正しく作成された図形の数で通過項目を決定する。

図2だけは，90°回転した図形も正答と認める（図50-1-4の状態）。それ以外は模様だけでなく，置かれている図形の方向も同じときのみ正答と数える。手本と同じ模様ができても気づかずに崩してしまうときは，正答と数えない。

検査では，注意の集中と図形の構成能力を調べている。模様構成Ⅰと模様構成Ⅱは，手本とする模様図形が異なるだけで，検査用具と教示は同一である。そのため，検査は連続して施行するが，検査項目の判定では，両者を独立した系列として扱う。

模様構成Ⅰ 4/5（P 93）の検査項目に通過しなくても，模様構成Ⅰの図4, 5で正答した子どもには，念のために模様構成Ⅱも実施してみるのが望ましい。模様構成Ⅱでは，図50-2-1, 2が誤反応の場合でも図50-2-3まで実施するのはいうまでもない。

この課題には制限時間が設けてある。子どもによっては制限時間になる前に「わからない」と止めてしまう場合がある。そのようなときには，もう少し考えるよう促し，できるだけ制限時間いっぱいまで見守るようにする。また，一生懸命に取組んでいる場合，制限時間を越えてもすぐ止めさせない方が，意欲を高めるうえで有効なことがある。しかし，待ちすぎて，練習試行になるのは望ましくない。状況に応じて適当（おおむね制限時間）に切り上げるようにするべきであるが，邪魔されたと感じさせないように次の課題に誘導する検査技術が期待される。

誤答の場合も，反応内容を検査用紙に記録しておくと参考になることがある。

図50-1-1　提示した状態　　　図50-1-2　図の上に積木を置いた不通過例

図50-1-3　図1　　　図50-1-4　図2

図50-1-5　図3　　　図50-1-6　図4

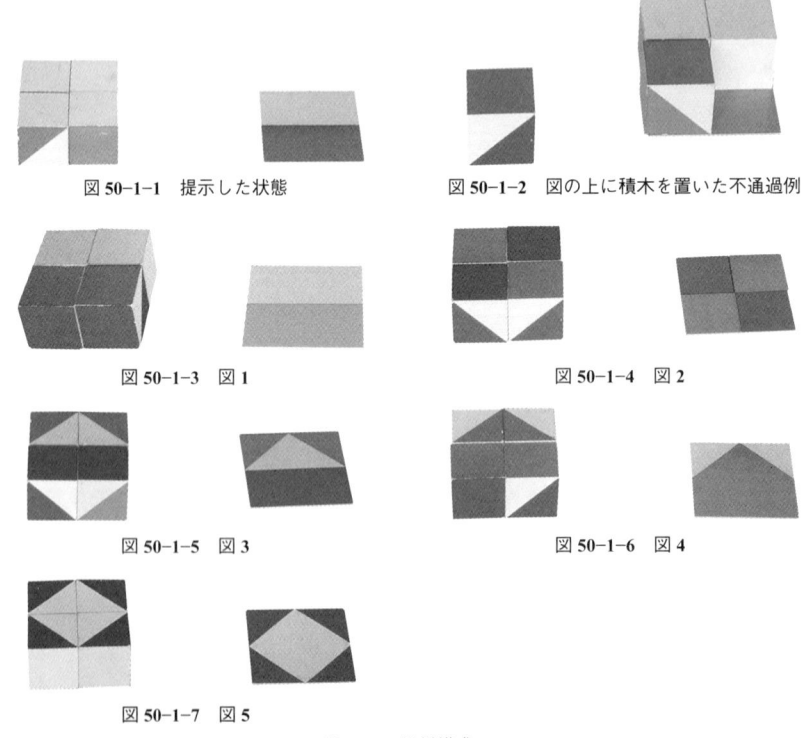

図50-1-7　図5

図50-1　模様構成Ⅰ

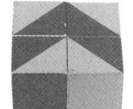

図 50-2-1　図 1　　　　　　図 50-2-2　図 2　　　　　　図 50-2-3　図 3
図 50-2　模様構成Ⅱの正答例

15-7　図形的推理

15-7-1　紙　切
［主題とする項目］

| P 125　紙切Ⅰ　3/3　　　　　　（通過年齢　11：58） |

［実施手続］
　この検査項目は帰納紙切（P 124）より前に施行する必要がある。
　B5判の紙を持って，
「私のすることをよく見ていなさい。まず，このように折って（2折），それから，このように折ります（4折）。そうして，ここに孔をあけます（図51(a)）」と教示し，切り口を指差す。
「この紙を開いたらどのように見えるか，それをこの紙に描きなさい。まず，紙の輪郭と折目を描いて，次に，切ってできた孔を描きなさい」と教示する。
　切取った紙片を子どもに見せてはいけない。切った紙は，そのまま開かないように机の上に押さえつけておき，子どもが手に取ったり，折り目を覗き込んだりしないように注意する。この課題では，開いた状態を頭の中で想像して描くことが要求されている。

［行動の判定基準］
　折目，孔の数，孔の位置がすべて正しく描かれたとき（図51(b)の状態），P 125を通過とする。検査では三角の孔を切るが，描かれた図では孔の形を問わない。

(a)　　　　　　　　　　　(b)　(a を開いたところ。被検者には見せない)
図 51　紙切Ⅰ

144　第Ⅳ部　検査項目への反応に見る子どもの発達：課題性による検査項目

［主題とする項目］

| P 126　紙切Ⅱ　4/4 | （通過年齢　13：31＊） |

［実施手続］

　紙切Ⅱ（P 126）を実施するとき，紙切Ⅰ（P 125）の正答を検査者が教えてはいけない。
　この検査項目は紙切Ⅰに引続き施行し，帰納紙切（P 124）より前に施行する必要がある。
　B 5判の紙を持って，
「私のすることをよく見ておきなさい。まず，このように紙を折ります（2折）。次に，このように折ります（初めの折目と平行に折る）。また，このように折ります（これまでの折目と直角に折る）。ここに，このように孔をあけます（図52(a)　三角の孔を切る）」
「この紙を拡げると，どのようになっているか，この紙に描きなさい。まず，紙の輪郭を描き，次に折目を描いて，最後に，どこにどんな孔があいているか正しく描きなさい」と教示する。
　折目，または，孔を描き忘れたら，
「どんな折目ができましたか」
「どんな孔があきましたか」と一度だけ再教示が許される。
　折った紙は開かないで机の上に置いておく。切取った紙片を子どもに見せてはいけない。折って，切った紙は，開かないように机の上に押さえておき，子どもが手に取ったり，折り目を覗き込んだりしないように注意する。この課題では，開いた状態を頭の中で想像して描くことが要求されている。

［行動の判定基準］

　折目，孔の数，孔の位置，孔の形のすべてを正しく描いたとき（図52(b)の状態），P 126を通過とする。

　　　　　　　(a)　　　　　　　　　　　　　　　(b)（aを開いたところ。被検者には見せない）
図52　紙切Ⅱ

［主題とする項目］

| P 124　帰納紙切 | （通過年齢　10：86） |

［実施手続］

　この検査項目は，必ず，紙切Ⅰ・Ⅱ（P 125・P 126）より後に実施しなければならない。なぜなら，紙切Ⅱの例示になるからである。一方，紙切Ⅰ，Ⅱ（P 125・126）の直後に施行するものよくない。

　B 5判の紙を出して，

「今から私がすることをよく見ていてください」と教示し，

紙を図53-1（a）のように折り，折目の中央を図53-1（a）のように切って孔をあける。

「この紙を開いたら孔がいくつできますか」と教示し，

回答のいかんにかかわらず，紙を開いて子どもの前に置いて見せる（図53-1（b））。

　次に，新しい紙を持って，

「このように折って真ん中を切って開くと孔が一つできました。今度は，もう一度このように折って（図53-2（a））切る（図53-2（b）は展開したもの）と孔はいくつできるでしょう」と教示する。

　回答のいかんにかかわらず紙を開いて子どもの前に置いて見せる（図53-2（b））。

　次に，また新しい紙を持って，

「このように折ったら孔が一つできました。もう一度折ったら孔が二つできました。さあ，もう一度折って切ったら，今度は孔はいくつできるでしょう」と教示する（図53-3（a））。

　また，紙を開いて子どもの前に置いて見せる（図53-3（b））。

　以下，紙を新しくするたびに，一つづつ折りを加えて，第4，第5，第6番目の紙切に進む（図53-4（a），（b），（c））。開いたところが図53-5，図53-6，図53-7。

　紙を折ったら切る前に孔の数をたずねて回答が正しいときにはその理由もたずねる。

［行動の判定基準］

　孔が増えていく法則を発見していたら P 124 を通過とする。

　通過した後の材料を施行する必要はない。

(a)　　　　　　　　　　　　　　　　　(b)（a を開いたところ）

図53-1　帰納紙切

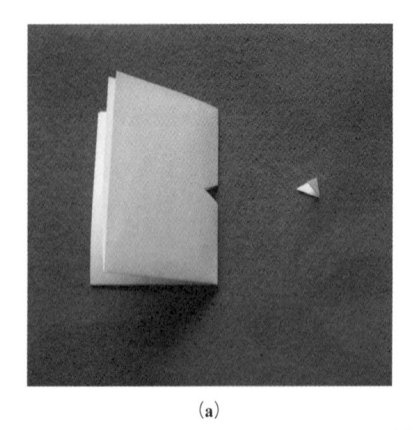

146 第IV部 検査項目への反応に見る子どもの発達：課題性による検査項目

(a) (b)

図 53-2 第 2 の紙切

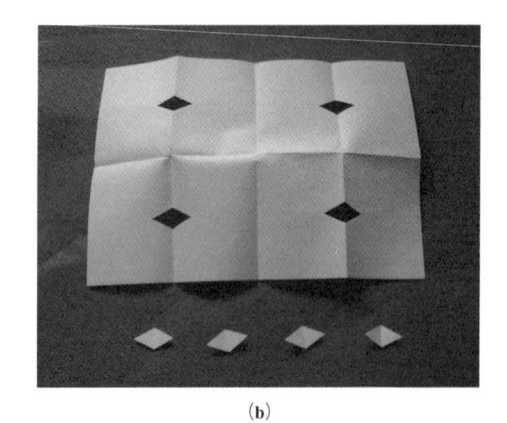

(a) (b)

図 53-3 第 3 の紙切

(a) (b) (c)

図 53-4 第 4，第 5，第 6 の紙切

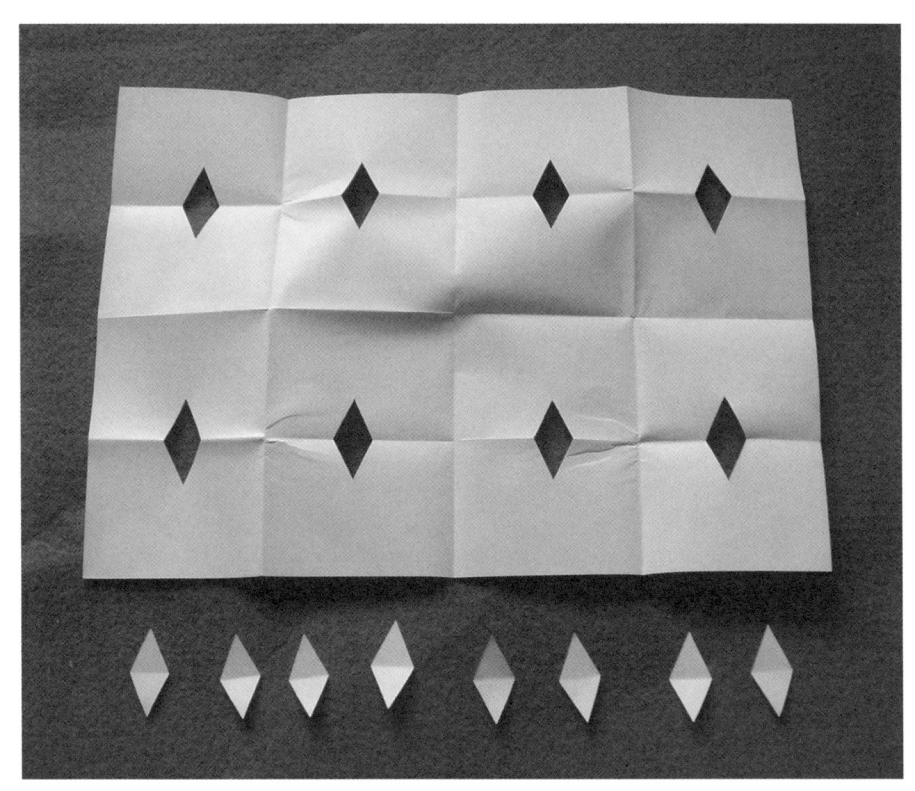

図 53-5　第 4 の紙切を開いて見せたところ

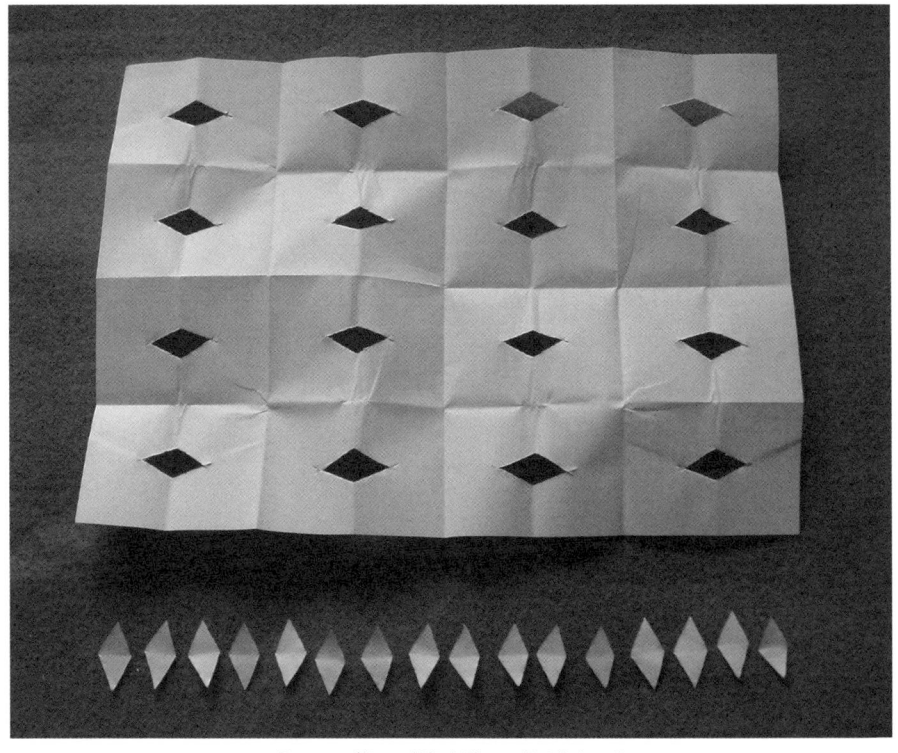

図 53-6　第 5 の紙切を開いて見せたところ

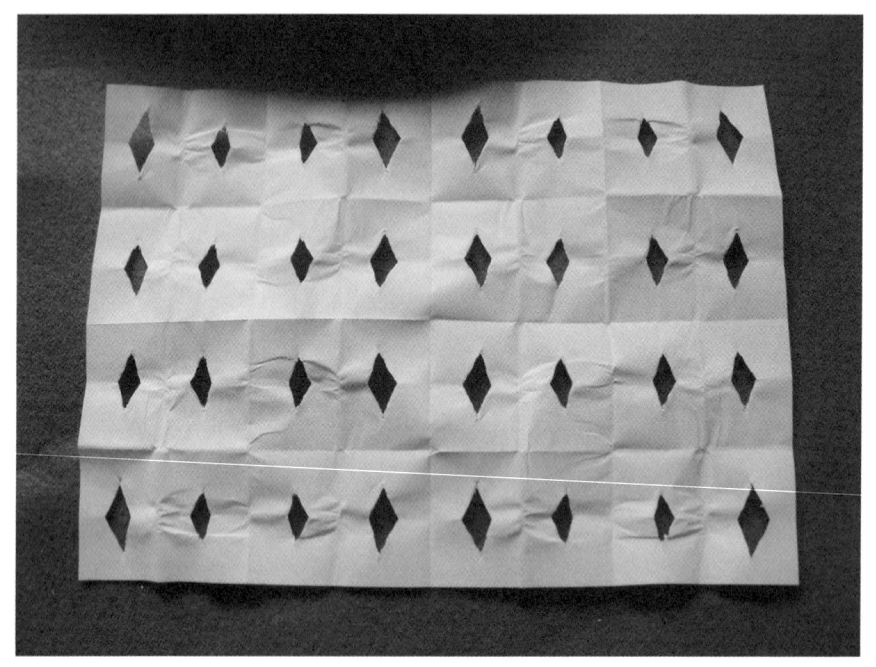

図 53-7 第 6 の紙切を開いたところ（被検者には見せない）

　検査は，紙を折って切り，1回ごとに切ってできた孔の数を子どもに正しく教えていくが，折った回数を具体的に指摘してはいけない。「このように折ったら」「また，一つ折ったら」のように教示していることに注意して欲しい。
　孔の数は正しく答えるが，孔が増えていく法則を発見できないときは不通過とする。途中の孔の数は間違って答えるが，法則は正しく答えるときは通過とする。
　帰納紙切等の検査課題が，子どもの知的好奇心を触発することもある。課題に対する子どもの態度や思考の道筋を知ることから，子どもの知的機能が推測される。子どもの回答を記録して判定するだけでなく，子どもの思考内容にも注意を払いたい。

15-7-2　三角形置換
［主題とする項目］

P 127　三角形置換　　　　　　　　（通過年齢　計算不能）

［実施手続］
　検査用具（図 54-1）を提示し，
　「ここに 2 枚の板があります。下の板（三角形 ABC）をよく見てごらんなさい。今，この下の板をひっくり返したと考えてごらんなさい」と教示して三角形 ABC を指差す。
　「そのとき，この筋（辺 AC を指差す）が，この線（辺 ab を指差す）にくっつくように，そして，この角（角 C を指差す）がここに来て（角 b を指差す），この線（辺 ab を指差す）にくっつくようにひっくり返したと考えてごらんなさい。そうしたら，2 枚の板はどのような形に見えると思いますか。今，私が下の板だけ取除きます」と教示して，
　三角板 ABC を取除く。
　「今，言ったようにひっくり返したと思って，その形をできるだけ正確に描いてください。この

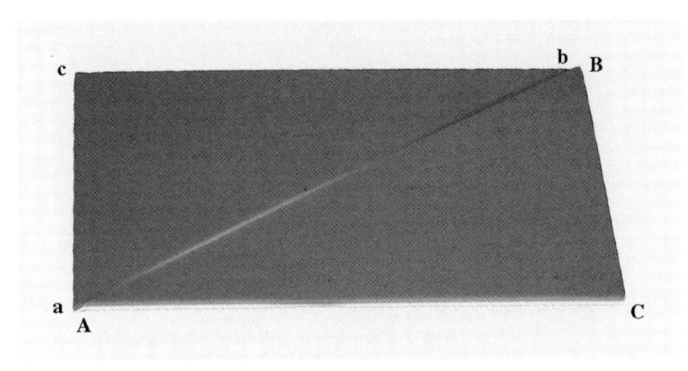

図 54−1

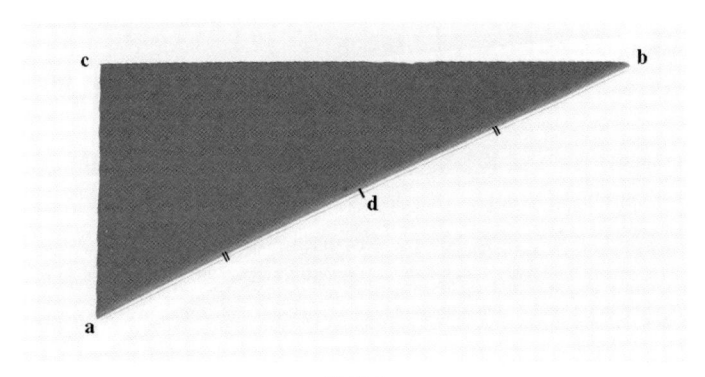

図 54−2

図 54　三角形置換

板の形を先に描きなさい」と教示して，△abc を指差し，紙に正しく描かせる。

　教示の中で，三角形とか直角三角形など"形を表す言葉"を使ってはいけない。検査の教示は，2枚の三角板を合わせて長方形になった状態から始める。

　描画は，検査内容の教示が終了してから，被検者である子どもに近い方の三角板（三角形ABC）を取り除き，その三角板を子どもから見えないように隠してから始める。

[行動の判定基準]

　下記の条件に適合した△ABC を描いたとき，P 127 を通過とする

　通過基準は：1　∠A が△abc の辺 ab 上で ab の中点 d より a 寄りに位置すること，

　　　　　　　2　∠C が∠b に接し直角であること，

　　　　　　　3　辺 AB が辺 cb と平行であること，

と定めている。

第16章 言語の検査

　言語・社会（Language-Social）領域の検査項目とは，項目記号を V で示した検査項目である。1歳を過ぎた子どもを対象として，この領域の検査項目はすべて言語を媒介として検査者と子どもが情報を交換するのであり，広い意味で言語領域とよんでもさしつかえない。K 式検査では，子どもが机の前に坐った状態で検査するので一括して机上の検査に分類しているが，課題図版を使用する検査項目を除き，言語教示だけで施行する検査項目では，机が必須でないのは当然である。検査では，言語反応が得意な子どもと，動作反応が得意な子どもがいることに注意して検査の流れを組立てるとよい。

　言語・社会領域に分類されている検査項目にも内容を詳しく調べると，狭い意味では必ずしも言語機能に分類しがたい検査問題がある。例を挙げると，数の理解と使用に関する算数的理解から数学的理解へと連続していくような領域である。数学的世界は独立した一つの言語世界を形成していると考えることができるが，内容的には図形・空間理解と深く関連している世界でもある。

　以下の章では，狭義の言語領域，数概念の領域，言語的・数・空間的記憶，自己と人間概念の理解に分けて説明する。この章では，言語・社会領域から狭義の言語機能を調べる検査項目を抽出して説明する。0歳児の検査で，喃語（M 24）や，「バイバイ」（M 12），「メンメ」（M 14），「チョウダイ」（M 16），（M 17）の理解など初期言語について調べる検査項目については，すでに説明した（pp. 53〜54 参照）。

16-1　指　示　機　能

［主題とする項目］

V 30　指差し行動　　　　　　　（通過年齢　1：02）

［実施手続］

　指差し行動（V 30）の観察は，特別に検査場面を設定していない。検査期間中の適当なときに，検査者や保護者に伝達する目的をもった指差しをすれば検査項目に通過とする。自発的指差し，質問に対する応答として生じた指差し，いずれでも通過とする。応答として生じた指差しでは，指差した対象が適切でなくても通過としてよい。

［行動の判定基準］

　検査期間中に一度でも指差しが生じたら V 30 を通過とする。このように指差しの判定基準を設定しているのは，1歳頃の子どもでは，指差しの出現が不安定であり，そのうえ，この時期は検査者に対して不安をもっている場合も多く，検査者との関係性からは指差しが生じにくいためである。

　この検査項目について，小山（2001）は実例集の中で次のように説明している。

　『1歳を超える検査項目の中で，最初に調べられる言語検査項目として指差しがある。近年指差

しについては，多くの研究が存在している。判定するときに問題となるのは，物への手伸ばし（reaching），手差し，ポーキング（poking），フィンガーリング（fingering）などとの区別である。障害のある子どもの場合，人差し指以外の指で指差すこともある。また，ある特定の対象を指差してはいるが，そばにいる他者に伝達しようとする意図がみられない指差しを非伝達的指差しとよび，発達的に意味があり，ポーキングと区別する必要があることがわかっている。手差しについては，指差しが獲得されている子どもでも対象への興味，要求の度合いによって，手全体で指し示す手差しになる場合があるので注意を要する（小山，1989, 1994）』。

未熟児新生児などでは，人差し指の運動が他の指から独立し，ちょうど指差しをしているような手の形状を作ることが観察される。これは，定位反射の一つと考えられ，後に生じる指差し行動との関連性については今後の研究を待たねばならない。

16-2 語　彙

K式検査に含まれている語彙の検査項目をまとめて説明する。内容的には，1歳児による一語文の語彙検査に始まり，名詞列挙（V 46）や60語列挙（V 46 b）のように，語の流暢性を調べる高度な検査項目まで広く配列されている。

［主題とする項目］

V 45　語彙　3語	（通過年齢　1：33）

［実施手続］

　この検査項目は，K式検査の中で唯一聴取を認めている検査項目である。該当年齢の子どもでは，検査場面でなかなか自発的な発語が得られないためである。母親（または主たる養育者）による聴取によって，子どもの語彙を具体的に推測するのであるが，「いくつくらい単語がしゃべれますか」と語彙数をたずねてはいけない。あくまでも，「このお子さんは今どのような言葉を使っていますか」と教示して，使用することができる単語を具体的にたずねるべきである。その単語の意味も同時にたずね，何語獲得しているかは，検査者が主体的に判定する。

［行動の判定基準］

　母親（主たる養育者）が具体的に挙げた単語を検査者が判定して，単語と認められる語が3語以上あるとき V 45 を通過とする。

　この検査項目について，小山（2001）は実例集の中で次のように説明している。

『語彙3語（V 45）の判定基準は，具体的なものと対応して自発的に使用される単語が3個以上あることとなっている。子どもの持っている語彙が，検査中に観察できればよいが，できないときには，養育者，あるいは，保育者などに聴取する（単語をいくつ言えるかをたずねるのでなく，使用している単語を具体的にたずねて記録すること）。新K式検査の中で，この検査項目だけは聴取によって，有意味語が3語以上あれば通過とする。

　有意味語は，語音が2音節以上で，意味している内容が明らかである必要がある。1音節であっても，意味が明確であれば語としてカウントしてもよい（例，リンゴの"ゴ"）。自立語のみを語とし，付属語は語としない。

　以下に判定基準をまとめておく。

①接辞の付いた語も付かない語も同一のものとして扱う。

②「モッテクル」のような補助動詞が付く場合も1語と数える。
③名詞＋スルは2語と数える。動詞＋ナイは1語とする。
④自立語である形容詞のナイ（非存在を表す）は1語とする。
⑤同じ語の繰り返しは1語とする（例，「マンマ，マンマ」）。
⑥オウム返しは語と数えない。
⑦テレビ，本，歌の題，コマーシャルのようなフレーズ，決まり文句は1語と数える。
⑧数詞は，数唱の場合は全体で1語とする。また「モウヒトツ」「モウイッカイ」なども1語と

表2　健常児の語彙3語のサンプル（村井，1988）

11ヶ月		12ヶ月		14ヶ月		16ヶ月		18ヶ月	
マンマ	14	マンマ	31	マンマ	39	マンマ	26	マンマ	11
ブーン	6	ワンワン	12	ワンワン	19	ワンワン	19	ワンワン	6
ネンネ	5	ブーブー	10	ブーブ	16	ブーブー	14	ブーブー	6
ワンワン	4	アーチャン	8	ネンネ	8	ニャンニャン	9	アーチャン，チャーチャン	6
ポッポ	2	パパ	4	アーチャン，チャーチャン	6	アーチャン，チャーチャン	8	クック	5
パパ	2	ニャンニャン	4	コレ	6	ハイ	7	コレ	4
バイバイ	2	ネンネ	4	パパ	5	クック	6	バーチャン	3
		バイバイ	3	ニャンニャン	5	ネンネ	6	ジーチャン	3
		イヤ	2	ナイナイ	4	パパ	5	アッチ	3
				バイバイ	3	コレ	4	ニャンニャン	2
				ハイ	3	バイバイ	3	カチャ（かさ）	2
				クック	3	ジュース	3	トット，トト	2
				バーチャン	2	ヨイショ	3	ハイ	2
				ママ	2	オーイ	2	オイチイ	2
				ポッポ（はと）	2	ナイナイ	2	アカン	2
						アッチ	2	アレ	2
						メメ	2	ネンネ	2
						イター	2	イヤ	2
						ドーゾ	2		

＊表中の数値は人数を示す

表3　知的障害のある子どもの語彙3語の内容（小山，1994）

分類	語彙	頻度	分類	語彙	頻度	分類	語彙	頻度
人物	バーバ，バ	6	動物	ワンワン	11	家庭用具	デンワ	1
	ママ	2		ニャー，ニャオー	2	動作語	イコウ，コウ	2
	パパ	3		ニャンニャン	1		アッタ	1
	アーチャン	3		チッチ	1		アケテ	1
	オトーチャン・トーチャン	3	乗物	ブーブー	9		オチタ	1
	ジーチャン	2		バス，バ	3	擬音・擬態	ジャー	2
	ジ	1		デンデン	2		ビー	1
	バーバン	1		デンシャ	1	修飾語	アチチ	2
	チャーチャン	1		ポッポ	2		オイシ	1
指示・疑問	アッチ	4		トラック	1		ホシイ	1
	コレ	1		パトカー	1		イタイ	1
	ココ	1	身体衛生	アシ	1	動作・行動	ネンネ	5
挨拶・かけ声	ハイ	5		シッコ	1		ダ（ダッコ）	1
	バイバイ，バーバイ	3		シー	1		ナイナイ	1
	ヨイショ	3	食物	マンマ	16		ナイ	1
	イヤ，イヤイヤ	2		ジュース，ジュ	2		ポン	1
	バンザイ	1		ニューニュー	2		ポイ	1
	バー	1		バナナ	1	場所	チャイチャイ	1
	オーイ	1		ハム	1	服装	パンパ（パンパース）	1
	オカエリ	1		パン	1		クチュ	1

する。
⑨幼児語と成人語は指示内容が同一であれば1語と数える（例，「ブーブー」と「クルマ」）。
⑩泣き声，笑い声は語としないが，擬音語，擬態語は事物，行動などを表示している場合は語とする。

　語彙3語（V 45）は，自発語が少なくとも3語あることを必要とするが，これは3語あれば，その子どもは表出言語を獲得していると考えてよいということである。特に養育者などから聴取するとき，1語や2語では，言語を獲得しているといえるかどうか，不確かなので3語必要ということにしている。子どもの言語能力を調べるとき，語彙数だけでなく，語彙の内容を調べることは，言語獲得のタイプや意味世界の広がりをみていくうえにおいても重要である。表3は，小山（1994）が知的障害のある子ども30名を対象に，語彙3語を獲得したときの内容を，村井（1970）の語の機能分類にしたがって分類したものである。知的障害のある子どもにおいても言語を獲得する初期の語彙の内容は，健常児のそれと大きな違いはなく，「マンマ」，「ブーブー」，「ワンワン」が多くなっている。また，挨拶，かけ声，動作語も比較的よく出現する。表3は語彙3語（V 45）を判定するにも参考になるであろう』。

[主題とする項目]

| V 46　名詞列挙　　　　　　　　（通過年齢　8：20＊） |

課題の保持能力と連想の強度を調べる。

[実施手続]

「これから私が言う物の名前を，できるだけたくさん，そうしてできるだけ速く言ってください」
「私が"始め"と言ったら，あなたはすぐ言い始めるのです」と二重に教示してから，
（1）「鳥の名前を言いなさい」「始め」と教示する。
　　　30秒間に答える反応をすべて記録し，30秒たったら，
　　　「はい，よろしい」と教示して，
　　　検査手続を終了する。
以下，同じ手続で材料（2），（3）を順に施行する。

表4　"名詞列挙"の反応例

小問題	正　答　例	注　意　点	誤　答　例
鳥	つる，すずめ，白鳥，カラス，ハト，にわとり，ひよこ，レグホン，ケンカドリ，等	オンドリ，メンドリ，オヤドリ等（「…ドリ」を重ねるのは重複とし全体で1個と数える）。	ことり，ピーコ（飼っている鳥につけた名前），あおいとり
果物	りんご，みかん，夏みかん，オレンジ，ハッサク，レモン，ナシ，ビワ，モモ，イチジク，くり，かき，パイナップル，ぶどう，等	まくわ（うり），メロン，トマト，イチゴ等は本来は野菜だが果物のように食べられる習慣があるので正答とする。	うり，なすび，きゅうり等の野菜 干柿等の加工物
けもの・動物	うし，うま，しか，バンビ，オットセイ，くじら，ラッコ，イルカ等（人間以外の哺乳類）		とんぼ等の昆虫類 爬虫類 ゴジラ等の架空動物

材　料
　(1)「鳥」　　(2)「果物」　　(3)「けもの，動物」

[行動の判定基準]
　下記の条件を満たしたとき，V 46 を通過とする。
　通過と認めるための判定基準は，以下のとおりである。
　　1　3つの課題にそれぞれ5個以上の正答がある。
　　2　いずれかの課題で正答が5個に足りないときには，3課題合計で18個以上の正答がある。
　子どもの回答は，「鳥」，「果物」，「けもの・動物」について，それぞれに属する固有名詞を答えたときに正答と数える。普通名詞は正答とは数えない。鳥を例にすると，普通名詞としての山鳥や水鳥は正答とは数えない。山鳥は固有名詞としてのヤマドリがいることに注意が必要である。カラスやワシ，アヒルなど固有名詞を正答と数える。また空想上の動物や架空のものは正答とは数えない。表4に正答と誤答の例を挙げ，注意すべき点を簡単に説明する。

[主題とする項目]

V 46 b　　60語列挙　　　　　　　　　（通過年齢　11：46）

[実施手続]
　「今から，3分間にできるだけ違ったたくさんの言葉を，できるだけ速く言ってもらいます。同じ言葉を二度使ってはいけません。言葉は"椅子""雲""悲しい"など，どんな言葉でもよろしい。分かりましたね」と教示し，
　「用意，始め」と回答を求める。
　15秒以上沈黙したら，
　「できるだけ速く言いなさい。どんな言葉でもよろしい」と教示を加える。
　指定された教示以外は何も加えてはいけない。
　お話や文章を答えたり，数字を数えたりしたときには，
　「文章（数字）はいけません。別々の言葉を言ってください」と注意する。

[行動の判定基準]
　3分以内に異なる語を60語以上列挙できたとき，V 46 b を通過とする。
　検査者は，重複した語を数えないように注意が必要である。
　この検査項目について，西尾（2001）は実例集の中で次のように説明している。
　『この検査項目は，子どもの語彙を調べる課題である。教示でいう"ことば"は単語を意味している。それゆえ，子どもが答える"ことば"は名詞だけではなく，動詞や形容詞，形容動詞でもよい。ほかのことばと結合して用いられる"れる""られる"といった助動詞や"の"，"に"などの助詞は正答とは数えない。答えた数は30秒ごとに"正""////"などの記号で記録していくとよい。3分以内に60語を超えれば，その時点で通過としてこの検査を打ちきる。文章や数列，人名を列挙するときは「別々のことばを言ってください」と注意する。文章，数列，人名の列挙などは，まとめて1つと数える。重複したことばは数えない。この課題は自由連想のような課題であり，どのような分野の単語が出てくるか，その内容やテンポが，その子の関心や性格的特徴を知るための参考になることがある。課題の性質上，名詞列挙と続けて実施しないように注意する』。

16-3 物の名称

　これらは，改訂作業のたびに絵を描き直す必要がある検査項目である。絵を描き直すだけではなく，描く対象物を変更する必要も生じる。社会状況の変化により，子ども達が見慣れている物が変化しているからである。

［主題とする項目］

V 31　絵指示　4/6　　　　　（通過年齢　1：67）

［実施手続］

　絵指示図版（図55，B4判）を提示して，
「この絵をよく見てごらんなさい」
「犬は，どれですか」と教示する。
　以下，下線部を，材料（2）～（6）の順に変えて教示する。
　犬が指示できないときには，幼児語で，
「ワンワンは，どれですか」と教示してみる。
　材料（2）～（6）はすべて幼児語におきかえて質問してもかまわない。
　この検査では，描かれたものを理解し，単語と連合して正しい絵を指差しによって検査者に伝える行為を調べようとしている。

材　料

　　（1）犬　　（2）自動車　　（3）人形　　（4）茶碗　　（5）鋏　　（6）魚

図55　絵指示図版（実物は B4判）

［行動の判定基準］

　図版に描かれた材料の中から4個以上を正しく指差しによって検査者に教えたとき V 31を通過とする。
　この検査項目では，途中で検査項目に通過となっても，6個の材料すべてを調べておく方がよい。

この検査項目について，小山（2001）は実例集の中で次のように説明している。

『身体各部指示（V27）と同様に質問への応答を目的とした指差しの指示機能，絵指示図版に描かれている6つの物の名前の理解（幼児語でもよい）の発達を調べている項目である。他者のことばを聞いたときの表象の形成，初期の概念化の発達が調べられる。

この項目の判定基準は，

①絵指示図版に描かれている6つの絵のうち4つ以上を正しく指差して答えればよい。正しく応答できていれば，手差し，ポーキング，問われている絵を叩く，手で押さえる，なぞるなど差し示す方法は問わない。

②子どもが自発的に命名していった場合も正答とするが，応答の指差しができるかどうかは，再質問して確かめておくことが望ましい。

③玩具や実物（ミニカーや本当のはさみ）を探して指差すときは，再質問する。絵指示図版の中の絵が指示できないときには不通過とする。他の絵本を持ってきて指示しても通過としない。

④問われた絵をじっと見るなど視線で示す（eye pointing）ときは再質問し，手などの動作で指し示さないときは不通過とする』。

［主題とする項目］

V32	絵の名称Ⅰ	3/6	（通過年齢　1：108）
V33	絵の名称Ⅰ	5/6	（通過年齢　2：10）
V34	絵の名称Ⅱ	3/6	（通過年齢　2：23）
V35	絵の名称Ⅱ	5/6	（通過年齢　2：80）

［実施手続］

絵の名称図版（図56・図57，B7判）を1枚づつ提示し，
「これは，何ですか」と教示する。
以下，番号順に材料を変えて同じ手続で教示する。

材　料

絵の名称Ⅰ（V32・V33）（図56）
　（1）傘　　（2）花　　（3）魚　　（4）靴　　（5）服　　（6）鋏

絵の名称Ⅱ（V34・V35）（図57）
　（1）電話　　（2）自転車　　（3）鉛筆　　（4）時計　　（5）椅子　　（6）ボール

［行動の判定基準］

6個の材料中3個以上に正答であればV32またはV34を通過とする。
6個の材料中5個以上に正答であればV33またはV35も通過とする。
途中で検査項目に通過となっても，6個の材料すべてに検査を施行しておく方がよい。
この検査項目について，小山（2001）は実例集の中で次のように説明している。

『絵の名称Ⅰ，Ⅱ（V32～35）は，ともに6枚の絵カードに対する命名能力，構音（調音）能力を調べている。判定基準は，絵の名称Ⅰ（V34）では幼児語を認め，絵の名称Ⅱ（V35）では成人語での命名としている。小山が，ある乳児に，絵の名称図版を提示して，その命名態度の縦断的変化を調べた結果では，2歳0か月から絵の名称Ⅰに対する命名がみられはじめ，それ以前には絵指示図版（V31）の車や魚を命名することがあった。絵の名称図版では，「クック」（靴），「アナ」

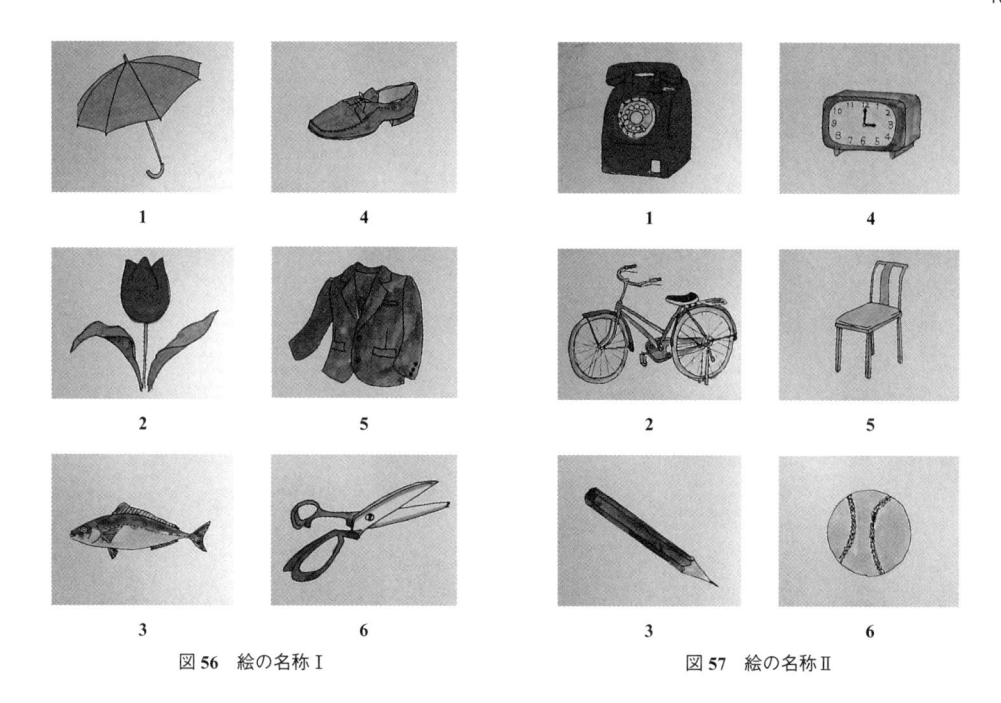

図 56　絵の名称 I　　　　　　　　　図 57　絵の名称 II

（花）が最初であった。絵の名称 I, II の 6 枚の図版全部が命名できるまでのプロセスでは，V 34（3/6）が V 33（5/6）に先行することもみられた。

　絵の図版に対する反応として，図版を指差す，図版を指差し無意味な発声をする，図版と実物との照合を試みる，単音で命名する（語の音を置換したり，省略する），身振りで示す（電話図版を見て，受話機を耳にあてるふりを手でするなど），幼児語や動作語で命名する（鋏の図版に対して「チョキチョキ」など），正確な成人語を言うなどの段階がみられる。これらの順序性については，個々の子どものタイプ，障害の有無などによって異なり，その点については今後の検討課題である』。

　判定基準としては以下のようにまとめられる。
　①絵の名称 I（V 34）については，幼児語，動作語を認める。
　②絵の名称 II（V 35）については，成人語であること。
　③単音による命名は，養育者にたずね，日常生活でその時期にその対象を同定しているものとして一貫して使用されている場合は絵の名称 I の場合，正答と認める。
　　例　魚：「ナ」
　④構音上の置換，省略，歪みは認める。
　⑤身振り動作による表現は認めない。ただし，命名に身振り動作が伴ってもよい。
　⑥方言は認める。
　⑦絵の一部の名前を言う（たとえば，花の葉を「ハッパ」）場合は誤答とする。
　⑧図版に描かれている絵が命名されることが前提であり，服を「オトウサン」，鉛筆を「ボールペン」，自転車を「サンリンシャ」という場合は誤答とするが，再質問してみること。

反応例
　　魚：正答「キントト」「キンギョ」「コイノボリ」
　　　　誤答「タイ」
　　花：誤答「キク」などチューリップ以外の花の名前を答えた場合。

［主題とする項目］

| V 40 | 色の名称 | 3/4 | （通過年齢　3：53） |
| V 41 | 色の名称 | 4/4 | （通過年齢　4：03） |

［実施手続］

色名図版（B 6 版）を（1）赤色が弱手（利手の反対）側になるように提示し，
「この色の名前は，なんと言いますか」
「これは，何色ですか」と二重に教示する。
以下，（2）黄色，（3）青色，（4）緑色の順に教示を繰り返す。
色名を答えず，
「日の丸の色です」
「この鉛筆の色です」等と答えるときには，
「そうですね。けれども，この色は何という色ですか。色の名前を言ってください」と再教示する。
「葉っぱ色」「お茶色」などの返答には，
「ほかの名前は，なんと言いますか」と再教示する。

［行動の判定基準］

4色の中から3色に正しく命名できればV 40 を通過とする。
4色すべてに正しく命名したときV 40 とV 41 を通過とする。
構音上の置換，歪み，省略など言語的問題があっても通過と認める。養育者からの聴取では通過と認めない。正答例と再教示すべき回答例を表5に示す。再教示しても同じ答えを繰り返せば誤答とする。

表5　色の名称，正答，誤答，再質問

刺激	正答	誤答	再質問
赤	あか，レッド，あかいろ，こいあか	だいだい，ピンク，いろ	はっぱいろ ちゃいろ
黄	きいろ，イエロー，き	ちゃいろ	しんごうのいろ，はっぱいろ
青	あお，あおいろ，みずいろ，そらいろ，ブルー	みず，そら，みどり	みずのいろ，しんごうのいろ
緑	みどり，くさいろ，みどりいろ，グリーン	きあお，あお	しんごうのいろ，はっぱいろ，やまのいろ

［主題とする項目］

| V 39 | 硬貨の名称 | 3/4 | （通過年齢　4：96） |

［実施手続］

子どもに向って左から，十円，百円，五十円，一円の順に硬貨を4枚，5 cm 間隔で一列に並べて提示する。

十円玉を指差して，
「このお金の名前を言ってごらんなさい」と教示する。
以下同じ手続で，左から順に質問する。
反応がないとき，
「これは，いくらのお金ですか」と再教示する。
色の名称（V 40, 41）と同じく，学習知識的な能力に加えて社会性の発達をみる一つの指標でもある。硬貨の提示方法は，表裏いずれを上にしてもかまわない。

［行動の判定基準］
4種の硬貨から3種以上を正しく命名すれば通過とする。
構音上の置換，省略，歪みなど言語的問題があっても通過と認める。検査用具にある硬貨を置く台紙の上に硬貨を置いたまま提示しないように注意する必要がある。
「オカネ」と答えたり，硬貨の数字のみを「ジュウ」「ヒャク」「ゴジュウ」などと答えるのは誤答とする。数字の面が裏を向いている場合に子どもが硬貨を手に持って調べ，数字を読んで答えた場合も正答とする。「ヒャクエン」を「イチヒャクエン」と答えるのも正答とする。子どもが自発的にする限り，硬貨を手に持ったり裏返すのを妨げない。

［主題とする項目］

| V 42 | 日時 | 3/4 | （通過年齢　6：53） |
| V 43 | 日時 | 4/4 | （通過年齢　7：118） |

［実施手続］
（1）「今日は，何曜日ですか」と教示する。
以下，順番に材料（2），（3），（4）の教示に移る。

材　料
（2）「この月は，何月ですか」
　　「今は，何月ですか」と二重に教示する。
（3）「今日は，何日ですか」と教示する。
（4）「今年は，何年ですか」
　　「今年は，平成何年ですか」と二重に教示する。
教示の意味を取り違えて，曜日に日を答えたり，日に曜日，年に学年などを答えたときには，それぞれ，一度再教示する。
年についての質問は，元号を中心に質問していたが，元号の変更により，西暦を中心に質問するように変更された。そこで「今年は，何年ですか」「今年は，平成何年ですか」の順で教示することにした。

［行動の判定基準］
4個の材料中3個以上が正答であればV 42を通過とする。
4個の材料すべてに正答であればV 43も通過とする。
正答基準は，
　①曜日と月は正確な曜日または正確な月のみを正答とする。
　②日は，検査日の前後3日づつ，計7日の範囲を正答とする。

検査日が15日の場合は，12. 13. 14. 15（検査日）. 16. 17. 18 の7日間のいずれでも正答とする。

③年については，西暦の年数でも元号の年数でも正答とする。西暦，元号を知っている必要はないが，西暦の下一桁や，下二桁のみを答えるときには，再質問して，西暦であることを答えたときのみ正答とする。

「○年生」と学年を答えるときには，注意が必要である。その場合は「学年ではなく，今年は何年ですか」と再教示する。

「○月○日○曜日」と続けて言うのは正答とせず，一つづつ独立してたずねてみる。幼稚園や学校などでは，毎日一括してその日のことを復唱させたり，黒板に年・月・日・曜日などが書かれていることがあるので十分に注意する必要がある。

16-4　言 語 表 現

16-4-1　了解問題
［主題とする項目］

V 48	了解Ⅰ	2/3	（通過年齢　3：13）
V 49	了解Ⅱ	2/3	（通過年齢　4：09）
V 50	了解Ⅲ	2/3	（通過年齢　5：42）

［実施手続］

V 48　了解Ⅰ　2/3

「これから私が言うことをよく聞いておいて，あなたのしようと思うとおりに答えなさい」と教示してから，

(1)「お腹の空いたときには，どうしますか」と教示する。

以下，続いて材料(2)，(3)の順に教示する。

材　料

(2)「眠たいときには，どうしますか」

(3)「寒いときには，どうしますか」

判定不能のときは，

「もっと他に，言い方はありませんか」と教示する。

疑問の答のときは内容を詳しくたずねてから判定する。

V 49　了解Ⅱ　2/3

「これから私が一つ問題を出しますから，よく聞いておいて，答えてください」と教示してから，

(1)「もしもあなたが，学校（＊幼稚園，保育園）へ出かけるときに雨が降っていたら，あなたはどうしたらよいでしょうか」と教示する。

　　（＊）内は，子どもの所属に合わせて変更する。

　以下材料(2)，(3)の順に質問する。

材　料

(2)「もしも，あなたの家が，火事で燃えているのをあなたが見つけたら，あなたはどうしたらよいでしょうか」

(3)「もしも，あなたが，どこかへ行こうとして，バスに乗り遅れたら，あなたはどうしたらよいでしょうか」

疑問の回答は，内容を詳しくたずねてから判定する。

材料（1）では，道の途中でなく家を出る前に雨が降り出したことを再教示する。

再質問が正答の誘導とならないように注意するのは，了解Ⅰと同様である。

V 50　了解Ⅲ　2/3

「これから私が一つ問題を出しますから，よく聞いておいて答えてください」と教示してから，

(1)「もしも，あなたが何か友達のものを壊したときには，あなたはどうしたらよいと思いますか」と教示する。

以下材料（2），（3）の順に教示する。

材　料

(2)「もしも，あなたが学校へ行く途中で，遅刻するかもしれないと気がついたときには，あなたはどうしたらよいと思いますか」

(3)「もしも，あなたのお友達が，うっかりして，あなたの足をふんだときには，あなたはどうしたらよいと思いますか」

無反応のとき，質問を3回繰り返す。

疑問の回答については，回答の内容を詳しくたずねてから判定する。

材料（2）では，途中で遅れそうになったことに気がついたことを再教示する。

[行動の判定基準]

3試行中2試行が正答であればV 48, V 49, V 50を通過とする。

材料（1），（2）ともに正答のときには検査項目に通過となり材料（3）を施行しない。

新K式検査の言語検査問題は，子どもの反応を，ことばの（1）内容と（2）形式に分けて採点している。了解Ⅰ，Ⅱ，Ⅲは，通過年齢からも推察できるように，ただ単に課題内容の日常性が異なり回答が容易なのではない。了解Ⅰでは，「どうしますか」と，日常的にその子どもが行う行為を答えるように教示しているのに対して，了解Ⅱでは，「どうしたらよいでしょうか」と，現実場面を想起しながら，その場面を解決するべき方法を答えるように教示している。了解Ⅲでは，「どうしたらよいと思いますか」と，想定した場面について取るべき望ましい解決方法をたずねている。社会的価値観を調べる検査項目と考えられる。

正答基準は，解決方法を正しく述べていることとしている。

了解Ⅰの解決方法には，

　①根本的解決と

　②一時的解決があり，

一時的解決を答えるときには，その解決方法が一時的解決方法であることを知っているとき正答とする。

それゆえ，正答とする内容と形式について，適切さの基準は検査項目によって異なる。以下，採点の基準を項目に分けて説明し，具体的な解答例を正答・誤答・再質問の必要な答えに分けて表6に示した。

了解Ⅰ　2/3　V 48

この検査項目は3歳児を検査対象年齢と想定しているから，名詞一語による答えも内容が正しければ正答と認める。少なくても，3歳児にとって日本語の習慣として，一語文も文章と認められる

からである。解答の内容は，①質問された事態を根本的に解決する方法でなければならない。②一時しのぎの解決方法は，再質問して，子どもがそれを一時しのぎであることを理解していれば正答とする。再質問が正答への誘導にならないよう十分注意する必要がある。

検査項目が対象とする年齢の子どもは，連想的にたくさんの単語をならべたり，質問をきっかけに勝手なお話しを始めることがある。このような反応の中で，正答とする名詞一語がたまたま含まれるようなときまで正答と判定してはいけない。質問に答えるという，課題に対する態度が十分形成されているとはいいがたいからである。

了解Ⅰでは日常行動を言葉で表現し，合理的な理由があれば正答とする。
　（1）空腹　①食事をする。
　　　　　　②虫養いをする。
　（2）睡眠　①眠る。
　　　　　　②眠気ざましをする。
　（3）寒さ　①暖を取る。
　　　　　　②一時的に身体を温める。

「他人に言う」は，他人に言ってどうしてもらうのかをたずねて，正答基準に達したとき正答とする。「我慢する」は正答としない。目的・手段を他に転化するのは正答としない。

(1) 空　腹

「食べる」のように動作で答えるだけでなく，「御飯」のように名詞一語の答えも正答と認める。「おやつを食べる」などの反応は，それが食事までの一時しのぎであることが理解されていなければ正答としない。また，気持ちを紛らすための答えも，紛らす行為であることが理解されていないと正答としない。このような解答に対しては，再質問して，食事まで我慢するための，一時しのぎの手段であることが理解されていたときには正答と判定する。「お母さんに言う」などの答えに対しては，告げてどうしてもらうのかたずねて正しく理解していれば正答とする。

近年，虫養いを知らない人がいる。広辞苑によると，食欲その他の欲望を一時的にしのぐことと記されていることを付け加えておく。

再質問は，「どうしてそうするの」「言ってどうするの」などのように，教示の言葉が正答の誘導にならないよう，十分注意する必要がある。「言ってどうしてもらうの」などと教示するのは，論外である。

(2) 睡　眠

「寝る」のように動作で答えるだけでなく，「ねんね」のような幼児語，「お布団」「ベッド」などの名詞一語の答えも正答とする。目を覚ますための動作などは，再質問して正規の睡眠時間まで寝ないための努力であることを自覚していれば正答としてよい。たとえば，「縄跳びするの」と答えたとき，再質問は，「どうして（または，なぜ）縄跳びするの」と教示する。それより具体的に，詳しく教示してはいけない。

(3) 寒　さ

「着る」「暖まる」など動作を答えるだけでなく，「ストーブ」のような名詞一語の答えも正答とする。再教示の例として，「運動する」と答えたときは，「どうして（または，なぜ）ですか」と再教示して，運動をすると身体が暖まると正しく理解していたとき正答とする。

Ⅴ 49　了解Ⅱ　2/3

了解Ⅱでは現実場面を想起してその解決方法を求め，日常的に行っている行為，その行為をするように指示されているなど，正当な理由があれば正答とする。日常生活のなかで適正な解決方法を述べることを要求している。

この検査項目では，原則として正しい文章で答えるか，1語であれば動詞での解答を要求している。了解Ⅰでは正答と認めた名詞一語による答えは，内容が正しいと判断されたときには，再教示の対象とする。回答が目的やお話に転化するときは誤答とする。
　小問題が要求している正答の典型例を小問題ごとに記載する。小問題に対する具体的な解答例と判定基準は，表6に記載した。

(1) 降　雨
　　1．傘をさす。
　　2．他の，日常的行為。

　了解Ⅱでは，文章による回答を求めながら，小問題1（降雨）に対する答えでは，「傘」との一語文による回答を正答と認めている。これは資料を分析した結果，検査項目が対象とする3歳児にとって，名詞だけによる「カサ」と答える反応の出現率は80％に達した。それゆえ，「傘」は，例外として正答と認めている（中瀬，1988）。

(2) 火　事
　　1．消火する。
　　2．大人に消火を求める。
　　3．退避する。

　「他所へ行く」には再質問して「危険だから退避する」の意味なら正答とする。
　表に示していない正答とする回答の中に，「消防に言う」などの回答がある。このとき，子どもが消防を呼ぶ具体的な方法まで理解している必要はない。このような回答だけで，子どもが事態を理解していると認められるからである。

(3) 乗り遅れ
　　1．次を待つ。
　　2．他の手段で行く。

　判定が困難な回答には再質問して日常的行為であれば正答とする。
　この小問題も，子どもが現実場面で行う日常的知識に基づく解答を求めている。しかし，子どもの生活環境によって日常とられている解決方法は異なる。再質問して，日常的な方法であると判断されるときは広く正答と判定してよい。

V 50　了解Ⅲ　2/3

　了解Ⅲでは必ずしも現実ではなく想定した場面について社会的に望ましい適正な解決方法を答えるように求めている。
　この検査項目では，名詞一語の答えは正答と認めないが，内容が正しいときには再質問の対象としてよい。この検査の目的は本来，日常的な行動をたずねているのではなく，質問された課題事態を正しく想起し，その事態ではどのように振る舞うのが望ましいか，取るべき社会的に正しい解決方法を求めている。小問題が要求している正答の典型例を小問題ごとに記載する。

(1) 破　壊
　　1．陳謝する。
　　2．賠償する。

　場面を現実的にとらえる子どもは，「もう遊べない」「なおして遊ぶ」などの，現実行動を答える。また，壊した主体を取り違えて，「壊した人を怒る」などの回答もみられる。このような回答はいずれも，検査問題の趣旨からみて質問場面を正しく想起できていないから正答とはできない。場面を取り違えているときには，再教示は許されるが，再教示が正答への誘導にならないように注意が必要である。再教示を繰り返してはいけない。

(2) 遅　刻
　　1. 途中まで来ていることをふまえて遅刻を避ける正しい行動。

　この小問題も，子どもの体験を質問する検査項目ではない。未就学児には，「大きくなったら学校へ行くでしょう。そのとき……」のように未来の仮定のでき事として想像して答えることを求めている。しかし，近年の交通事情のため複雑な解答が増加した。筆者が経験してそのまま正答と判定した答えに，「急いだら危ないので遅刻してもゆっくり来なさいって，先生がゆわはった（来なさいと先生がおっしゃったの京都方言）」がある。再教示して，それが，社会的に合理的な判断として理解されていれば正答とするべきだろう。

(3) 足踏まれ
　　1. 容認する。

　"故意ではなく相手が間違って自分の足を踏んだのだ"と教示が意図している文章の意味を正しく理解することがまず求められている。文章を聞いて状況を正しく理解し，その状況にあった正しい解決方法を答えることが要求されている。この小問題では，自分が踏んだと思い違いする答えも多い。再教示では踏まれた立場であることを説明する必要がある。

　余談ではあるが，今回の標準化資料では，小問題1に「弁償する」が減少し「謝罪する」が増加し，小問題3に「許す」との答えが減少していた。両問題を合わせて考えると，自分に責任があるときには，弁償ではなく謝るだけだが，相手に責任があるときには許さずに攻撃することになる。最近の社会風潮を反映しているようで興味深い。

　了解問題は，言語的に与えられた場面を想像する能力，その場面に対する積極的適応の程度を調べる検査項目である。了解問題（Ⅴ 48～50）の判定基準は，子どもの反応が，質問された事態における適切な解決方法を述べたときに正答とする。具体例は表6に詳しく述べるが，正答では正しい

表6　了解問題一覧表

項　目		正答（合格）	再　質　問	誤答（不合格）
了解Ⅰ	空　腹	食べる，御飯食べる 御飯を食べる	おやつ食べる，おやつを食べる ジュース飲む，お母さんに言う 作ってもらう	我慢する
	睡　眠	寝る，○○して寝る	目をつぶる，縄飛びする	我慢する
	寒　さ	着る，暖まる，服を着る ストーブで暖まる	運動する	我慢する
了解Ⅱ	降　雨	傘 傘さして行く 傘○○する		
	火　事	消す，水で消す お母さんに知らせる 電話する，逃げる		
	乗遅れ	待つ，次のバスを待つ	タクシーで行く，車で行く	帰る
了解Ⅲ	破　壊	謝る，直す，弁償する		
	遅　刻	急ぐ	車で送ってもらう 叱られる，そのまま行く	あきらめる
	足　踏	許してあげる 我慢する		もうせんといてと言う※ 踏み返す，殴る，泣く

　（注）○○は，任意の言葉でよい。
　　　※　以後しないでくださいの意味（京ことば）

解決方法を文章の形で述べることを期待している。ただ，単語一語の解答も動作を述べるときには，日本語の習慣として文章と認める。名詞一語は文章と認めない。

了解問題Ⅰ，Ⅱ，Ⅲについて，標準化資料と別に896名の検査結果に基づいて詳しい分析を行ったので（中瀬，1988），結果を簡単に紹介し参考に資する。詳細については文献を参照してほしい。

16-4-2　語の理解

語の内容を言語的に表現する様式には年齢的な差異がある。この検査では，言葉の理解を調べるとともに表現形式も調べる。

語の定義は，その語の内容を知っているかどうかを調べるだけではなく，知っていることについて，どのような様式で説明するのか，検査者に伝えようとする伝達方法に使用される様式をも調べる課題である。

［主題とする項目］

V 51　語の定義　4/6　　　　（通過年齢　4：81）

［実施手続］
「あなたは机を見たことがあるでしょう」
「机とは何ですか」
「机とはどんな物ですか。言ってごらんなさい」と三重に教示する。
以下，机を以下の材料に変えて順番に教示する。

材　料
　　(1) 机　(2) 鉛筆　(3) ストーブ　(4) 電車　(5) 馬　(6) 人形
反応がないときには，
「きっとあなたは机とは何か知っていると思います」
「あなたは机を見たことがあるでしょう」
「さあ，机とはどんな物か言ってごらんなさい」と三重に再教示する。
材料(2)〜(6)でも同様に再教示する。
答が不十分であったり，判定が困難なときに，材料(1)のみ一度だけ，
「もっとちゃんと言ってごらんなさい」
「もうほかに言い方はありませんか」と再教示する。
しかし，「何に似ているか」とか「何をする物か」など，正答を誘導するような再教示をすることは許されない。

［行動の判定基準］
6試行中4試行に正答であればV 51を通過とする。四つの材料に正答すればV 51は通過となり後の材料は施行しない。
正答基準は適切な内容について，十分な表現をした場合とする。
　(1) 適切な内容
　　　1　類概念。
　　　2　主要な用途。
　(2) 不十分な内容
　　　主要な属性（全体の形状・材質など）。

(3) 適切な表現

最低限文章になること（例　勉強する）。

(4) 不十分な表現

単語のみ（例　勉強）。

主要な用途と認める具体的内容を以下に示しておく。

- (1) **机**　①勉強の台。
  - ②作業の台。
  - ③食卓。
- (2) **鉛筆**　①勉強の道具。
  - ②筆記用具。
  - ③描画用具。
- (3) **ストーブ**①採暖用具。
  - ②煮炊の用具。
- (4) **電車**　①輸送具。
- (5) **馬**　①輸送。
  - ②運搬。
  - ③競争。
- (6) **人形**　①遊具。

V 51（語の定義）の反応例を一覧表によって示す（表 7-1, 2）。

適切な内容で、かつ、適切な表現であればすべて正答である。不十分な内容、あるいは不十分な表現の場合は一定の条件を満たす場合のみ通過とする。以上の事柄を、机の場合を例にして表 7-1, 2 にまとめて示すと次のようになる。

表 7-2 でその他の欄に記載した「椅子」以外の反応については一応再教示して確かめてみるのがよいであろう。

"机"の問題に対して「デスク」のような同じ意味の語への言い換え（同義反復）には再教示するが、鉛筆に対して「ペン」、電車に対して「阪急電車」のように並列概念や下位概念を与えたり、具体例を挙げる場合はその時点で不通過とする。

用途の中には、"ストーブ"について「パンを焼く」「お湯をわかす」などのように主要な用途といえない回答も少なくないが、子どもの日常生活のなかで習慣的に考えられている行為の一つであれば通過とする。

表 7-1　「語の定義」の正答基準

内　容		机についての説明	表現内容と正答基準
類　概　念		家具	単語のみでも合格 同語反復（例　デスク）は再質問
用途	主要なもの	勉強する，食事する，仕事する	単語のみ（例　勉強）の場合は再質問
	主要でないもの	字（絵）かく	単語のみ（例　絵）は不合格
属性	主要なもの	木で作ってある，脚がついている	2個以上で合格，単語のみは不合格
	周辺的なもの	大きい，四角い，板みたいの	不合格
その他		「何かする」「台」「椅子」「家にある」その他身振りで説明したり，机を指差したりする	判断に迷う反応については机の場合のみ再質問し正答基準を満たせば合格とする

表 7-2 「語の定義」反応例一覧

反応内容			机	鉛筆	ストーブ	電車	馬	人形
類(上位)概念			家具	筆記用具 文房具	暖房具	乗りもの	動物	遊具(おもちゃ) 装飾品
用途	主要		勉強する(もの,もん*) 本読みする(ところ) ごはんたべる お弁当たべる 仕事する 何か書いたりする 何か入れたりする 何かおく	勉強する(もの,もん) 絵かく 字かく かくもの	あたるもの 寒いときつける (する,やる) 冬つかう 部屋あたためる 手あたる	どっか行くとき のる のるもの 人を運ぶ 人いっぱいのせて走る	人がのる 荷物をひっぱる けいばで走る けいばする 荷物をはこぶ (のせる)	遊ぶもの かざったりする だっこする ままごとする おんぶする 人形ごっこのときつかう
	付属		字かく 絵かく 茶のむ		パンを焼く お湯わかす		人がひいて歩く	かわいがるもの すわらせる おいておく
属性 全体 の形 状・ 材質 など	主要		木で作ってある 脚4本ある	芯ある けずるもの 細長い 先がとがっている	あったかいもの つけたり消したりする 火つけるもの 火入れる	電気で走る 線路を走る	脚が4本ある パカパカ走る 生きもの 走るの早い	小さい かわいい きれい 人の形をしている
	周辺		大きい 四角い 板みたいの かね 脚(棒)がある	まるい 長い 木	丸い 四角い	大きい 窓ある 早い 車ついている	茶色 顔(目,耳)ある 早い パカパカ ヒヒン	顔(手,足)ある
その他			デスク 台 椅子 何かする 身振りで説明したり机を指差す	ペン 色鉛筆 家にある もつもの つかうもの	暖かくなる	阪急電車(等) お使いにいく よそいく のりたい	動物園にいる	ひな人形 五月人形 赤ちゃん

*「もん」は"もの"の京都方言

[主題とする項目]

V 52 語の差異 2/3　　　　（通過年齢　6：98）

適切な差異点を抽象し，同一観点で，事実と矛盾しないように言語的に表現する能力を調べる。

[実施手続]

「あなたは，卵を見たことがあるでしょう。石も見たことがあるでしょう」
「卵と石はどう違いますか」と二重に教示する。
以下，材料（1）卵，石を，材料（2），（3）に変更して，順に同じ教示を繰り返す。

材　料
　（1）「卵と石」　　（2）「蝶と蠅」　　（3）「木の板とガラス」
反応がないときには，
「卵と石とは同じですか」と教示し，
否定の答が得られれば，
「それでは，どう違いますか」とさらに教示する。
疑問の回答には，
「もっと他にありませんか」と再教示する。

材料（2），（3）について，同様に再教示する。

[行動の判定基準]

3試行中2試行に正答であればV 52を通過とする。

材料（1），（2）ともに正答のときにはV 52は通過となり材料（3）を施行しない。

この課題では，差異を表わす正答例とともに，疑問の例，誤答の例を表8に示す。再教示の後，正答例に挙げたような内容の答えが出れば正答とする。

正答基準は，適切な内容と適切な表現をしたときとする。

(1) 適切な内容
　　イ　比較の基準が適切である。
　　ロ　両者を同一の基準で比較している。

(2) 適切な表現
　　イ　両者の相違が正しく分かるような表現。

(3) 疑問の回答
　　イ　一方についてのみ答える。
　　ロ　内容は正しいが，比較の基準のみ答える。
　　ハ　比較をするが，その基準が不適切である。

(4) 誤　答
　　イ　両者を，それぞれ異なった基準で比較する。
　　ロ　不適切な基準で比較する。
　　ハ　無反応。

表8　「語の差異」の反応例

小問題		卵と石	蝶と蝿	木の板とガラス
差異を表す基準の例		硬さ，もろさ，形，内容物，食の可否，軽重，発生状況，等	大きさ，色，飛び方，清潔さ，美しさ，衛生面，とまる場所，羽根の違い，等	強度，われ方，色，透明度，危険性，反射，可燃性，釘の使用，等
正答	並　列	卵はわれやすいが，石はわれにくい	蝶は白い，蝿は黒い	ガラスは外が見える，板は見えない
正答	比　較	卵は石よりわれやすい	蝶は蝿より大きい	板はガラスより丈夫
	一方否定	石は食べられない	蝿は羽根に粉がついてない	ガラスは釘がうてない
	基準一方叙述	硬さがちがう，石は硬い	羽根の大きさがちがう，蝶の羽根が大きい	燃え方がちがう，板はよく燃える
疑問	一方叙述	石は硬い	蝶は大きい	ガラス踏んだら危ない
	基準叙述	硬さがちがう	飛び方がちがう	われかたがちがう
	基準不適切	卵は落とすとわれる，石は置いといてもいい	蝶はいい，蝿は悪い	ガラス踏めない，板踏める
誤答	基準不一致	卵はにわとりがうむ，石硬い	蝶は蜜すう，蝿は悪いことする	板硬い，ガラス見える
	基準の誤り	卵は美しい，石は美しくない	蝶は重い，蝿は軽い	板は大きい，ガラスは小さい
	事実誤認	石の方が大きい	蝶は羽根開く，蝿は羽根開かない	板黒い，ガラス白い

[主題とする項目]

V 53　語の類似　2/3　　　　　（通過年齢　8：04）

この検査項目は，類似点を抽象して言語的に表現する能力を調べている。

[実施手続]

「私がこれからどこか似ている二つの物の名前を言います。その二つの物がどう似ているか私に言ってください」

「舟と自動車とはどう似ていますか」と二重に教示する。

以下，(2)，(3)について順番に教示する。

材　料
　　(1)「舟と自動車」　　(2)「鉄と銀」　　(3)「茶碗と皿」

反応がないときには，一度だけ教示を繰り返す。

疑問の回答や，不十分な回答には，

「もっと他には似たところがありませんか」

「もっと他に言い方がありませんか」と再教示する。

語の差異（V 52）と近接して施行することが多く，子どもは前の課題と混同して相違点を答えることがよくある。小問題(1)"舟と自動車"で類似点でなく相違点を答えた場合は，再度教示を繰り返し，類似点を求めている事を強調してから，次の小問題(2) 鉄と銀に移る。

[行動の判定基準]

3試行中2試行に正答であればV 53を通過とする。

表9　「語の類似」の反応例

内　　容		舟と自動車	鉄と銀	茶碗と皿
正答	類概念	乗物	金属　鉱物　かね	食器　陶器　せともの
	用　途	舟も自動車も動く　人を乗せる　どっちも走る　荷物積む　運転する	入れ物につかう　固いもの作れる	食物入れる　食べる時使う
	共通の属性	金属でできてる　機械がある	どちらも重い　光るところ　堅い	落とすとわれる
疑問	一方叙述	舟に舵ある　自動車にはハンドルある	鉄は光る　鉄は銀色	茶碗はご飯を入れる
	属性不十分	自動車は走る舟はいく	同じ色	下のもつとこ　光る
	用途不十分	自動車の荷物と舟が一緒	ものにつける	入れる　食べる　のせる
誤答	基準叙述	形　色　大きさ　横にてる　椅子がある　屋根がある　黒いところ	形　赤いとこ	色　形　大きさ
	基準不適切	舟は木で作る　自動車は金(カネ)で作る	銀はおかねで鉄は棒	お茶碗はわれる　お皿は金(カネ)や
	事実誤認	スクリューがにてる	鉄の方が軽い　ふたつともうすい	ごはんたく
	関連語	バス　大きい	鉄棒	はし　おやつ

材料（1），（2）ともに正答のときにはV 53は通過となり材料（3）を施行しない。

この課題では，差異を表現する正答例とともに，疑問の例，誤答の例を表9に示す。再教示の後，正答例に挙げたような内容の答えが出れば正答とする。相違点を答えて再教示したとき，材料（1）は誤答とする。

この検査項目の判定基準は，適切な内容と適切な表現形式を備えているときとする。

(1) 適切な内容
　イ　両者の直接的包括概念（類概念）。
　ロ　主要な共通属性。

(2) 適切な表現形式
　イ　共通属性を答えるとき，両者を指摘し，少なくとも両者の属性を並列的に述べる必要がある。また，この属性は同一である必要がある。

(3) 疑問の回答
　イ　正しいが，属性のみを答えるとき。
　ロ　一方についてのみ正しく述べるとき。
　ハ　両者について各々は正しく述べるが，両者を比較する基準が異なるとき。

(4) 正答と認める類概念（イ），主要な属性（ロ）（ハ）は，以下の物とする。
　（1）舟－自動車　イ　乗物。
　　　　　　　　　ロ　運転（操縦）する。
　　　　　　　　　ハ　全体を作る主な材料（金属等）。
　（2）鉄－銀　　　イ　鉱物，金属。
　　　　　　　　　ロ　重量（比重）。
　　　　　　　　　ハ　固さ。
　（3）茶碗－皿　　イ　食器，陶器。
　　　　　　　　　ロ　食物の容器。

［主題とする項目］

V 54	3語類似	2/4	（通過年齢　11：29）
V 55	3語類似	3/4	（通過年齢　13：07＊）

この検査項目は，3つの単語を与え，それらが属している類概念を問う課題である。

［実施手続］

「今から，どこか似ている物の名前を三つ言いますから，その三つのどういうところが似ているか教えてください」

「蛇・牛・雀はどう似ていますか」と二重に教示する。

以下，下線部を材料（2），（3），（4）の順に変更して同じ教示を繰り返す。

材　料
　（1）蛇・牛・雀　（2）本・先生・新聞　（3）ナイフ・鍵・針金　（4）朝顔・芋・樹木

「すべて有用である」「皆同じ材料から作られている」など，不正確な回答には，「どんなところが有用ですか」「どんな材料ですか」等と再教示する。

［行動の判定基準］

4試行中2試行以上に正答であればV 54を通過とする。

4試行中3試行に正答であればV 55も通過とする。

材料（1），（2），（3）ともに誤答であればV 54・V 55ともに不通過となり材料（4）を施行しない。材料（1），（2），（3）ともに正答のときにはV 55も通過となり材料（4）を施行しない。

この検査項目も，適切な内容と，適切な表現形式を備えているとき，正答とする。表10に反応例を示す。

(1) 適切な内容
  イ　三者の直接的包括概念（類概念）。
  ロ　主要な共通属性。

(2) 適切な表現形式
  イ　三者を指し示す。
  ロ　最低限，文章の形で述べる。

(3) 正答と認める類概念（イ），主要な属性（ロ）とは，以下の物とする。
  （1）イ　動物，生物。
     ロ　陸上に住む。
       血液をもつ，頭や眼がある，呼吸をする，動き回る，等。
  （2）イ　教育，知識，情報の源。
     ロ　教えてくれる。
  （3）イ　金属製。
     ロ　固い物。
       鉱物で作られている。
  （4）イ　植物。
     ロ　葉や根がある。

表10　「3語類似」の反応例

小問題		蛇・牛・雀	本・先生・新聞	ナイフ・鍵・針金	朝顔・芋・樹木
正答	類概念	動物　生き物	物を教わる材料	金属製　みんな金属	植物
	共通の属性	陸に住んでいる からだに血がある 口や眼がある 呼吸する 動き回る	勉強を教えます 人はそれから物を習う 知識をえるもの	固いもの 鉱物から作られている	根や葉がある 土に植えて育てる 土にはえてる
誤答	事実誤認	3匹とも足がある 米や麦を食べる	皆書いたものです 印刷してある	まげるもの 開けるときに使う	みんな実ができる 枝がある　山で育つ
	基準不適切	雀は飛ぶ牛と蛇は歩く	先生は本も新聞も読む	ナイフと鍵は入れる 針金はまく	朝顔は木につく
	基準叙述	動き方が同じ 歩き方がにてる	聞くとこが同じ 字がある	細さが同じ 長いところがにてる	色がにてる 同じはえ方してる

[主題とする項目]

| V 56 | 反対語 3/5 | （通過年齢　11：25） |
| V 57 | 反対語 4/5 | （通過年齢　12：16） |

この検査項目は，一つの尺度（次元）の上で正反対の意味をもつ二つの単語を与えて，その二つの単語が属している尺度（次元）を発見させる課題である。

［実施手続］

「今から二つの言葉を言います。この二つの言葉は互いに反対の意味があります。しかし，どこか似たところもあります。その類似したところを言ってください」

「では，暖かい・涼しい，この二つは反対の意味を表していますが，どこか似たところもあるでしょう。その似たところを答えなさい」と二重に教示する。

以下，下線部を材料（2），（3），（4），（5）に変更して同じ教示で施行する。

材　料

（1）暖かい－涼しい　　（2）高い－安い　　（3）南－北　　（4）甘い－辛い
（5）嬉しい－悲しい

被験者が似たところがないと言っても，

「どこかに似たところがあるでしょう」と再教示する。

［行動の判定基準］

5試行中3試行以上に正答であればV56を通過とする。

5試行中4試行に正答であればV57も通過とする。

材料（1），（2），（3）ともに誤答であればV56・V57ともに不通過となり材料（4），（5）を施行しない。材料（1），（2），（3），（4）ともに正答のときにはV57も通過となり材料（5）を施行しない。

判定基準は，正しい基準を最低限文章で表現することと定められている。

正答基準は，以下の基準を答えるときとする。各小問題の反応例を表11に示す。

正しい基準

材料（1）気温
材料（2）価格
材料（3）方角
材料（4）味覚
材料（5）感情，情緒

表11　「反対語」の反応例

小問題	正　答	誤　答
暖かいと涼しい	気温　身体に感じる温度　気候の状態をいう	体温計　暑いと寒い　湯と水　夏と冬
高いと安い	値段　価格　売値	お金のこと　品物　割引すること
南と北	方向　方角　位置や場所を表す	東西　家の方
甘いと辛い	味覚　味のこと　舌で感じる味	カレー　苦い　砂糖とからし
嬉しいと悲しい	感情　情緒　人の気持ち　気持ちの状態をいう	笑いと泣く　嬉しい人と悲しい人がいる

16-4-3　叙　述

絵の内容を説明するときの表現形式と，着目する内容には年齢的な差がある。表現形式と表現内容を調べる。

173

[主題とする項目]

| V 36　絵の叙述　2/3　　　　　（通過年齢　5：101） |

[実施手続]

絵の叙述図版（図58，実物はB6判）を提示し，
「これは何を描いた絵ですか」
「何の絵ですか」
「この絵を見て，お話してごらんなさい」と三重に教示する。

(1)

(2)

(3)

図58　絵の叙述材料図版

材　料
　（1）部屋の絵　　（2）新聞を見ている絵　　（3）船に乗っている絵
　材料（1）の後，材料（2），（3）の順に同じ教示で施行する。
　反応がないときは，3回まで教示を繰り返してよい。材料（1）だけは反応内容が不十分なとき，「もっとお話ししてごらん」と一度だけ再教示する。
　材料（2），（3）は反応があればそれ以上再教示しない。

[行動の判定基準]
　3試行中2試行に正答であれば，Ⅴ36を通過とする。
　材料（1），（2）ともに誤答，または正答のときには材料（3）を試行しない。
　絵の叙述（Ⅴ36）の判定基準は子どもの反応が，
　　①適切な内容であるか。
　　②適切な形式をもっているか。
の2つの視点で調べる。適切な内容とは，3図版とも人物を主題として話すことであり，適切な形式とは叙述の文で語られることである。
　正答の具体的な基準を以下に示し，反応例を挙げて単位の数え方を説明する。図版ごとの反応例とその判定結果は，表12にまとめて示す。

(1) 正答の具体的基準
　①画面の中に描かれている人物を挙げ，その動作や状態を述べること。
　②叙述の内容は，最小限3単位より成ること。
　叙述内容の単位とは，人物の表現・動作の表現・状態の表現をそれぞれ1単位とする。ただし，複数の人物を表わす語は，2単位と数える。

(2) 単位の数え方
　①採点対象とする叙述は，刺激図の内容を正しく表現していること。
　②3つ以上の文に分かれた叙述は，採点の対象としない。
　③正答とする叙述以外に付け加えられる無関係な叙述については，判定に加味しない。

誤答例：
1　単に「ある」「いる」と答えるのは，動作・状態の単位とはしない。
　　　　例：お巡りさんが　　　いる。
　　　　　　（1人の人　　動作・状態と認めない）
　　　　　　　　1　　　+　　　0　　　=　1

正答例：
1　複数の人物を指摘し，1つの動作または状態を述べるもの。
　　　　例：　皆で　　新聞を読んでいる。
　　　　　　（複数の人　　1つの状態）
　　　　　　　　2　　　+　　　1　　　=　3

2　1人の人を指摘し，その動作または状態を2個述べるもの。
　　　　例：お母さんが　　座って　　お茶飲んでる。
　　　　　　（1人の人　　状態　　動作）
　　　　　　　1　+　1　+　1　=　3

3　1人の人を指摘し，その動作か状態を述べる文章が2つあるもの。
　　　　例：お母さんが　　座っている。　　お姉ちゃんが　　遊んでる。
　　　　　　（1人の人　　状態　　　　1人の人　　動作）
　　　　　　　1　+　1　+　1　+　1　=　4

絵の叙述の検査項目については，標準化資料とは別に253名の検査結果に基づいて詳しい分析を行ったので（中瀬，1985），結果を簡単に紹介し参考に資するが，詳細については文献を参照してほしい。

この検査項目は，Terman（1916）によって，内容が大きく変更された。日本のBinet検査を始め多くのBinet検査は，BinetにならわずTermanにならっている。簡単に結果だけを述べると，Binetは課題画として成人を対処とした本格的な版画を使用しているのに対して，Termanでは，子ども向けに絵本様の絵に変更したこと。また，Binetでは，得られた反応を3段階の年齢に対応した内

表12 絵の叙述の反応例

絵		反 応 例
親子	正答	①お母さんが，座って，お茶飲んでいる。 ②女の人がお人形さん抱いてはるの。猫寝てる。お母さんがお茶やらはった。 ③子猫と3人でお留守番してはるの。 ④お母さんと子ども，遊んではるとこ。 ⑤遊んではる，お人形さんで遊んではる，お母さんが何か，お持って来てはる。 ⑥子どもが遊んで，お母さんがお茶持って来て，子どもが有り難うといいました。猫が寝てます。 ⑦座ってはる。猫がお昼ねしてはる。女の子が人形もったはる。お母さんと女の子がお人形を持っている。
	誤答	①猫寝る。 ②散らかしてはる。 ③人間，猫いてる，積み木も椅子もある。テーブルもある（並列）。 ④お母さんと女の子が描いたはる。（内容の誤り） ⑤家の中の絵。
新聞	正答	①人が新聞持ってる。 ②ふたりで新聞見てはるの。 ③バスを待ってる人たち。 ④お父さんが新聞見てはるの，お兄さんがバス来るの待ってはんの。 ⑤新聞見てはる，これかて（人を指差しながら），新聞見てはる。 ⑥新聞読んではるの，バス停のとこで，新聞読んではるの。 ⑦バスが来るまで，新聞を読んで待ってはる。 ⑧バス待ってはるとこで，ほんで新聞読んではって…… ⑨新聞読んではるの，警察の人と，それから4人の人，男の人，警察の人が新聞を見てはる，働いている人一杯，1・2・3・4・5人で新聞一つ，みんな見てはる。 ⑩警察の人と大人の人が新聞見てる。 ⑪みんな新聞読んではる。 ⑫バスを待っているときに新聞を読んでいます。
	誤答	①バス待っているとき，新聞。 ②新聞見てはる。 ③お巡りさんいてる。新聞，バス乗るとこある（並列）。
舟	正答	①舟乗ってはるの，お姉ちゃんと男の子と乗ってはるの。 ②舟に乗ってる絵，舟に乗って島まで行かはるの。 ③お父さんとお兄ちゃんと子どもとお姉さん，舟乗ってはる。 ④お父さんと，子ども3人が，ボートに乗って，川渡ってはる。 ⑤家族で舟に乗りました。漕いだのはお兄さんで，アヒルも泳いでいました。
	誤答	①人が乗ってるとこ。 ②お舟乗ってる絵。 ③お舟乗ってはる。 ④ボート乗ってはる。 ⑤ボートが2つ留まっています。 ⑥お舟もある。人間もある。漕ぐのもある。あと2つお舟ある（並列）。

（注）1．無反応，反応拒否，反応回避は，代表的な誤答（合格としない）であるが，表中には記入していない。
　　　2．「はる」は京都方言であり，「〜している」の丁寧語である。

容に分類していたことを指摘しておこう。

　K式検査では，子どもの反応がBinetも述べているように（Binet & Simon, 1908），絵に描かれている物の名前を列挙するものと，描かれた事物について叙述しようとする答えに大別できた。列挙の反応は，年齢の増加にともなって減少する初歩的な解答といえる。叙述の反応も，その叙述する対象や，表現される文章の文法的な特徴などによって細かく分類することができる。分析の結果，絵の主題である人物を主語とした叙述を正答とすればよいことが分かった。

16-4-4　筆　記
　文章の記憶能力と文字での表現能力を調べる。

［主題とする項目］

V 44　書　取	（通過年齢　7：29）

［実施手続］
　描画用紙と鉛筆を提示し，
「あなたは，字が書けますね」と教示する。
　子どもが，
「書ける」と意思表示したとき，次に進む。
「書けない」と意思表示したときには，中止する。
「私がこれから言うことをよく聞いて，私が言ってしまってから，今度はあなたが，私の言ったとおりに，ここに字で書くのです」
「知らない字は仮名で，知っている字は，漢字で書きなさい」
「さあ，言いますよ」と三重に教示してから，
「山の上に大きな木があります」
と普通の調子で1回だけ，明瞭に読んで聞かせる。
　読み終わったら直ちに書かせる。
　問題文は1回しか読まないので，教示の「さあ，言いますよ」と言った後，子どもの注意が検査者に向いているのを確認して教示する必要がある。

［行動の判定基準］
　教示と同じ文章を書けばV 44を通過とする。
　すべてを平仮名で書いてもよい。誤字は認める。文字の脱落や付加は認めない。鏡映文字で書くのは，誤字として許す。
　誤答例： やまのうえにおきなきがあります。（"お"の脱落）
　　　　　　山の上に木があります。（"大きな"の脱落）
　　　　　　山の上に大きなきあります。（"が"の脱落）
　　　　　　山の上に大な木があります。（"き"の脱落）
　　　　　　山の上におおきなきぃがあります。（"い"の付加，京都方言でよく生じる）
　　　　　　山の上には大きな木があります。（"は"の付加）
　　　　　　山の上に大きな木がありました。（"す"の変更）

正答例：やまのうえにおおきなきがあります。
　　　　　山の上に大きな木があります。
　　　　　山の上におおきなきがあります。
　　　　　山のうえにおうきな木があります。（誤字は認める）
　　　　　山の上に大木な木があります。（大木は誤字として認める）

16-4-5　文章作成
［主題とする項目］

V 47　三語一文　2/3　　　　　　（通過年齢　8：09）

［実施手続］
「私が，これから三つの言葉を言います。あなたは，その三つの言葉を，みな使って，一つの短いお話にしてください」
「三つとも，みな一つのお話の中に，入れるのです」
「では，三つの言葉を言います」と三重に教示してから，
「子ども，ボール，川」
「さあ，言ってごらんなさい」と教示する。
以下，下線部を材料（2），（3）に変更し順番に同じ教示をする。

材　料
　　（1）「子ども，ボール，川」　　（2）「働く，お金，人」　　（3）「魚，川，海」
　検査者から与えられた三つの言葉だけで一つの文章を作るものと思い込む子どもがいる。子どもの様子から判断して必要な場合には，
「三つの言葉のほかに，いくつかの言葉を組み合せて，一つのお話にするのです」と教示する。
　3語の提示は1回しかしないので，3語を読みあげるときに，子どもの注意が検査者に集中していることを確認する。

［行動の判定基準］
　3試行中2試行に正答であれば，V 47 を通過とする。
　材料（1），（2）ともに誤答，または正答のときには材料（3）を試行しない。
　この検査項目では，課題の把握力と連合の容易さを調べる。
　判定基準は，適切な内容と適切な形式となっている。
　(1) 適切な内容
　　　①3つの単語を全部含んでいること。
　　　②文章が論理的に正しいこと。
　(2) 適切な形式
　　　3つの文章に分かれないことである。
　1つの文章に，材料の3語をすべて入れるのが理想であるが，合理的な意味をもち，文法的に正しい表現になっていれば，2つの文章に分かれていても正答とする。
　3つ以上の文章に分けて文章を作ったときには正答としない。
　以下に具体的な例を挙げる。

(1) 材　料　　(1)子ども，ボール，川
　誤答例：
　　「子どもがいます。そしてボールも持っています。そして川に落ちました」（3つの文）
　　「子どもやボールが川に一杯流れている」（内容が誤り）
　　「ボールも川も子どもがいる」（内容が誤り）
　　「子どもがボールで遊ぶ。ボールが川に落ちた」（2つの文を合理的に結ぶ接続詞がない）
　正答例：
　　「子どもがボールを川におとした」
　　「子どもがボールで遊んでいた。そしたら川におちた」
　　「子どもがボールを投げたらボールが川におちた」
　　「子どもが川のそばでボールをついている」
　　「ボールが川を流れているのを子どもが見つけた」
　　「子どもがボールの皮をめくった」（口頭発問なので川を皮と聞き取った例）

(2) 材　料　　(2)働く，お金，人
　誤答例：
　　「働くとしんどい。お金を使う人」（文章として未完成）
　　「働く人のお金」（文章として未完成）
　　「人はお金が欲しい」（一語欠如）
　　「人のお金は取ったらあかん」（一語欠如）
　正答例：
　　「働く人はお金がもらえる」
　　「人は働いてお金をもうける」
　　「隣の人はよく働き，お金を一杯もっている」
　　「人は働いてお金をもうける」
　　「人は働く。そしてお金がもらえる」

(3) 材　料　　(3)魚，川，海
　誤答例：
　　「魚がいます。川にいます。海にいます」（3つの文）
　　「魚が川や海や野原にいます」（内容の誤り）
　　「魚は川にいく」（一語欠如）
　正答例：
　　「魚は川や海にいる」
　　「川から海へいく魚がいる」
　　「川で魚が釣れないので，海へ行きました」

［主題とする項目］

| V 47 b　文章整理　1/2　（通過年齢　7：69） |
| V 47 c　文章整理　2/2　（通過年齢　9：13） |

［実施手続］
　文章整理図版（材料1，B6判）を提示して，
　「ここに書いてある文章は順序が乱れていて意味が分かりません。この言葉の順序を変えると意

味のよく分かる，きちんとした文章になります。よく気をつけて見て正しい文章に直して読んでごらんなさい」と教示する。

以下，材料（2）について同じ教示で施行する。

材料（1）が誤答のときには，図版の文字を指で押えながら丁寧に正答を教えてから，材料（2）を施行する。

子どもが反応の途中でしばらく沈黙したり，言いなおしたりすることがよくあるが，制限時間内は急がせないで待ってやる。書いてある言葉を，子どもが何回も読み直して，どこから始まってどこで終わったのか分からないときは，

「もう一度，初めから言ってちょうだい」と教示する。

"宿題"の意味が分らない子には，その意味を説明してもよい。これらの手続きを経ても，時間内に正答ができないとき，材料（1）は誤答とする。その後，材料（1）の正答を例示してから，材料（2）に移る。材料（2）では正答を例示しない。

回答の制限時間は，図版1（材料1）では1分，図版2（材料2）では1分30秒とする。

[行動の判定基準]

2試行中1試行に正答であればV47bを通過とする。

2試行中2試行に正答であればV47cも通過とする。

意味の分かる正しい日本語であればすべて正答とする。文章は，語句の脱落，変更，挿入がないこととする。

材　料（1）「ました　　あさはやく　　われわれは　　いなかへ　　たち」

　誤答例：

　　①朝早く，われわれ，たち，田舎へ，ました。
　　②われわれは，たちは，朝早く，田舎へ，いきました。
　　③その他，まったく意味不明のもの。

　正答例：

　　①われわれは，朝早く，田舎へ，立ち，ました。
　　②われわれは，田舎へ，朝早く，立ち，ました。
　　③朝早く，われわれは，田舎へ，立ち，ました。
　　④田舎へ，われわれは，朝早く，立ち，ました。

材　料（2）「たのみ　　しゅくだいを　　わたくしは　　ました
　　　　　　　せんせいに　　なおして　　くださるように」

　誤答例：

　　①宿題を，先生に，なおして，くださるように，私は，たのみました。
　　②私は，宿題を，くださるように，先生に，なおして，たのみました。
　　③私は，宿題を，くださるように，なおして，先生に，たのみました。
　　④私は，先生に，なおして，くださるように，宿題を，たのみました。
　　⑤その他，まったく意味不明のもの。

　正答例：

　　①私は，先生に，宿題を，なおして，くださるように，たのみました。
　　②私は，宿題を，なおして，くださるように，先生に，たのみました。
　　③私は，宿題を，先生に，なおして，くださるように，たのみました。
　　④先生に，私は，宿題を，なおして，くださるように，たのみました。
　　⑤宿題を，私は，先生に，なおして，くださるように，たのみました。

第17章 数　概　念

　この章では，数の呼称の獲得，数の理解とその取り扱い，さらには概念が算数的理解から数学的理解へと発達する道筋を調べる。

17-1　数の理解

17-1-1　数の呼称
［主題とする項目］

> V 13　4つの積木　1/3　　　（通過年齢　3：32）

［実施手続］
　4個の積木を5cm間隔で横1列に並べて提示し，
　「ここに積木があります。いくつあるか指を当てて，大きな声で数えてごらんなさい」と教示して，
　子どもから見て左端の積木に指を当てて見せる。
　指差さずに全体の数を言ったときには，
　「いいえ，こんなふうに指を当てて数えるのです」と教示して，
　左端の積木を指差して見せ，初めからやり直させる。合計3回まで繰り返してよい。
　声を出して数えるように教示するが，検査者が「ヒトツ」等と声を出して誘導してはいけない。数え終った後に改めて全体の数がいくつあったかたずねることはしない。

［行動の判定基準］
　3試行中1回正答が得られたらV13を通過とする。
　積木をとばすことなく，一つづつ順番に指で押さえながら，1から4までの数を呼称できれば通過とする。押さえる行為と読み上げる数が一致していることを要求している。
　積木に触れなくても，1個づつ正しく対応していることが明らかであれば通過とする。この検査項目では，子どもが積木を一つづつ順番に指で押さえながら，積木の数を数えさせて，1から4まで数える能力と，事物と数との対応関係を調べる。数の呼称は「ヒトツ，フタツ，ミッツ，ヨッツ」でも「イチ，ニ，サン，シ」でもよい。

［主題とする項目］

> V 14　13の丸　10まで　1/2　　（通過年齢　3：102）
> V 15　13の丸（13まで）1/2　　（通過年齢　4：16）

［実施手続］
　検査用紙第4葉の下端に描かれた13個の丸を提示して，
　「ここに，たくさん丸が描いてあります。いくつあるか，指を当てて数えてごらんなさい」と教示し，
　子どもから見て左端にある丸に指を当てて見せる。
　子どもが自分の指で丸を押さえながら，丸の数を声を出して呼称させる課題である。押さえる動作と読み上げる数が一致していることを要求する。10まで，あるいは13まで呼称し，呼称と対応して物を指示する能力を調べる。
　指差す行為が印刷された丸を順番に一つづつ押さえられないときや，指示動作と数を読み上げる発声が一致しないときには，同一の手続でもう一度数えさせてみる。

［行動の判定基準］
　2試行中1回，10まで正答したときはV14を通過とする。
　2試行中1回，13まで正答したときにはV14に加えてV15も通過とする。

　最初の試行で13まで正答であれば，V14，V15ともに通過となり2試行目は施行しない。10までが正答のときには，次の試行をして13まで正答できるか確かめる。
　丸を10個まで順番に押さえ数唱も正しければ，11個目以後で指差しが丸と対応しなかったり，数唱を誤るなどしても，V14は通過とする。
誤答例：
　（1）数唱は正しく，指の動作と一致しているが，指で丸を押さえる動作が不安定で，丸をとばしたり，同時に丸を2個押さえたりする。
　（2）押さえる行動は正確であるが，押さえる動作と数の呼称が一致しない。
　（3）該当年齢の子どもによく見られる誤反応として，9までは押さえる行為も呼称も正しいが，10になると（正しく10番目の丸を押さえず10番目と11番目を同時に押えたり最後の丸を押える等）誤った丸を押さえてしまう。
正答例：
　最初から順に，一つづつ丸をとばさずに指で押さえながら，動作と同時に数を正しく唱えて10または13まで数えれば，それぞれの課題を正答とする。10で数えるのを終えないとき，10を過ぎてから丸との対応や数の呼称がくずれてもV14は通過とする。この項目では，数えた後に全体の数を確認する必要はない。動作と対応していくつまで数を読み上げられるかを調べている。

［主題とする項目］

V 24　打数かぞえ　3/3　　　　（通過年齢　6：15）

［実施手続］
前　半
　「私が，これから机を叩きますから，その音をよく聞いて，いくつ叩いたか言ってください。よく聞いていらっしゃい。こんな風に叩きます」と教示して，
　2回だけ叩いてみる。
　「さあ，いくつ叩いたか言ってごらんなさい」と教示する。
　子どもの回答が誤っていたら合計3回まで前半の教示を繰り返す。それでも正答にならなけれ

ば，ここで検査項目を終了する。
　正しく答えたら，
後　半
「では，これからもっとたくさん叩きますから，黙って最後まで聞いて数えておいてください。終ったら，ハイと言いますから，そうしたらいくつ叩いたか言ってください」と教示して，
　材料（1）の7回を叩く。
　以下，後半の教示を繰り返し材料（2），（3）を順番に施行する。それぞれの材料は1回しか叩かない。
材　料
　　（1）7回　　　（2）5回　　　（3）8回
　机を叩く速さは，1秒に1回とする。叩く動作が見えたり，振動が伝わらないように注意する。子どもが指を折ったり，声を出して数えたりし始めたときには，直ちに検査を中止して，そのような行為を禁止する。黙って頭の中で数えるように教示して，実施手続の後半から検査を繰り返す。

［行動の判定基準］
　3個の材料すべてを正しく答たとき V 24 を通過とする。
　材料（1），（2）いずれかが誤答であれば不通過となり以降の材料は施行しない。
　この検査項目では，聞いた音だけから，その数を頭の中で数え，叩かれた数の合計を一つの固まりとして理解し，全体の数を答える。聴覚刺激の数と数の呼称を一致させる能力を調べるから，聴覚刺激以外の刺激が手がかりにならないように注意する。
　この主題項目について，松下（2001）は実例集の中で次のように説明している。
　『対象物の数を，声を出して数えることが出来るようになった子どもは，いつ頃から声を出さずに数えられるようになるであろうか。このように頭の中で，すなわち，内言で数えることが出来るかどうかについては，"音"のような対象の方が観察しやすい。内言であるから，声を出して数えたり，指を折って数えることは当然禁止しなければならないが，それだけでなく，検査者の叩く動作やその振動などにも注意しなければならない。この課題は，それまでに獲得した数についての知識に基づいて，聴覚的対象を声を出さずに数えるというように新しい状況に適用させるわけであるから，子どもにそれなりの構えをとらせる必要がある。"例示2個"を，必要なら3回まで繰り返すことが認められているのも，この問題の特性を子どもに十分に理解させるうえで必要であるからである。なお，叩き終ってから数をたずねると，「イチ，ニ，サン，シ，ゴ，ロク，ヒチ」のように数え上げて答える子どもがいる。数が正しければ，このような答え方も正答とする』。

［主題とする項目］

V 26　20からの逆唱　　　　　（通過年齢　6：91）

［実施手続］
「あなたは，数をさかさまに（逆に）数えることができるでしょう。20から1までさかさまに数えるのです」
「20から順々に小さい方に数えて，1まで数えてください」と二重に教示する。
　教示をしても，自信がなくて，
「できない」という子も多いが，その場合は，
「頑張って，やってごらん」と教示し，

励まして試みさせるようにする。
反応をためらっているときや黙っているときには，23から21までを例にして，
「23, 22, 21というように，20から1まで，さかさまに数えるのです」
「さあ，始めなさい」と再教示する。
「20, 29, 28, ‥」と数え始めたときには，
「いいえ，20からです」と一度だけ再教示する。
制限時間は40秒であるが，子どもが数え始めたときから計測する。
「できない」と言ったときには，励まして試みさせるが，逆に，20まで数えられない子どもにまで検査をする必要はない。検査項目に入る前に，20まで数えることができるか確かめておく。

［行動の判定基準］
制限時間内に，誤りが1個以内で逆唱が完成するときV 26を通過とする。
この主題とする項目は，1から20まで数えられる能力に加えて，注意の持続力，集中力を調べている。制限時間を越えない限り，自発的な訂正は何回しても誤りとは数えない。0まで数えるときは，0を一誤とすることに注意する。
誤りの例と数え方を次に示す。

(1) 転 位
①20, 19, 18, 16, 17, 15, 14, 13, 12, ……
　　　　　17, 16の転位で，1誤
②20, 19, 18, 15, 16, 17, 14, 13, 12, ……
　　　　　15, 16と17の転位で，2誤

(2) 脱 落
①20, 19, 18, 17, 16, 14, 13, 12, ……
　　　　　15の脱落で，1誤
②20, 19, 18, 15, 13, 12, ……
　　　　　17, 16, 14と3数の脱落で，3誤

(3) 付 加
①20, 19, 18, 17, 16, 17, 15, 14, 13, ……
　　　　　17の付加で1誤
②……8, 7, 6, 7, 5, 4, 3, 2, 1, 0
　　　　　7と0の付加でそれぞれ1誤と数え，合計2誤

17-1-2 数の把握
［主題とする項目］

V 16	数選び	3	（通過年齢　3：75）
V 17	数選び	4	（通過年齢　4：01）
V 18	数選び	6	（通過年齢　4：48）
V 19	数選び	8	（通過年齢　4：78）

［実施手続］
10個の積木を提示し，
「積木を3個だけコップの中に入れてごらんなさい」と教示する。

以下，下線部を材料 (2), (3), (4) の順に変更して同じ教示をする。

材　料

　(1) 3個　　(2) 6個　　(3) 4個　　(4) 8個

間違ったときやできないときには，
「<u>3個</u>ですよ」と数だけを再教示する。

　検査者の表情をうかがいながら1個づつ入れたり，正しい数を入れたあと検査者の顔を見て同意を求めることがある。
　このようなときには，
「3個入れるのですよ」などと教示だけを繰り返す。

　検査の順序は3個，6個，4個，8個の順（V16→V18→V17→V19）であって，3個，4個，6個，8個と増加する順番（V16→V17→V18→V19）に検査してはいけない。検査者の表情やうなづきが答えの手がかりになってしまうことがあるので気をつける。また，「数えながら入れてもよいですよ」などと方法を誘導してはいけない。入れた数が誤っているときも誤りを伝えない。
　言葉かけのタイミングが終了の暗示とならないように注意する。たとえば，子どもが教示の個数より1個多く入れた直後に言ってしまうと，一つ多すぎたという暗示になってしまうことがある。子どもが必要な積木をすべて入れ終わったと思うまで待つなどの配慮が必要である。

［行動の判定基準］

　正しく入れた個数で通過とする検査項目を決める。
　誤答になればそれより大きい数は施行しない。
　この検査項目では，言語的発声を伴わずに数えられる数概念の発達を調べている。数の呼称は「サン」「シ」でも「サンコ」「ヨンコ」でも「ミッツ」「ヨッツ」でもよい。教示する数の呼称が理解できないときは，数の言い方を変えて繰り返してよい。
　正答であっても偶然と思われるときは，時間をおいてもう一度試行してから判定する。

［主題とする項目］

V20	指の数	左右	（通過年齢　4：54）
V21	指の数	左右全	（通過年齢　4：94）

［実施手続］

材　料

材料 (1), (2), (3) の順に一つづつ教示する。
　(1)「あなたの右の手には，指が何本ありますか」
　(2)「あなたの左の手には，指が何本ありますか」
　(3)「両方の手を一緒に合わせると，指は皆で何本でしょう」
子どもが自分の指を数え始めたら，
「いいえ，数えてはいけません。数えずに言ってごらんなさい」と教示する。
　この検査項目を施行する年齢の子どもは，まだ左右の弁別ができていないこともある。
「右の手」「左の手」の代りに，「こっちの手」「そっちの手」と指示してもよい。
　どうしても子どもが自分の手の指を数えようとするときには，検査者が子どもの手を握って，「この手」などと数えられないようにして施行するのがよい。
　検査者が子どもの手を握っても，頭の中で自分の指の数を数え上げることもある。見ずに数える

ことは許してよいが，この検査項目では，最後に，
「では，この手に指はいくつあったの」と教示し，
子どもが，「ゴ」「ゴホン」等と，数を単独で答える必要がある。

［行動の判定基準］
　左右（材料（1），（2））のみ正答のとき，V20を通過とする。
　左右に加えて合計（材料（3））も正答のとき，V21も通過とする。
　この主題項目は，数の呼称がどこまでできるかを調べているのではない。自己が持っている指の数をたずねることにより，自己と数に対する自発的な興味の発達を調べている。自分の指の数が全体としていくつあるのか，全体の数を把握してその数を答えられるかを調べている。
　この主題とする項目について，松下（2001）は実例集の中で次のように説明している。
　『一般に，子どもの数概念は，具体的な状況に結びついた個別の知識として獲得され，それらの知識が統合されながら発達していく。"積木が5個あること"，"硬貨の名称が5円であること"，"片方の手の指の数が5本であること"などを知っているだけで，5という共通の数が自覚されているわけではない。
　手の指が何本であるか答えられない子どもは，自分の手の指を数えようとする。正しく答えた子どもでも，念を押されると，不安になって数えなおすこともまれではない。このように繰り返し，自ら確認することを通じて手指についての知識は強固になり，たとえば"どの指から数えても結果はいつも同じになる"といったことが確信出来るようになる。このような確信は，数の集合がもっている重要な性質の1つである"数の保存"の理解に通じるもので，積木などを数えるのとはちがった側面から数の概念の発達に寄与していると考えられる。また，両方の手指の数を"合わせて10本"という知識にも興味深いものがあるが，その点についてはV25釣銭の説明を参照されたい』。

17-1-3　計　算

［主題とする項目］

V 22	5以下の加算　2/3	（通過年齢　4：60）
V 23	5以下の加算　3/3	（通過年齢　5：07）

　この検査項目では，簡単な数の操作が可能か調べる。

［実施手続］
　「もし，あなたが飴を二つ持っているとき，お母さんから，あと一つ貰えば，飴は皆で，いくつになりますか」と教示する。
　以下，下線部を材料（2），（3）になるように数を変えて教示する。
　材　料
　　（1）「2＋1」　　（2）「1＋1」　　（3）「2＋2」
　正答が得られないときには，同じ手続をもう一度だけ繰り返す。自発的に行う限り，指を使って数えることを許すが，指を使うように教示してはいけない。
　（2），（3）で同じように飴と教示すると，前の課題と数を合計する子どもがいる。このようなときには，"飴"を"ボール"等適当な物に置換えて教示を繰り返す。

［行動の判定基準］

3試行中2試行に正答のときV 22 を通過とする。

3試行中3試行全部に正答のとき，V 23 も通過とする。

材料（1），（2）に誤答であればV 22，V 23 ともに不通過となり材料（3）は施行しない。

この主題項目について，松下（2001）は実例集の中で次のように説明している。

『子どもは，数を数える経験を積むうちに，4～5個以内であれば，瞬時（直観的）に対象物の数を把握することが出来るようになる。さらに，この問題のように，対象物が眼の前になくても，状況をイメージしながら，自分が手にしているアメの数を直観的に把握出来るようになる。

この問題の主旨は，対象物のイメージを操作しながら，それらの数を把握出来るかどうかを観察するところにある。それを出来ることが，より大きな数の加減算に進むための基盤になるからである。

なお，子どもの中には，イメージ化された対象物を一つ，二つ，……と声を出して数えてから解答したり，手の指を使いながら解答する場合がある。自発的な行動を妨げる必要はないが，そのような方法を教えてはいけない。正しい数が言えれば通過とする』。

［主題とする項目］

V 25　釣銭　2/3　　　　　　（通過年齢　7：54）

［実施手続］

「これから，私が算数の問題を言いますから，あなたは暗算で答えてください」と教示してから，

以下の材料（1），（2），（3）を順番に施行する。

材　料

（1）「お菓子を4円で買って10円渡したら，おつりはいくらもらえますか」

（2）「12円のものを買って，15円渡したら，おつりはいくらですか」

（3）「20円もっていて4円使ったら，いくら残りますか」

子どもが問題を忘れたときには，もう一度教示を繰り返す。計算は，暗算することを求めている。自発的であっても筆算は認めない。各小問題とも制限時間は15秒とする。再教示後も15秒とする。

［行動の判定基準］

3試行中2試行に正答するときV 25 を通過とする。

材料（1），（2）ともに誤答，または正答のときには材料（3）を施行しない。

問題を了解し把握したうえで，課題を簡単な引算の形に変え，暗算によって計算する能力を調べている。

この検査問題は，しばしば幼稚園など低年齢の子どもにも施行することがある。そのとき，課題を子どもに理解させようとして，内容をかみ砕いてやさしく説明しようとする検査者が見られる。検査項目の通過年齢は，7歳5ヶ月と4/10であり，小学校2，3年生の課題である。それゆえ，小学生を相手にして算数の問題を与えるような態度で課題を説明することこそが検査者として正しい態度である。実施手続に記載している教示では理解できなければ，まだこの検査項目が要求している課題性に達していないことを示している。検査にあたって，十分な注意が必要であろう。

釣銭の問題V 25 では，5以下の加算 V 22，V 23 と異なり，自発的であっても指を使ったり紙に

書いたりすることは許されない。手引どおりの手続きで出題されるとできないが，"20-4"のように筆算の形で出題されると誤りなく解答できる場合もある。しかし，これらは不通過である。

[主題とする項目]

V 26 b　算術的推理　2/3　　　（通過年齢　10：40＊）

[実施手続]

算数的推理図版（B 6 判）を提示し，

「ここに算数の問題があります。声を出してはっきり読んでください」と教示し，図版を子どもに渡す。

子どもが読み終ったら直ちに，

「暗算で答を言ってください」と教示する。

材料（1），（2），（3）の順に施行する。

　材　料：課題図版に印刷されている問題

　（1）「2枚の紙のねだんが5円とすれば，50円では何枚の紙が買えるか」

　（2）「針金3mで15円とすれば，7mではいくらか」

　（3）「ある子どもがこづかいを1日に20円もらう。そのうち1日に14円使うとすれば，300円ためるには何日かかるか」

制限時間は，各小問題とも1分とする。

[行動の判定基準]

制限時間内に3試行中2試行に正答するときV 26を通過とする。

材料（1），（2）ともに誤答，または正答のときには材料（3）を施行しない。

この主題項目について，小山（2001）は実例集の中で次のように説明している。

『推理というのは，よく知られている事実や事実間の関係から1つの結論を導き出す思考の働きである。推理を中心とする問題解決の過程は外部からは観察されにくい。特にV 26 b（算数的推理）からV 26 e（方位）に至る問題は，すべて頭の中で考えて解答することが求められているから，被験者の反応を分析するための手がかりが得にくい。そこで，通過・不通過の基準のほかに，少なくとも次のような視点から観察してみることをすすめたい。

　1　問題を理解するのに必要な知識を持っているか

　2　問題から必要な情報を適切な形で取り出すことが出来るか

　3　問題はどのように理解されたか

　4　どのような解決方法が用いられたか

1, 2は特に説明を要しないであろう。3は問題を自分のことばで再構成して，解答が何かをはっきりさせることであり，4は結論の導き方で，単位あたりの値段，比例関係，未知数を含む方程式，そのほかのいずれに着目するかといった側面である』。

この主題項目では，単位を付けずに数値だけ答えた場合は，「正確に答えてください」と再教示し，それでも数値だけしか答ない場合は不通過とする。単位を誤った場合も不通過である。

暗算で解答する問題であるから，解決過程を直接観察することはできないが，被検者の反応から間接的に推察できる場合も少なくない。また，問題をどのように理解していたか，その内容や誤りの原因を明らかにするために，検査手続きが終了した後に質問して確かめてみるのもよい。

第18章 概念比較

　1つの概念次元によって，2つの物を比較する検査項目をまとめて説明する。概念の種類によって，具体的な概念比較，動作的な比較，抽象的な概念比較等に分けることができる。

18-1 具体的概念

　大小は子どもが最初に獲得する比較概念であり，具体的に目に見える概念として，大小と長短2つについて言語理解と比較態度の形成程度を調べる。

[主題とする項目]

```
　V 8    大小比較   3/3, 5/6    （通過年齢　2：37）
　V 9    長短比較   3/3, 5/6    （通過年齢　2：69）
```

[実施手続]
大小比較　V 8

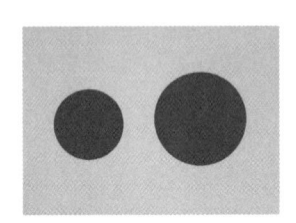

図59-1　大小比較図版（実物はB6判）

　大小比較図版（図59-1）を図59-2 a の位置になるように被検児の前に立てて提示する。
　「どちらのマルが大きいでしょう。大きい方を指で触ってごらんなさい」と教示する。
　以下，図59-2 b, c の順に図版を提示し，同一の教示を繰り返して検査を施行する。
　誤答のとき，正答を教示したり再教示はしない。
　3試行中2試行が正答で1試行のみ誤答のときには，最初の3回と大小の位置がちょうど左右・上下に入替えた位置，図59-2 d, e, f の順に提示し，同じ教示で施行する。

[行動の判定基準]
　始めの3試行に正答であればV 8を通過とする。
　始めの3試行中2試行が正答で1試行のみ誤答のときには，後半の3試行を施行し，全部に正答（前試行を加えると5/6）であるときにもV 8を通過とする。

長短比較　V 9
　長短比較図版（図60-1）を図60-2 a の位置になるように提示し，

(a)　(d)

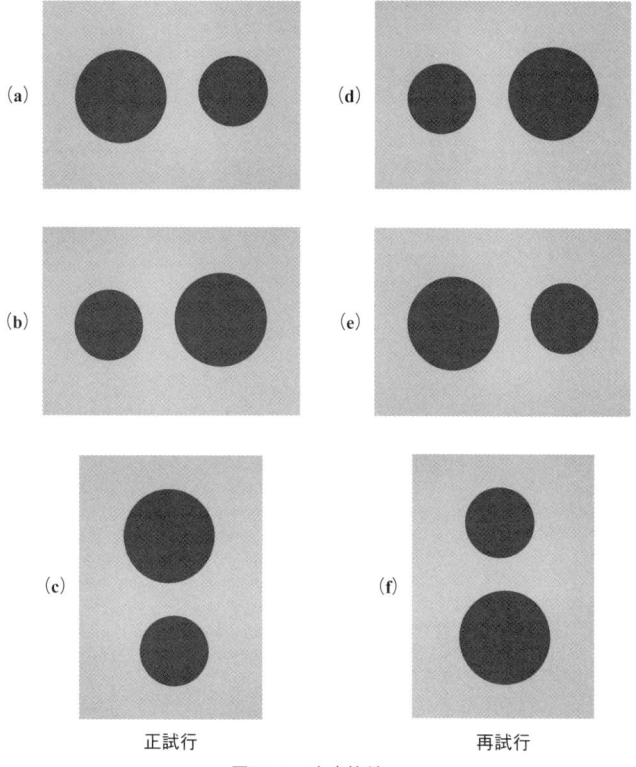

(b)　(e)

(c)　(f)

正試行　　　　　　　　　再試行

図 59-2　大小比較

「どちらの線が長いでしょう。長い方を，指で触ってごらんなさい」と教示する。
　以下，図 60-2 b, c の順に図版を提示し，同一の教示を繰り返して施行する。
　検査課題を了解できないときには，"線"を"棒"・"スジ"等と言葉を変えてみる。
　3 試行中 2 試行が正答で 1 試行のみ誤答のときには，最初の 3 回と長短の位置を左右・上下に入替えた位置，図 60-2 d, e, f の順に提示し，同じ教示で施行する。

[行動の判定基準]
　始めの 3 試行に正答であれば V 9 を通過とする。
　始めの 3 試行中 2 試行が正答で 1 試行のみ誤答のときには，後半の 3 試行を施行し，全部に正答（前試行を加えると 5/6）であるときにも V 9 を通過とする。

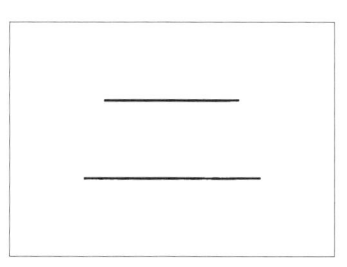

図 60-1　長短比較（実物は B 6 判）

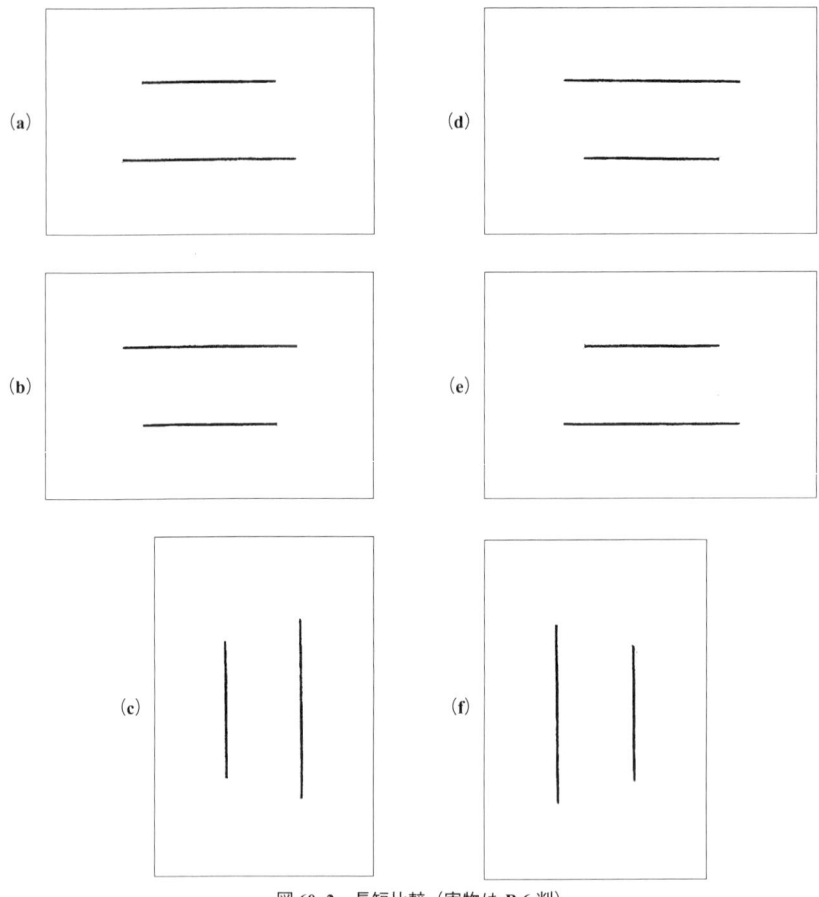

図 60-2　長短比較（実物は B 6 判）

18-2　重さの比較

[主題とする項目]

| P 85 | 重さの比較 | 例後 | 2/2 | （通過年齢　3：53） |
| P 86 | 重さの比較 | 例前 | 2/3 | （通過年齢　3：93） |

[実施手続]

　重さの比較用具（次頁の検査項目 P 87 を参照）から，錘 P（15 g）と錘 L（3 g）を用意し，L が利手の前，P が弱手の前になるように 20 cm 間隔で提示する。利手を伸した所に最初の正答がないようにするためである。

　「ここに箱があります。これは，どちらも同じように見えますが，一つは重く，一つは軽いのです。どちらが重いか。よく調べて重い方を私にください」と教示する。

　以下，錘の位置を左右入れ変えて合計 3 回施行する。次の試行に移行するとき，錘を子どもの視線からいったん隠すことが必要である。

　最初の試行で正しく比較できなかったり，2 試行ともに誤答であれば，例後 P 85 の検査に入る。子どもの利手に L（軽い方），弱手に P（重い方）を持たせて比較させてみる。検査課題を理

解すれば，続いてL，Pの位置を左右入替えて2回施行する。正答ではあるが，比較の方法が不確かなときには，しばらく時間をおいてから再施行してみる。

［行動の判定基準］
　　例示後，2回とも正答であれば，P 85を通過とする。
　　例示しなくても3試行中2試行が正答であれば，P 86を通過とする。
　　例示なく2試行ともに正答のときはP 86が通過となり材料（3）は施行しない。
誤答例：
　　①比較せずに一方の錘を取り上げる。
　　②両方の錘を見較べるが，手に持たず見ただけで一方を取り上げる。
　　③錘を指先で強くつまんだり叩いたりしてみる（固さを調べるかのように見える）。
　　④錘を取り上げて振ってみる。
　このような方法で，偶然重い方の錘Pを検査者に手渡しても正答としない。比較方法は，同時比較であっても，継時比較であってもかまわない。
　この検査項目では，"重い"という言語理解と比較態度を調べている。Binet検査の中で，最もそれらしい検査項目である。どちらが重いと分かるだけではいけないのであって，"確かにどちらが重いのだ"と再吟味する過程が必要である。
　われわれの標準化資料によれば，大小比較に通過する年齢はおよそ2歳3か月，長短比較では2歳6か月である。これに対し例示のない重さ比較は3歳9か月で，大小・長短理解よりかなり遅くなる。重さは直接見ることができない概念であり，より抽象的な概念であることが分かる。重さ比較は，正しく比較する態度と，重い方を選んで検査者に渡すという再吟味過程を同時に達成しなければならない。第1試行では比較せずに一方を取り上げたけれど，第2試行で他方を持って重さの違いに気がつき選び直すことがある。自発的に誤りに気が付いて正しい比較の方法を取り入れて正答した場合には，検査の途中でも初めから検査をやり直してよい。

［主題とする項目］

P 87　5個のおもり　2/3　　　（通過年齢　7：21）

［実施手続］
　5個の錘を，錘L（3 g），錘M（6 g），錘N（9 g），錘O（12 g），錘P（15 g）と命名する。錘をかき混ぜて子どもの前に提示する。
　「ここにある五つの箱は，皆同じように見えますが，重さは皆違うのです。一つも同じ重さのはありません」
　「さあ，よく調べて，一番重いものを見つけて，ここに（置くべき場所を指差す）置きなさい。その次には，それより少し軽いものをここに（場所を指差す），それからまた，少し軽いものをここに（場所を指差す），それからまた少し軽いものをここに（場所を指差す）それから一番軽いものをこの端に（場所を指差す）置くのです」
　後　半
　「さあ，もう一度言いますからよくお聞きなさい」
　「一番重い物を見つけてここに置き，それから順々に軽い物を並べて，一番軽い物をここに置くのです」
　「さあ，おやりなさい」と教示する。

子どもが 5 個の錘を一列に並べたら，並べた順番を記録してから，もう一度錘をかき混ぜ，「さあ，もう一度おやりなさい」と教示して，第 2 試行に入る。

第 1 試行の教示で子どもが反応しないときやでたらめな順番で並べるときには，後半の教示を一度だけ繰り返す。

[行動の判定基準]
3 試行中 2 試行に正答であれば，P 87 を通過とする。
始めの 2 試行が正答であれば，そこで検査項目を終了する。

この検査課題は，重さが 3 g 異なる微妙な重さの違いを見分け，系列として重さの順番に並べる比較態度が形成されていることの両面を調べる。子どもが並べた順番が正しいかどうかを調べるため，検査者が子どもの見ている前で錘を 1 個づつ手に持って重さを調べてはいけない。また，教示の中で「手に持って」などと比較する方法を教えてはいけない。検査者が経験を積むと，端から錘を 1 個づつ順番に取り上げる過程で，錘が並んでいる順番が分るようになる。検査者にも習練が必要な例の一つである。

18-3　抽象的概念

[主題とする項目]

| V 10　美の比較　3/3　　（通過年齢　3：22） |

[実施手続]
美の比較図版（図 61）を提示して，
「どちらの顔が美しいですか」または，「どちらのお姉さんの顔が，きれいですか」と教示する。
以下，図版（2），（3）の順に同じ教示で施行する。

[行動の判定基準]
3 試行全部に正答したとき，V 10 を通過とする。

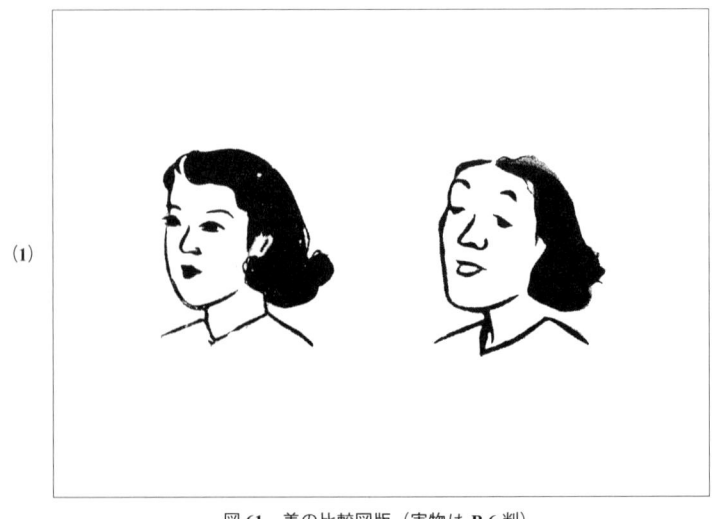

図 61　美の比較図版（実物は B 6 判）

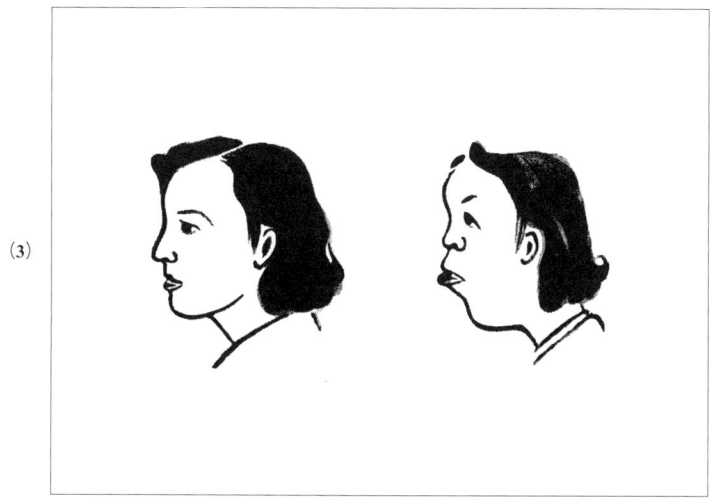

図61 美の比較図版（実物はB6判）

　1試行でも誤答であればそこで検査を終了する。美的な判断を求めているのであって，好き－嫌いを調べているのではないことに注意が必要である。
　"美しい"・"きれい"という言語理解と比較態度を調べる検査項目である。"美の比較"は，Binetが作成し，当初から用いられている検査項目である。美的概念は，発達過程で一番最初に現れる抽象的な概念であろう。大小・長短・重さなどが，言葉に対応した具体的・現実的尺度をもっているのに対して，美についてはそのような尺度が用意されていない。そのような意味で，より高度な概念を獲得して使用できるかを調べる検査項目である。抽象的ではあっても，概念の獲得は社会的経験によっている。言い換えるなら，子どもが生活している社会がもつ基準の反映でもある。
　ヒトがもつ知的機能のなかで，美的感情は美醜を超えて特別の意味をもつ。われわれが多くの知識を獲得し使用できるようになる過程で，初期には意図的な吟味過程によって知識内容が吟味される。行動が高度に獲得されていくと吟味作用は自動化され意識化されなくなる。自動化は，行動を素速く滞りなく進行させるために必須の過程である。このような過程において美的感情が使用される。例を挙げると，言葉を話したり，文章を読んでいるとき，あるいは，他人の行動を見ているとき等，われわれが日常的に行う行動で，誤りに気がつくときには，論理的に吟味して誤りを認知す

る前に，まず"何かおかしい"という感情が先行する。背中がむずむずすると言い換えてもよい。このような感情的判断が美意識の一つの姿である。それゆえ，知能検査では重視されてこなかったが，創造性研究において，美的感情や美意識は重要な機能として指摘された。美は最初に現れる抽象概念であるにとどまらず，知的機能にとってより本質的な意味をもっている。

　K式検査では，美の比較を女性の顔によっている。この点には改善すべき問題が隠されている。ヒトの顔の好みは歴史的にも大きく変化してきたように幾多の変遷を経てきた。社会的価値観によって影響されやすい対象である。検査図版を作成するとき，子ども達がきれいと反応する絵を作成すると若い女性の顔になり，きれいでないと反応する絵を作成しようとすると年寄の顔になる。絵を制作するわれわれの描写能力にも問題があるかもしれないが，より広く今日の社会的価値観の反映だとも考えられる。特に日本では，花を見るとどんな花でもきれいと反応してしまうような定型的反応がある。単なる社会的規範の反映による定型的反応ではなく，より本質的な美意識を測定できるような図版，できれば抽象的な図で，一方を子ども達がきれいと反応し，他方をきれいでないと反応する図を作成できるとよい。われわれの能力を超えた希望かもしれない。また，現在の社会的価値観を獲得していることを知ることにより多くの発達的な意味があるのかもしれない。いずれも，今後に残された重要な課題である。

第19章 概 念 操 作

[主題とする項目]

| V 26 c　時計の針　2/3　　　（通過年齢　10：117） |

[実施手続]

「今，6時20分過ぎです。その時，長い針がどこにあって，短い針がどこにあるか考えてごらんなさい。分かりましたか」と教示し，

"分かる"と答えたら，

「それでは，今，時計の針の位置を取替えて，長い針があった所に短い針が行き，短い針があった所に長い針が行ったら，何時何分になるでしょう」と教示する。

以下，下線部を材料（2），（3）に変更して，同じ教示で施行する。

材料
　　（1）6時20分　　　（2）8時10分　　　（3）2時45分

時計を見せたり，文字盤を描いて考えることは許さない。この問題を実施する前に，室内を調べ，あらかじめ時計を隠す等必要な措置を構じておかねばならない。

制限時間は，各材料ともに2分以内とする。

[行動の判定基準]

3試行中2試行に正答したとき，V 26 cを通過とする。

材料（1），（2）ともに誤答，または正答のときには材料（3）を試行しない。

制限時間以内に，以下の範囲内で時間を答えたとき正答とする。

　　（1）4時30分〜4時35分
　　（2）2時40分〜2時45分
　　（3）9時10分〜9時15分

この主題項目について，小山（2001）は実例集の中で次のように説明している。

『時計の針の問題を解決するには，被検者は，

　1．頭の中に時計を想起し
　2．与えられた時間を長針と短針によって表示された状態を思い浮かべ
　3．長針と短針の位置を入れかえ
　4．新たに表示された時間を読み取る

といった，かなり複雑な概念操作が必要である。しかし，時計が非常に身近な存在で，日常的に利用されていることや，安定したイメージを得やすい対象であることなどが，この問題を相対的にやさしくしていると考えられる（V 26 b, V 26 d, V 26 e 参照）』。

[主題とする項目]

> V 26 d　閉ざされた箱　3/4　　　（通過年齢　11：73）

[実施手続]

「今から言う問題をよく聞いて答えてください」

「ここに大きな箱があります。この箱の中には小さな箱が（a）二つ入っています。その小さな箱には，また，もっと小さな箱が（b）一つづつ入っています。そうすると，大きな箱も入れて，箱は皆でいくつありますか」

「もう一度，言います。初めに大きな箱があり，その中に（a）2個の小さな箱，また，小さな箱それぞれにもっと小さな箱が（b）1個入っていれば，箱はみんなでいくつですか」と教示する。

以下，下線部を材料（2），（3），（4）になるように，変更して教示する。

材　料

（1）a = 2, b = 1　（2）a = 2, b = 2　（3）a = 3, b = 3　（4）a = 4, b = 4

検査は，口頭で発問し暗算で答えさせる。筆記用具などの使用は許さない。

質問の形式を変更してはいけない。

各材料について回答するための制限時間は，30秒とする。

[行動の判定基準]

4試行中3試行に正答したとき，V 26 d を通過とする。

材料（1），（2）ともに誤答，または，材料（1），（2），（3）ともに正答であれば，それ以降の材料を施行しない。

この主題項目について，松下（2001）は実例集の中で次のように説明している。

『閉ざされた箱は，V 26 c（時計の針）と違い，多くの被検者にとって，はじめて経験する問題であろう。日常的な問題は経験的な知識や操作で解決がはかられるが，未経験な問題ではより形式的・論理的な思考が必要である。ただし，「ここに大きな箱があります……」に始まる問題の提示の仕方は，被検者の問題への導入を容易にし，その理解を助けている側面がある。その意味で，問題の提示に当たっては，説明の速さや間の取り方などに，十分な配慮が必要である』。

[主題とする項目]

> V 26 e　方位　2/2　　　　　　（通過年齢　計算不能）

[実施手続]

方位問題図版（B 6 判）を取り出して，検査者が印刷された文章（『　　』内）を読む。問題の文章を被検者に見せてはいけない。

「これから私の言う事をよく聞いて答えてください。『私は，西の方へ2 km 歩き，そこで，右を向いて，北へ0.5 km 歩きました。そこでまた，右を向いて，前方へ2 km 歩きました。』最後に私は，どの方向を向いて歩いていましたか」と教示する。

正しく答えたら，次に，

「私の，今いる所は，出発点から何 km 離れていますか」と教示する。

［行動の判定基準］
　方向，距離が両方とも正答であるとき V 26 e を通過とする。
　この主題項目について，松下（2001）は実例集の中で次のように説明している。
『この検査課題の特色は次の点にある．
　①問題の文章を被検者に見せないで，検査者が読んで聞かせる．
　②空間関係を表すための諸概念や，0.5 km のような少数点を含む数字が含まれるなど必要な知識の範囲が拡大されている．
　③V 26 d（閉された箱）の問題の提示方法と比較してみるとわかるように，質問の形式が，被検者が方角と距離の二つについて，頭の中で関係を描いて考える必要があり，この点が問題をより難しくしていると考えられる．
　その意味で問題の文章を二度，三度と繰り返し読んでやることは避けるべきである．読む前に，しっかり聞くよう注意を促して，ゆっくりと読んでやるなどの配慮が必要となる』。

第20章　自己とヒトの理解

　自己の認識は，0歳児の検査でも鏡像反応などで調べている。広く考えれば，ほとんどすべての検査項目は，自己理解と関係があるとさえ考えられる。ここでは，狭い意味で自己の理解を直接調べている検査項目と，身体図式を通して人間一般についてどのように理解しているかを調べている検査項目について説明する。

20-1　自己の身体像

[主題とする項目]

V 27　身体各部　3/4　　　　（通過年齢　1：75）

[実施手続]

　「あなたの目は，どれですか」と教示する。
　以下，下線部を材料（2），（3），（4）に変更して，同じ教示で施行する。

材　料

　　（1）目　　（2）鼻　　（3）口　　（4）耳

反応がないときには，次のような表現のいずれかを利用して再教示する。
　「あなたの目は，どこにありますか」
　「目の上に指をのせてごらんなさい」
　「お目々をつぶってごらんなさい」
　材料（2）以下も，初めの2つの表現を利用して再教示する。

[行動の判定基準]

　4問中3問に正答したときV 27を通過とする。
　始めの3試行で通過となっても材料（4）を施行して子どもの反応を確かめておく。
　この主題項目は，自分の身体部分について名称と部位の一致をたずねることにより，自分についての関心とヒトがどのような部位から成立っているかを知るようになる過程を調べる。そのような意味で身体像の理解を調べる検査項目である。言葉を獲得し始めた子どもを対象に，自分の頭に付属している主要な部分をたずる検査項目であり，検査者による教示の理解も重要である。直接には子どもが見ることができない自分の身体部分について名称を理解しているか調べるものである。検査者の教示を理解し，自分の身体部分の名称を指差しなど身振りで検査者に伝えることを要求している。教示を理解して，検査者に正しく伝えようとする反応そのものを調べている。すでに説明したように，子どもの課題性理解を調べることも重要な側面であり，該当年齢の子どもは，人見知りが強い年齢でもある。課題性の理解ができないための不通過か，人見知りによる不通過であるのかを見極めることも重要である。
　指差しでなくても，何らかの方法で検査者に伝えようとする意図が認められるときには，正答と

判定する。自分の身体部分を指差すだけでなく、触る、押さえる、つまむ、軽く叩く等すべてを認める。

母親、検査者、人形など他者の身体部分を指し示すときには再教示する。子ども自身の身体各部を指示できないときは不通過とする。

再質問をするとき、「クサイ」などと他の言葉に言い換えてはいけない。

口を問われたとき、子どもが自分の口を開けたときには再質問する。同じ反応を繰り返したときには通過としてよい。目を問われて目を閉じる場合も明らかに質問に対する回答としての反応であれば通過とする。

聴取による判定は通過と認めないが、検査場面で正答が得られないときには、日常場面での行動をたずねておくと、検査結果を解釈する参考となる。

[主題とする項目]

> V11　左右弁別　全逆（3/3, 5/6）　（通過年齢　4：01）
> V12　左右弁別　全正（3/3, 5/6）　（通過年齢　5：10）

[実施手続]

右利きの子どもには、
(1)「あなたの左の手はどれですか」
(2)「あなたの右の耳はどれですか」
(3)「あなたの左の目はどれですか」
と、順番に一つづつ教示する。

左利きの子どもは、(1)、(2)、(3)の左右を反対にして教示する。

3試行中1試行に正誤が異なった回答をしたときには、手・耳・目の左右を入替えて、(1)から(3)の順に教示する。合計6試行することになる。それゆえ、この検査では、最初の3試行のうち1試行に誤答であっても2試行に誤答であっても次の3試行をすることになる。

[行動の判定基準]

3試行中3試行とも誤答であればV11全逆を通過とする。

3試行中2試行が誤答であれば、後半の3試行を施行し全部が誤答（左右が逆の回答）であればV11全逆の5/6を通過とする。

3試行中3試行とも正答であればV11全逆とV12全正を通過とする。

3試行中1試行が誤答であれば、後半の3試行を施行し全部が正答であればV11全逆とV12全正（5/6）を通過とする。

それゆえ、最初の3試行が全部逆（V11　全逆が通過）、または、全部正しいとき（V12　全正が通過）を除いて、いつでも後の3試行を行うことになる。もちろん、後の3試行になって5/6の条件に達しない状況になれば、その時点で検査項目を終了するのは、他の検査項目と同様である。

無反応のときは再教示し、それでも無反応であれば不通過として終了する。

[行動の判定基準]

V12（左右弁別、全正）が通過するとき、全逆V11はあり得ない。この検査項目では、全正V12が通過したとき、全逆V11より高度な反応を獲得していると考えて全逆も通過とする。この場合、実際には検査項目V11に正答していないため、無試行通過とよぶ。

自己に関する空間の分節内容について，左右理解を通して調べる。判定の基準は，問われている左右の手，耳，目を正しく差し示せばよく，手をあげる，耳をさわる，目を閉じるなど，示す方法は問わない。ただし，子ども自身の手・耳・目を指し示すことが必要であり，検査者など他のヒトや人形など自分の外部の人や物について左右弁別ができていても，正答とはしない。子どもが，反応を修正するとき，検査者などの様子を見て修正したなら誤答とする。親や検査者が手がかりを与えやすいので注意が必要である（ただし，子どもが自発的に修正したときは通過とする）。左右両方の部位を示す場合は誤答である。

この主題項目について，小山（2001）は実例集の中で次のように説明している。

『左右の弁別は，子どもの持つ身体図式や概念の形成を，左・右の理解を通して調べている。子どもにとって，左右は，外界にある物や教えてくれる目前のヒトと，鏡像関係になり，左右が逆転するために混乱を起しやすい概念である。相手との鏡像関係を理解し安定した左右弁別を獲得することは，成人期になることさえ珍しくはない。それゆえ，左右の言葉が自分を中心とした一方と他方を意味していると安定して理解されていたら，左右概念を獲得する大切な段階を達成していると考えられる。不安定に左右を理解しているより，安定して左右を逆に理解している方が望ましいとさえ考えられよう。そのため，この検査項目では，左右全逆Ⅴ11を一つの独立した検査項目として判定している』。

20-2　自己についての日常的知識

［主題とする項目］

V 37　姓　名　　　　　　（通過年齢　2：79）

［実施手続］

「あなたの名前は，何というのですか」と教示する。

名のみを答え，姓を答えないときには（たとえば，太郎のみ答えたとき），

「なに太郎というの」と再教示する。

それでも理解できなければ，

「木村太郎なの，それとも田中太郎なの」のように再教示する。

当然ではあるが，例示に使用する姓は，本人の姓を使用してはいけない。"太郎"，"木村"，"田中"の部分は適当に入替えて教示すればよい。

［行動の判定基準］

姓・名をともに正しく答えたときV 37を通過とする。

名は，正確な戸籍名でなくても本人が日常的に呼びかけられている通称や愛称でも正答と認めるが，姓は正しく答えられないと不通過とする。

構音の間違いは許す。

［主題とする項目］

V 38　性の区別　　　　　　（通過年齢　2：106）

［実施手続］
　子どもの性別により教示を変更する。
　　（1）男子に対して，「あなたは女の子ですか，男の子ですか」
　　（2）女子に対して，「あなたは男の子ですか，女の子ですか」
　と教示する。
　ちょうど通過する年齢の子どもでは，最初に聞いた言葉を反復して答える傾向があるため，初めに正答がこないようにする。
　反応がないとき，
　男の子には，
　「あなたは女の子ですか」と再教示し，
　否定の回答があれば，
　「それでは，あなたはどちらですか。女の子ですか，男の子ですか」と教示する。
　男の子に，「男の子ですか」と教示してはいけない。
　女の子にも，同様に再教示する。
（注）昔のK式検査以来，性別をたずねる教示方法は上述と逆に規定している。しかし，著者の経験によると，むしろ反対の回答を得ることが多い。すなわち，男（女）の子に「あなたは女（男）の子ですか，男（女）の子ですか」とたずねると，最初の言葉に反応して「女（男）の子」と回答するのである。検査者の口調も手掛かりとされやすい。検査を施行するときには，この点についても十分に注意して欲しい。

［行動の判定基準］
　回答の形式は問わないが，自分がどちらの性に属しているかが正しく弁別されて，それを検査者に伝えればV38を通過とする。
　以下に具体例で判定基準を説明する。
　1．子どもが自分の性別を正しく答える。
　　　例　男の子－オトコ，オトコノコ，ボウヤ，等
　　　　　女の子－オンナ，オンナノコ，ジョウチャン，等
　2．反応がない場合，判定が困難な回答のときには再質問し，子どもが自分の性別を正しく識別していれば通過とする。
　3．再質問例
　　1「オトコノコ，サンサイ，モモグミ」（ひとまとまりとして答える）
　　2「ズボンハイテル」
　　3「ナガイカミシテル」
　　4「オトコトイレ（ベンジョ）」
　　5「オチンチンアル」
　　などの反応は手続きにしたがって再質問し，正答が得られないときは誤答とする。
　4．性別以外の答えは誤答であるが，正しく性別を答えた後に付け加えるのは再質問とする。
　　再質問例（1）は，最初に正しい解答をしているが，3つの内容を1つの固まりとして覚えている。性別として独立して理解されていれば通過とする。
　5．養育者からの聴取によって通過としない。

20-3　ヒトの身体像

[主題とする項目]

P 110	人物完成	3/9	（通過年齢　3：53）
P 111	人物完成	6/9	（通過年齢　3：91）
P 112	人物完成	8/9	（通過年齢　5：34）

[実施手続]

　V 28, 29（身体部位）と連続して施行しない。

　人物完成用紙（図 62-1-1, B 5 判）を提示し,
「これは何の絵ですか」と教示する。

　答えられないときには,
「ヒトの絵ですね」と教示を加える。

　（正しく答えたら,「そうですね」と教示を続ける）
「この絵を描いたヒトは, 終りまで描かずに, 途中で止めてしまいました。まだ, 描いてない所がありますから, あなたが終りまで描いてください」と教示する。

　正答が一つも描けないときには,
「ごらん, 耳が片方しか描いてないでしょう。もう一つの耳を描いてごらんなさい」と再教示する。

　子どもが描かないときには, 検査者が左側に耳を描いて見せる。

　その後,
「さあ, その他にはありませんか」と再教示するが, それ以上に教示は加えない。

[行動の判定基準]

　正答と数える 9 つの身体部分中, 自発的に子どもが描いた身体部分の数で通過項目を決める。

　再教示した後に正しい耳を描いても正答には数えない。模範的な正答は, 課題図で左側か右側だけに描かれた身体部分を左右対称の位置に同じ形で描いた図である（図 62-1-2）。子どもが自発的に描いた身体部分だけを採点の対象とし, 保護者が言葉で指示したり, 指差して示した身体部分はたとえ子どもが正しく描いても採点の対象とはしない。

　加齢が進むと全員が模範図を描くようになる。それゆえ, 模範的正答図は, 典型例でもある。典型例になる前にはさまざまな描写が生じる。そのような反応について, 正答と認める基準を説明する。説明をわかり易くするため, 図 62-1-3 のように図の部分を命名区分する。

　描かれた図の中で正答と数える身体部分は, 下記の 9 部分とする。

(1) 耳：頭を描いた円形部分の左側中央部に描かれること。形の大小とゆがみは許す。

　　図 62-2-4 と図 62-2-5：形がゆがんでいるがこの程度まで正答とする。

　　図 62-1-2：典型的正答例

(2) 脚：領域図（図 62-1-3）の下半分右側に描かれていること（C の範囲）。

　　図 62-2-1：左側に描かれている：誤答

　　図 62-2-2：上半分に付いている：誤答

　　図 62-2-3, 2-4, 2-5：形を変えているが正答

　　図 62-2-6：正答

図62-1-2：典型的正答例
(3) 足：正答とする脚の先端に独立して足が描かれていること。
    図62-2-1, 2-2：独立しているが脚が誤答なので正答としない
    図62-2-3：足が独立していないから正答としない
    図62-2-4：足の方向は反対だが正答とする
    図62-2-5：足の形は異なっているが独立して付け加えられているから正答とする
    図62-2-6：正答
    図62-1-2：典型的正答例。
(4) 腕：領域図（図62-1-2）の上半分にあり首部（曲線部）より左側に描かれていること（Bの範囲）。
    図62-2-1：右側に描かれている：誤答
    図62-2-3, 2-4, 2-5：形は変更されているが位置は正しく正答
    図62-2-6：正答
    図62-1-2：典型的正答例
(5) 手：正答とする腕の先端に手が独立して描かれていること。
    図62-2-1：独立しているが腕が誤答なので正答としない
    図62-2-3：手が独立していないと判定する（右図で手を無視した）：誤答
    図62-2-4, 2-5：形は変更されているが独立して描かれている：正答
    図62-2-6：正答
    図62-1-2：典型的正答例
(6) 眉毛：鼻を示す縦線の両側，頭の上半部に左右とも描かれていること。
    図62-2-2：1つしかない：誤答
    図62-2-6：まつげは眉毛ではない：誤答
    図62-2-3：目か眉毛か不明であるが，一方の正答とする
    図62-1-2：典型的正答例
(7) 目：鼻を示す縦線の両側，頭の上半部に左右とも描かれていること。目は丸くなく直線で描かれていても正答とする。
    図62-2-1：目と回答しても鼻の無視により：誤答
    図62-2-2：目が1つしかない：誤答
    図62-2-3：目または眉毛で正答1部分（目と眉毛の2部分に数えないこと）
    図62-2-6：正答
    図62-1-2：典型的正答例
(8) 頭髪：頭部の左側に頭髪らしい物が描かれていること。右半分の頭髪を無視して全体に頭髪を描くときにも正答と数える。ただし，右半分にのみ描くときには誤答とする。
    図62-2-4：右半分のみに描く：誤答
    図62-2-5：髪の描き方は課題と異なるが正答
    図62-1-2：典型的正答例。
(9) 首：胴と頭部をつなぐ首の線は，胴の線が切れたところから始まり，図62-1-3 Aの範囲で頭部に接していること。
    図62-2-1, 2-2：頭部に接している場所が誤答
    図62-2-3：首の線も描いているので正答
    図62-2-6：正答
    図62-1-2：典型的正答例。

204 第Ⅳ部 検査項目への反応に見る子どもの発達：課題性による検査項目

図 62-1-1 人物完成用紙（実物は B5 判）

図 62-1-2 模範的回答（正答と数える部位）

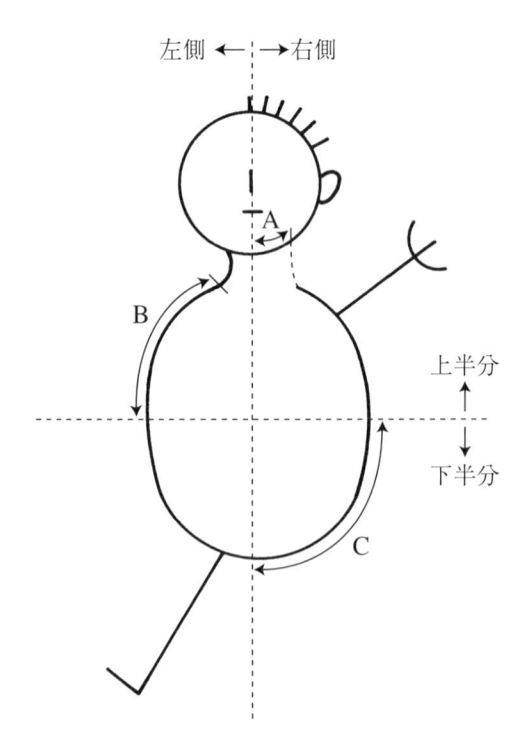

図 62-1-3 正答基準の説明図

図 62-2-1

図 62-2-2

図 62-2-3

図 62-2-4

注意事項:
1. 人物画の上下・左右は，胴の中央からの横軸，縦軸を基準にして判断する。図 62-1-3 領域図に点線で示した。
2. 描かれた図だけでは，目と眉毛は判別しがたいときがある（図 62-2-3）。子どもにたずねてよいが，分かり難いときには 2 つの部分品が描かれていたとき目と眉毛の両方，1 つであれば（図 62-2-3）部分を特定せず目または眉毛として一部分と数える。

図 62-2-5　　　　　　　　　　　　　　　　図 62-2-6
図 62-2　反応を説明する図

3. 腕と手，脚と足は，子どもが独自に描くことも多い。そのような描画は腕，脚と分かれば正答としてよい（図 62-2-3, 2-4）が，腕と手，脚と足はその部分が判別できるように描かれていないときでは腕，脚の 1 部品（図 62-2-3）のみ描かれたと数える。
4. 課題図に含まれていない身体部分や洋服・装飾品などを描加えても，すべて採点の対象としない（図 62-2-6，ボタン・スカート等）。

[主題とする項目]

| V 28 | 身体部位 | 3/4 | （通過年齢　3：85） |
| V 29 | 身体部位 | 4/4 | （通過年齢　4：90） |

[実施手続]

身体部位図版（図 63(1)）を提示し，
「この顔のどこかにまだ描かれていない所があります」
「どこかにまだ足りない所があるのです」
「どこが描いてないか言ってごらんなさい」と三重に教示する。
以下，図版 63 の (2)，(3)，(4) を順番に教示する。
図版 63(4) では，
「この女の人の絵には，何が描いてないですか」と教示する。

材料図版
　(1) 目　　(2) 鼻　　(3) 口　　(4) 腕または手
反応がないときや正答が得られないときには，
図版 63(1) のみ，

(1)　　　　　　　　　　　　　　(2)

(3)　　　　　　　　　　　　　　(4)

図 63　身体部位図版（実物は B 6 判）

「ほら，このお姉さんの顔には，ここにお目々が描いてないでしょう」と再教示する。
目の位置を指で差し示してもよいが，目と眉毛以外の部分に言及してはいけない。
見当違いの回答をしたとき，図版 63(4) だけは，

「その他にはありませんか」と再教示する。

言葉でなく，未描画部分を指差すだけに終わるときは再質問する。

制限時間は，各図版とも 25 秒とする。再教示後の制限時間も 25 秒とする。

[行動の判定基準]

4 試行中 3 試行に正答したとき V 28 を通過とする。

4 試行中 4 試行すべてに正答したとき V 29 も通過とする。

材料（図 63 (1)），（図 63 (2)）が誤答であったときには材料（図 63 (3)），（図 63 (4)）を施行しない。

制限時間以内に未描画部分を言葉で正しく答えたとき正答とする。

身振りで自己の身体部分を指示したときも正答としてよい。

正答以外の部分を付加したことによって誤答とはしない。

制限時間内に答えられないとき見当違いの回答をしたときには，不通過とする。

正答例
 (1) 目：「めがない」「め」「こっちのめ」
 (2) 鼻：「はながない，めある」「はなのここがない」
   ＊「かおのせんがない」は再質問する。
 (3) 口：「くちあらへん」「くち」「くちびる」
 (4) 腕（手）：「てがない」「うでがない」「りょうてがない」

第21章　記　　　　　憶

21-1　注意の持続

[主題とする項目]

| P 65　包み込む　　　　　（年齢　1：27） |

1歳児の検査（p 67）で簡単に説明したが，記憶の問題として再度説明する。

[実施手続]
　ミニカーをハンカチの真ん中におき，ハンカチの四隅を折って包込む。

[行動の判定基準]
　包まれたミニカーを子どもが意図的に出すことができればP 65を通過とする。
　偶然でなく意図的であれば取り出す方法は問わない。
　この主題について，小山（2001）は実例集の中で次のように説明している。
　『全体隠し（P 64），部分隠し（P 63）に続いて，物の永続性，課題遂行のための注意の持続について調べる項目である。Uzgirisら（1975）の尺度では，かぶせる布の枚数を増やして隠されているものを探し出す能力を調べている。包み込む（P 65）では玩具（ミニカー）を布で包み込むことによって，課題遂行のために必要な注意の持続力を調べている。ミニカーが出てくるまで布をゆっくりと開いてミニカーを手にするような反応は最も望ましい正答といえる。興味が布だけに向かっている行動は通過とはいえない。すなわち，布を振る，布ごとつかんで放り投げるなどの行動である。布をつかんで投げたときに偶然，自動車が外に出て，それを見た子どもが自動車をつかんで遊び始めても不通過とする。包まれた布をつかんで振ることにより，自動車を出そうとする方略をとる子どももいる。この場合再試行して，自動車を再び手にしようという子どもの視線など行動に十分注意し，車を手に入れようという意図が明らかにあれば通過としてよい。すなわち，布を振って自動車が出たことを知り，次には，自動車を出すため意図的に布を振って取り出したときも通過としてよい』。

[主題とする項目]

| P 67　予期的追視　　　　　（年齢　1：39） |

[実施手続]
　子どもの注意をミニカー（またはボール）に十分引きつけてから，衝立の後ろを通るようにミニカー（ボール）を走らせる。ミニカー（ボール）が衝立の後ろを通り，反対側に出てくることを見せる。次は出てきたところから始めに入れた方向へ走らせる。ミニカー（ボール）が衝立の後ろに隠れているとき，そこでミニカー（ボール）を止めて子どもの反応を調べる。

[行動の判定基準]
　3試行中1試行，反対側からミニカー（ボール）が出てくることを予期して，子どもが反対側を注視するときP67を通過とする。
　衝立の左右どちらか一方からミニカー（ボール）を走らせ，他方に出てくることを経験させて追視ができたところで，衝立の後でミニカー（ボール）を止めたときに1回でもミニカー（ボール）の出てくるところをあらかじめ注視することができれば通過とする。
　誤答例：
　　① 衝立でミニカー（またはボール）が隠れたとき，出口を見ずに追視が途切れてしまう。
　　② 目で追跡せず，衝立を越えてミニカー（またはボール）を直接取ろうとする。
　　③ 隠れたミニカー（またはボール）を別の場所で探す。
　　④ 課題状況にまったく入れない。
　この主題項目について，小山（2001）は実例集の中で次のように説明している。
　『包み込む（P65），2個のコップ（P97），3個のコップ（P98）等の検査項目同様，物の永続性と追視能力や課題の意味が理解でき，検査者が課題を作成する間，"待つこと"が出来ることが前提となる。このような視覚的痕跡を利用した物の永続性課題の達成時期については議論のあるところである』。

21-2　位置の記憶

[主題とする項目]

| P 97 | 2個のコップ | 2/3 | （年齢　1：62） |
| P 98 | 3個のコップ | 2/3 | （年齢　1：72） |

　注意の集中力，持続力，課題の理解力を調べる。
　見えない所での位置関係を5秒間記憶する能力を調べる。

[実施手続]
　2個のコップ　P 97
　子犬と，赤と青のコップを1個づつ提示して遊ばせる。青コップが利手側，赤コップが弱手側になるように30 cm間隔で子どもの前に伏せて並べる（図64-1 a）。
　犬を手に持ち，図64-1 b のように提示して
　「ワンワンが隠れますよ」と教示しながら，
　青コップに隠す。
　犬を隠したまま，子どもの注意がコップから離れないようにして，2つのコップの位置を左右入替える（図64-1 c）。
　「ワンワンはどこにいるの」と教示する。
　反応がないときには，
　「ここですよ」と教示して，
　コップから犬を出して見せる（図64-2 b）。
　また，図64-1 d のように提示してから犬をコップに隠して，左右を入替え（図64-1 e），
　「犬はどこにいるの」と教示する。
　同じ手続と教示を繰り返し（図64-1 f から g へ），子どもに合計3回までたずねてよい。
　犬を隠す手順を図64-2に示した。a から b のように隠す。

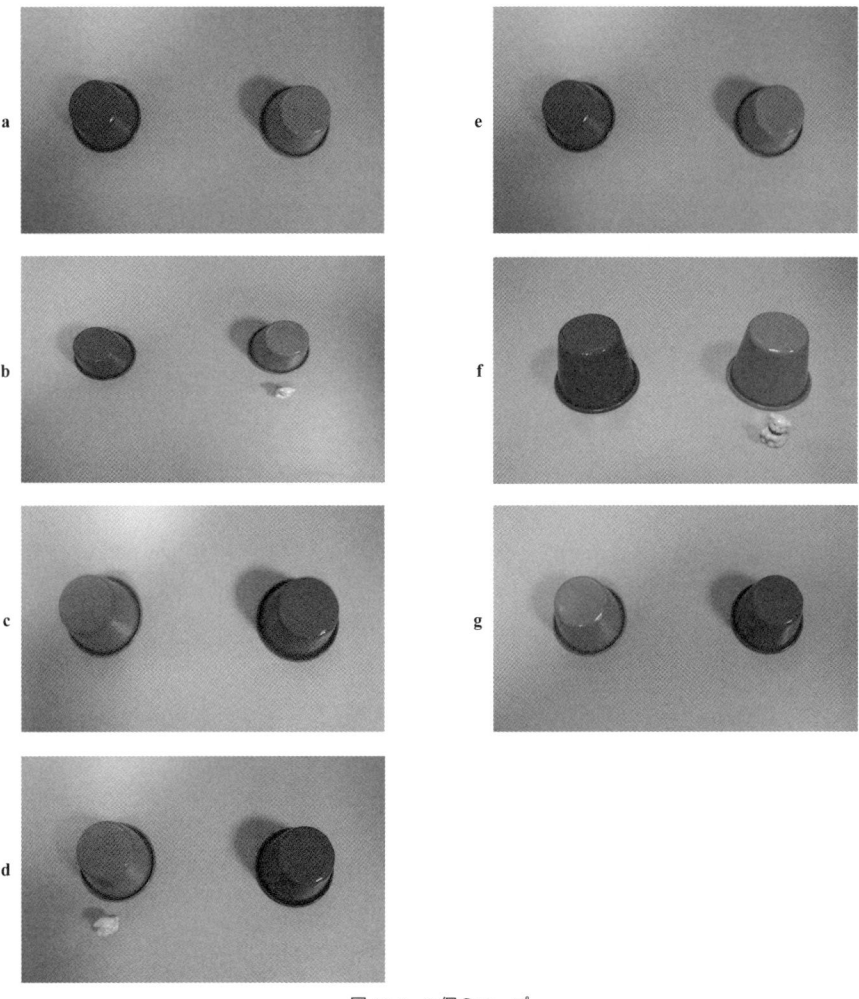

図 64-1　2 個のコップ

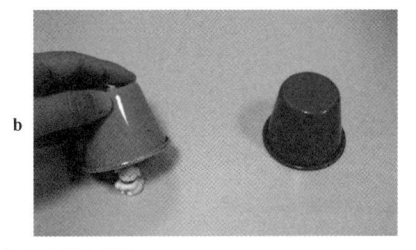

図 64-2　2 個のコップ：犬を隠す手順

[行動の判定基準]

　3 試行中 2 試行に正答したとき P 97 を通過とする。

　始めの 2 試行がともに誤答，または正答のときには検査を終了する。

　犬が入ったコップを指差したり，犬が入ったコップを持って犬を取出せば正答とする。

　コップに強い興味をもつと，両手を出して 2 つのコップを同時に持つことがよく見られる。そのような反応は誤答とする。コップに興味が集中し，犬に興味がないときに，偶然犬を隠したコップを始めに持っても正答とはしない。

3個のコップ P 98

青い3個のコップと子犬で遊ばせた後，3個のコップを15 cm間隔で横一列に並べる（図65-a）。図65 b のように子犬を提示してから
「ワンワンが隠れますよ」と教示しながら，
中央のコップに犬を隠し，衝立で3個のコップを5秒間隠す。
衝立を取除いて，
「ワンワンはどこにいるの」と教示する。
以下，図65 c，65 d の位置で同じ教示を繰り返す。
反応がないときには，最初の試行だけ，犬を隠した場所を教えてよい。

[行動の判定基準]

3試行中2試行に正答したとき P 98 を通過とする。
始めの2試行がともに誤答，または正答のときには検査を終了する。
子どもの反応は，たとえ，触れなくても最初に手を伸ばしたコップで判定する。
犬を隠して，3個のコップを衝立で隠す時間が待てない子どもがいる。衝立の後ろに手をのばさないようにして所定の時間（5秒）待たせる必要がある。衝立を取ろうとして，検査者と衝立の押合いをすると，子どもは犬を隠した場所を忘れることが少なくない。このようなときにも誤答とする。コップに興味が集中し偶然犬が入っているコップを取り上げたときには正答としない。
2個のコップ（P 97），3個のコップ（P 98）の課題は，物の永続性と注意の持続を調べる検査項目であるが，犬やコップは子どもの興味を強く引き，子どもが検査事態を受入れられないこともよくある。自分でコップを持って好きなように遊びたいためである。この検査項目は，記憶の課題であるとともに，検査状況をどのように受止め，課題性を理解し始めているかを示してくれる課題でもある。興味のある物に対して待てることは，知的機能にとって根本的に重要な契機であることを理解しておきたい。

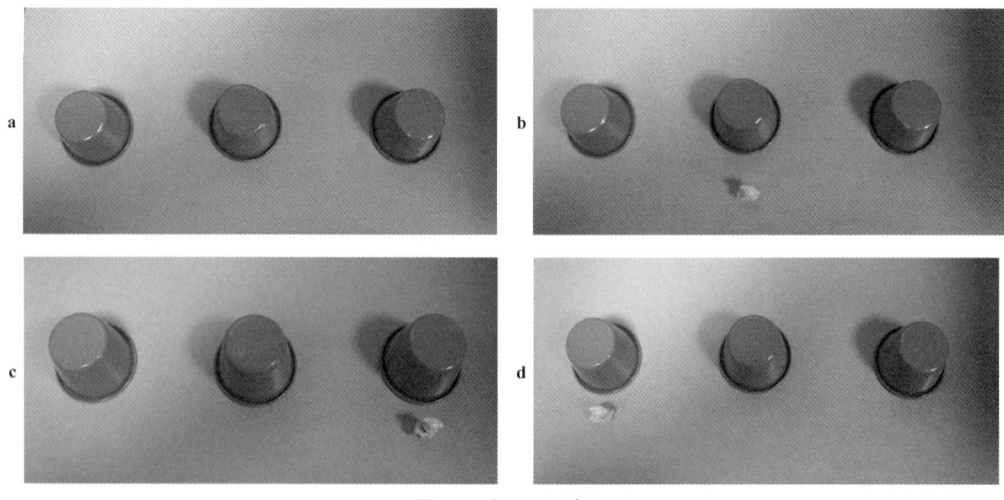

図65　3個のコップ

[主題とする項目]

P 113 記憶板　2/3　　　　（年齢　2：40）

[実施手続]

1. 記憶の獲得過程

記憶板（図66-1 a）を提示し，(1)のふたを開け（図66-2 a），
「さあ，ここに何があるでしょう。何もありません」と教示し，
次に(2)のふたを開け（図66-2 b），
「ここにはあります。何でしょう。‥‥花ですね」と教示する。
次に，(6)のふたを開け（図66-2 c），
「靴ですね」と教示し，
最後に(7)のふたを開け（図66-2 d），
「魚ですね」と教示する。
引き続き，
(1)「花は，どこですか」
(2)「靴は，どこですか」
(3)「魚は，どこですか」と教示して，
子どもにふたを開かせる。間違ったときには，正しい位置を教える。

この操作を最大5回まで繰り返して，「花」「靴」「魚」の位置を覚えさせる。1回完全正答したとき，学習が成立したとする。5回の試行で3つの位置を獲得できないときには，学習不成立による不通過として終了する。

5回以内に3つすべての位置を学習したら，そこで学習成立として，検査項目をいったん中断する。学習成立に必要な施行回数を記録して別の検査項目に移行する。

(a) 全部閉じたところ（番号は便宜的に付してある）　　　(b) 全部開いたところ

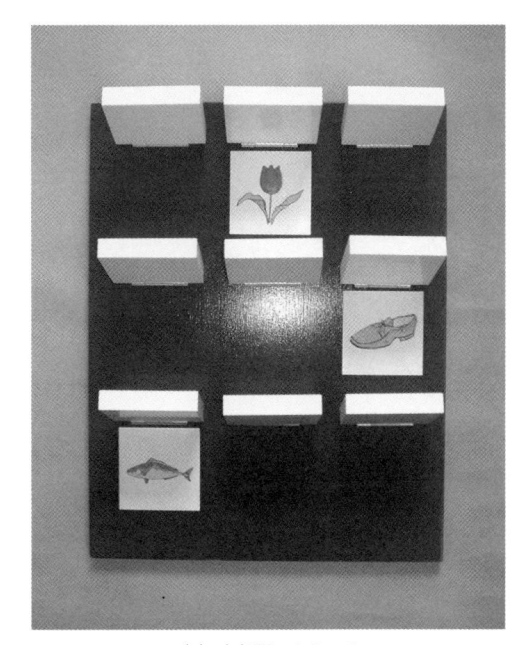

図66-1　記憶板　用具の説明

(a)　(b)　(c)　(d)

図66-2　記憶板　検査の手順

2. 記憶の再生過程

学習成立から，10分（±1分程度の誤差は認める）経過した後に，再び記憶板を提示し，
「これでさっき遊びましたね」と教示し，
以下，
(1)「花は，どこですか。開けてごらんなさい」
(2)「靴は，どこですか。開けてごらんなさい」
(3)「魚は，どこですか。開けてごらんなさい」と順に教示して，
記憶した3つの絵を開けさせる。

［行動の判定基準］

3試行中1誤以内で（3つの絵のうち2つの絵について）正答できれば，P113を通過とする。

誤答数の数え方は，絵のないところを開ければ1誤，違う絵のところを開ければ2誤とする。それ故，「花はどこですか」とたずねたとき，靴や魚を開けたり，「靴はどこですか」の質問に魚の絵のあるふたを開けた場合，その時点で不通過となる。

再生時には，両手で2つのふたを同時に開けないように注意する必要がある。検査者の教示を待たずにふたを開ける子どもがいるので，そうさせないような注意も必要である。

この検査項目は，2歳後半から3歳前後にかけての記憶力を，位置の記憶を利用して調べるものであり，その意味では3個のコップ（P98）の延長線上にある課題でもある。位置関係を10分間記憶保持している能力を調べている。

3つの絵について5回以内の獲得（練習）試行で位置を学習できない場合は，学習（獲得）不能として不通過とする。獲得試行中に子どもが自発的に行うとき，記憶板の絵がないふたを開ける行為は，無理に制止しなくてもよい。自発的に子どもが他の名称を付けたとき，絵の名称は子どもの命名どおりに変更する。獲得試行で自発的に子どもが付けた名前を再生試行でも使用する。（例：花をチューリップ，靴をクック，魚をオトト，等）

この検査項目は，学習（獲得）試行を行ってから，再生試行まで10分間待たなければならない。検査の終了近くなって，この検査項目を行うと10分間子どもの相手をして待たなければならない。検査項目を施行する時期に十分注意する必要がある。

［主題とする項目］

P 115	積木叩き	2/12	（年齢 3：93）
P 116	積木叩き	3/12	（年齢 4：15）
P 117	積木叩き	4/12	（年齢 4：39）
P 118	積木叩き	5/12	（年齢 4：117）
P 119	積木叩き	6/12	（年齢 5：81）
P 120	積木叩き	7/12	（年齢 7：17）
P 121	積木叩き	8/12	（年齢 8：25）
P 122	積木叩き	9/12	（年齢 10：27）
P 123	積木叩き	10/12	（年齢 15：35*）

［実施手続］

4個の積木を提示して，5cm間隔で横一列に並べる。子どもの左手側から右手側に積木を1．2．3．4と命名する。検査者に手続きを説明するための命名であり，この命名は子どもに教えない。左利きの子どもでも，1．2．3．4の順を反対にする必要はない。

検査者は，別の積木を1個持ち，

「積木を順に叩いて遊びましょう。始めに私が叩きますから，それをよく見てあなたも後で同じように叩いてください」と教示し，

手に持った積木で並べた4個の積木を材料（1）の順序で叩く。

叩き始めるときには，積木と検査者が叩く動作の両方を子どもが見ていることを確認する。決められた順に積木を1秒に1個の速さで叩いていく。叩くのに使う積木は1個だけにし，1個の積木を検査者と子どもが交互に使用して検査を進める。

叩き終ったら，使っていた積木を子どもに渡して，

「さあ，同じように叩いてごらん」と教示する。

以下，材料（2），（3），……（12）の順に叩いてから子どもに叩かせる。子どもが連続して3つの材料に間違えたら検査を終了する。12系列すべてを施行する必要はない。

材　料

（1）1, 2, 3, 4　　　　　（7）1, 3, 2, 4, 3
（2）1, 2, 3, 4, 3　　　（8）1, 4, 3, 2, 4
（3）1, 2, 3, 4, 2　　　（9）1, 3, 1, 2, 4
（4）1, 3, 2, 4　　　　 （10）1, 4, 3, 1, 2, 4
（5）1, 4, 3, 2　　　　 （11）1, 3, 2, 4, 1, 3
（6）1, 4, 2, 3　　　　 （12）1, 4, 2, 3, 4, 1

反対側（4の位置）から叩き始めたときには，
「私と同じようにここから叩きましょう」と教示し，
（1）の積木を指差す。そうして材料（2）から検査を施行し，材料（1）は最後に施行する。最後に施行したときにできれば材料（1）も正答に数える。

[行動の判定基準]

例示どおりに正しく叩けた材料の数によって正答数を数え通過項目を決定する。

子どもによっては，叩いている途中で叩くのを止め，止めたところから再び叩きだす場合がある。たとえば材料（4）1. 3. 2. 4を，1. 3. 2まで叩いて中止し，再び2. 4と叩く。また，途中まで叩いていったが，再度初めから叩きなおす場合もある。1. 3. 2と叩いて中止し，やりなおして1. 3. 2. 4と叩く。これらはともに叩く順序が正しければ正答とする。

21-3　形 の 記 憶

[主題とする項目]

P 114	図形記憶	1/2	（年齢　8：61）
P 114 b	図形記憶	1.5/2	（年齢　10：44）
P 114 c	図形記憶	2/2	（年齢　11：29）

この検査項目では，簡単な図形を記憶する能力を調べる。

[実施手続]

描画用紙と鉛筆を提示し，記憶図版（図67-1）は裏向けに提示する。

「この紙の表には，二つの絵が描いてあります。これから，あなたにその絵をしばらくの間，見せてあげますが，すぐ隠してしまいます」

「絵をよく見て覚えておいて，後でそれを描くのです。絵は二つともよく気をつけて見て覚えておきなさい」と教示してから，

図版を顔の正面に垂直に立てて10秒間提示する。

提示終了後直ちに記憶図版を隠し，描画用紙に再生させる。

[行動の判定基準]

子どもが描いた図形を採点する。2つの材料をそれぞれ採点した結果を加算して合計点によって通過項目を決定する。採点は，完全な再生を1点，半分再生されたとき0.5点とする。

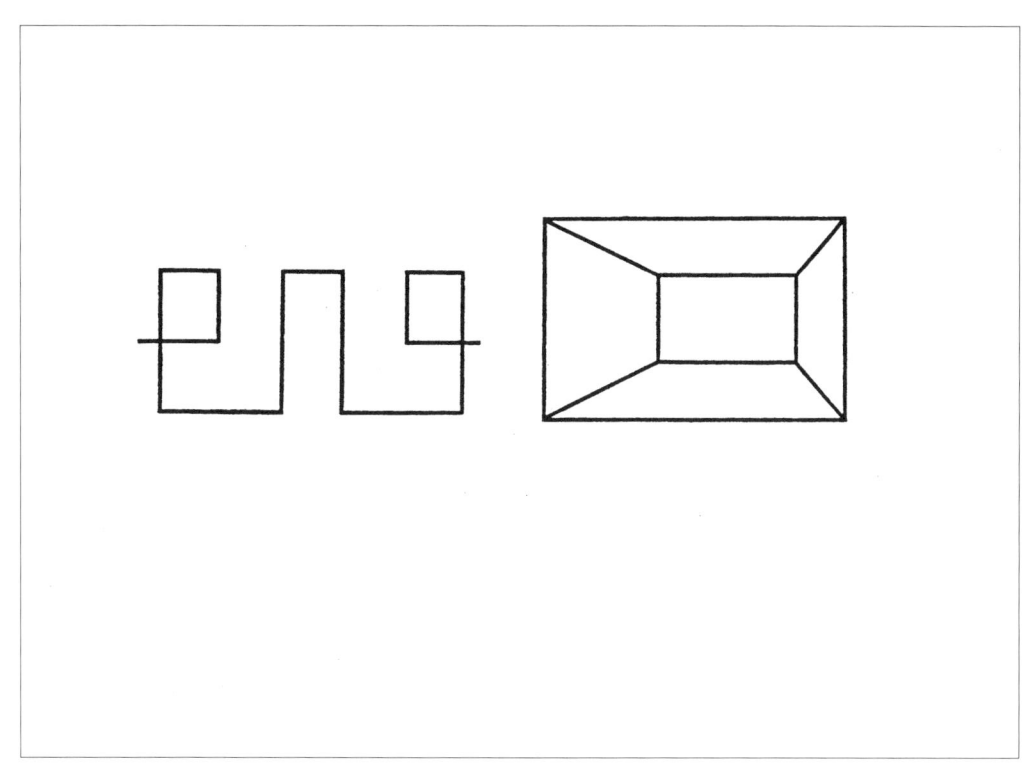

図 67-1　記憶図版（実物は B 6 判）

図 67-2　記憶図版（1）反応例（33％に縮小してある）

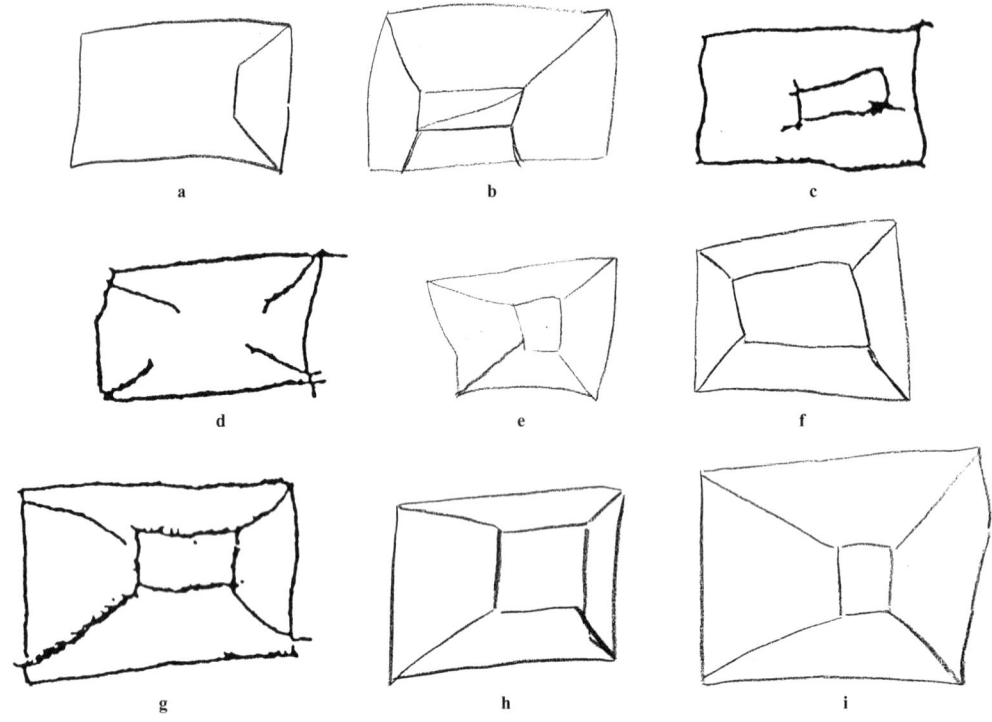

図67-3 記憶図版（2）反応例（33%に縮小してある）

半分再生（0.5点）：
1 主要部分の省略。　　　図67-2 b, d　　図67-3 c, d
2 主要部分の錯誤。　　　図67-2 c, d　　図67-3 b, f
3 付加。　　　　　　　　図67-2 a, e　　図67-3 b
4 方向の転換。　　　　　図67-3 b
　　上下の逆転。左右の逆転。縦位置への90度転向。

完全再生（1点）：主要部分とその関係が正しく再生されていること。
1 角が丸くなるのは許す。　図67-2 g
2 図67-2 h では，線の両端が外に伸びなくてもよい。
3 図67-3 g では，外側の四角との接合が不十分でも許す。
4 図67-2 i, 図67-3 e, h, i

［主題とする項目］

| P 95 b | 記憶玉つなぎ 1/2 | （年齢　9：73＊） |
| P 95 c | 記憶玉つなぎ 2/2 | （年齢　13：17＊） |

［実施手続］
　P 95（玉つなぎ）と同じ用具を使用して，よく似た検査項目であるが，P 95 は直接手本を見て模倣する課題であり，P 95 b, 95 c は記憶課題である。P 95 と連続して施行してはいけない。
　玉つなぎ用の玉と紐を提示し，
　「私のすることを，よく見ていてください」と教示して，
　被検者の注意を持続させながら，玉を一つづつ通して図68(1)の手本を作る。

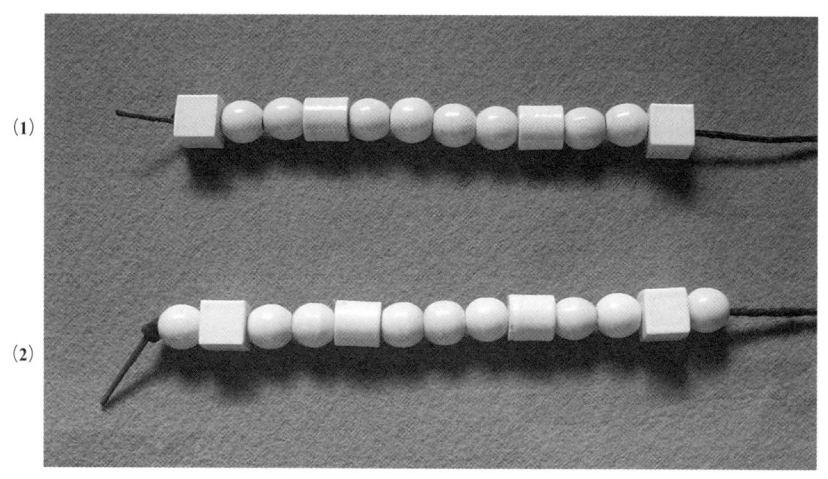

図68 記憶玉つなぎ（材料）

「これと同じものをあなたも作るのです」
「これをよく見て覚えておき，後でこれと同じものを作りましょうね」と二重に教示する。
5秒後に手本を隠し，
「さあ作りなさい」と教示する。
材料（1）が終了すると，
「私が，また別のを作りますから，今度もよく見ておいて，後で同じものを作ってください」と教示しながら，
図68(2) の手本を作り，5秒間提示した後，同じ教示を繰り返す。
手本と違っていたときには，一度だけ，
「さっき私が作ったのと同じですか」と再教示する。
制限時間は，各小問題ともに2分とする。再教示後の制限時間は30秒とする。
手本を作成後に5秒提示するが，子どもが玉に触れて数を確認したりしている途中であっても，提示時間が過ぎれば，手本は隠してしまう。手本を作る過程は注意を集中して見るよう配慮する。

[行動の判定基準]
　制限時間内に手本と同一に作成したとき正答とし，正答数によって通過項目を決定する。
　手本に示した材料と完全に同じとき正答とする。
　手本と異なっているものはすべて誤答となる。

21-4　文 の 記 憶

[主題とする項目]

| V 6 | 短文復唱Ⅰ | 1/3 | （年齢　3：19） |
| V 7 | 短文復唱Ⅱ | 1/3 | （年齢　6：59） |

[実施手続]
　短文復唱Ⅰ　V 6
「さあ，これから私の言うことをよく聞いて，後で私の言ったとおりに真似をして言ってください」

「さあ，言いますよ」と教示してから，

材料（1）を読み上げ，

「ハイ」と教示して，

子どもに復唱させる。

以下，材料（2），（3）の順に同じ手続を繰り返す。

反応がないときに，材料（1）だけは，検査課題を理解させるため，3回まで繰り返して教示する。教示を繰り返した後に正しく答えても正答とはせず，課題の理解ができたものとして，次の材料を施行する。材料を読み上げる速さは，普通の会話程度とする。あまり遅く読むのはかえってよくない。

材　料
(1) 「犬はよく走ります。」
(2) 「今日はよいお天気です。」
(3) 「夏になると暑い。」

短文復唱Ⅱ　Ｖ7

実施手続は，短文復唱Ⅰ（Ｖ6）と同じである。ただし，反応がないときにも再教示はせずに，次の材料（2），（3）に移る。

移行するとき，

「では次を言いますから，今度も私の言ったとおりに言いなさい」と教示する。

材　料
(1) 「あす（あした），は，運動会，です。兄さん（兄ちゃん），は，新しい，帽子，を，買って，貰いました。」（計11語）
(2) 「昨日，は，お休み，で，ございました。太郎さん，は，公園，へ，遊びに，行きました。」（計11語）
(3) 「お母さん，は，お仕事，が（で），忙しい，です。私，は，人形，と，遊びました。」（計11語）

［行動の判定基準］

短文復唱Ⅰ　Ｖ6

3試行中1問に正答したとき，Ｖ6を通過とする。

復唱した文章が完全に同じときに正答とする。検査項目に通過した後の材料は施行しない。

短文復唱Ⅱ　Ｖ7

3試行中1問に材料どおりの復唱をするか，または1誤以内で復唱できる文（材料）が2つあるときＶ7を通過とする。

検査項目に通過した後の材料は施行しない。

文の復唱における誤数の数え方は，各語句の脱落，転位，言い換え，付加があれば，いずれも1誤とする。材料（2），（3）にある接頭語（材料の文に下線で表示してある）を抜かした場合は1/2誤とする。2語句以上の句が位置を交替したときは，短い方の句に含まれた語数の誤りとする。語とは材料の文章で句読点（，。）で区切られているものとする。材料の語句を自発的に（　）内の語句に変えて答えたときには，誤りとしない。

脱落の例：
1 「帽子，を，買って，貰いました」→「帽子，を，貰いました」
　　　1誤（波線部1語句の脱落）
2 「公園，へ，遊びに，行きました」→「公園，へ，行きました」
　　　1誤（波線部1語句の脱落）
3 「お母さん，は，お仕事，が，忙しい，です」→「お母さん，は，忙しい，です」
　　　2誤（波線部2語句の脱落）
4 「お休み」→「休み」　　　1/2誤（「お」の脱落）
　「お母さん」→「母さん」　1/2誤（「お」の脱落）
　「お仕事」→「仕事」　　　1/2誤（「お」の脱落）

部分脱落の例：
1 「お休み，で，ございました」→「お休み，で，した」
　　　1誤（波線部の言い換え）

短い方の語句を誤数と数える転位の例：
1 「公園，へ，遊びに，行きました」→「遊びに，公園，へ，行きました」
　　　1誤（波線部2語句と1語句の転位）
2 「太郎さん，は，公園，へ，遊びに，行きました」→「公園，へ，遊びに，太郎さん，は，行きました」
　　　2誤（波線部2語句と3語句の転位）
3 「太郎さん，は，公園，へ，遊びに，行きました」→「公園，へ，太郎さん，は，遊びに，行きました」
　　　2誤（波線部2語句と2語句の転位）

付加の例：
1 「兄さん（兄ちゃん）」→「お兄さん（お兄ちゃん）」
　　　1誤（「お」の付加）
2 「人形」→「お人形」：1誤（「お」の付加）

言い換えの例：
1 「運動会」→「遠足」：1誤
　「帽子」→「服」：1誤
2 「昨日」→「今日」：1誤
　「太郎さん」→「ぼく」：1誤
3 「お母さん」→「お父さん」：1誤
　「です」→「ので」：1誤
　「人形」→「三輪車」：1誤

（注）ただし，子どもが自発的に材料中に（　）で示した言い換えをしたときは誤答と数えない。以下に具体例を示す。
1　材料（1）−「あす」→「あした」
2　材料（1）−「兄さん」→「兄ちゃん」
3　材料（3）−「が」→「で」

［主題とする項目］

V 7 b　8つの記憶　　　　　　　（年齢　9：97）

［実施手続］
　8つの記憶図版（B 6判）を提示し，
　「これをよく判るように，声を出して読んで聞かせてください」と教示する。
　子どもが読み終ったら直ちに，
　「今読んだお話に，どんなことが書いてあったか，覚えていることを全部言ってください」と教示する。

　材　料
　「昨夜，10時頃，京都市の，河原町に，火事があった。
　1時間ばかりで，消えたが，17軒やけてしまった。
　2階に，（よく）眠っていた，（1人の）女の子を，助けようとして，
　（1人の）消防のおじさんが，顔に火傷をしました。」
　検査では，記憶図版を机の上に提示して，材料の文章を子どもに声を出して読ませるのだが，読む前に，読んだ後で質問することを予告してはいけない。子どもが読み終わったら，直ちに記憶図版を机上から片付け，
　「今読んだお話しに，どんな事が書いてあったか，覚えていることを全部言ってください」と教示する。
　短文復唱と誤解して読んだとおりに思い出そうとして苦労していたら，
　「読んだとおりでなくてよろしい。書いてあった事を，覚えているだけ，皆，言ったらよいのです」と教示する。
　読めない文字の発音は教えてやってよい。文中にある"京都市"・"河原町"は，その子どもの住んでいる地方でなじみのある地名に変更してよい。

［行動の判定基準］
　8語句以上再生したらV 7を通過とする。
　この課題は，文章中に含まれている内容を，できるだけたくさん記憶して，再生する能力を調べる課題である。正答とする語句数を数えるとき，助詞の誤りと脱落は問わない。再生の順序は材料どおりでなくてもよい。言葉の相違が多少あっても，意味を正しく再生していれば正答語句数と数える。以上の条件で8つ以上の語句を再生できていれば通過とする。
　語句数の数え方は，材料が句読点（，。）で区切られた部分を1語句と数える。単に単語と助詞で1つと数えているのでない。「顔に火傷をしました」のように内容のまとまりを単位として語句と数えていることに注意して欲しい。
　誤答例：以下のような再生は，誤りとする。
　　1　「顔に火傷をしました」→「顔に大けがをしました」（内容の変更）
　　　　　　　　　　　　　　→「火傷をしました」（場所の脱落）
　　2　「火事があった」→「火事」（名詞一語への転化）
　　3　「17軒やけてしまった」→「17軒」または，「やけてしまった」一方しか言わないとき（半分再生）
　　　　　　　　　　　　　　→「18軒やけた」（数の誤り）

正答例：以下のような再生は，誤りとしない。
1 助詞の脱落：「河原町に」→「河原町」
2 助詞の誤り：「河原町に」→「河原町で」
　　　　　　　「2階に」→「2階で」
3 同じ意味の言い換え：
　（ア）「よく眠っていた」→「ぐっすり眠っていた」
　　　　　　　　　　　　→「よく寝ていた」
　（イ）「17軒焼けてしまった」→「17軒焼けた」
　（ウ）「消防のおじさん」→「消防士のおじさん」
　（エ）「昨夜」→「昨日の晩」

21-5 数の記憶

　K式検査の中で数の記憶は，積木叩きや図形模写とともに系列として広い年齢範囲に同質の課題が配置されているという意味で，特別な課題である。数の復唱課題は，Binet以来多くの検査で使用されてきた検査項目である。順唱課題ではBinetにならって，他の検査項目の通過・不通過とは独立に，通過から不通過に移行する検査項目を調べておくことにする。項目の詳しい分析は中瀬（1990）にある。課題は外見上同質であるが，異なった年齢を対象としたとき，必要な機能もまた同質であることを意味してはいない。これは今後の大きな課題の一つである。

　検査用紙では，この課題を掲載した行に短文復唱など文の記憶課題が配置されている。しかし，数の記憶課題は一つの独立した系列と考える。数の復唱・数の逆唱の両課題は続けて施行してもよい。

［主題とする項目］

V 1	2数復唱	1/3	（年齢	2：24）
V 2	3数復唱	1/3	（年齢	2：71）
V 3	4数復唱	1/3	（年齢	3：106）
V 4	5数復唱	1/3	（年齢	6：45）
V 4 b	6数復唱	1/3	（年齢	9：43）
V 4 c	7数復唱	1/3	（年齢	18：21*）

この検査項目は，他の検査項目と関係なく独自に最高通過項目と最低不通過項目を調べる。

［実施手続］
「今から数を言いますから，言い終ったら，あなたもそのとおりに言ってください」
「さあ言いますよ」と教示してから，
「3」と教示し，
「ハイ」と教示して復唱させる。
正答であれば，続いて，2数の材料を（1），（2），（3）の順番に施行する。

材　料

2数（例）3	(1) 5-8	(2) 7-2	(3) 3-9
3数（例）5-8	(1) 7-4-1	(2) 9-6-8	(3) 2-5-3
4数	(1) 4-7-3-9	(2) 2-8-5-4	(3) 7-2-6-1
5数	(1) 3-1-7-5-9	(2) 5-2-4-7-3	(3) 6-9-2-8-7
6数	(1) 7-3-5-8-4-9	(2) 5-2-1-7-4-6	(3) 9-6-2-7-3-8
7数	(1) 2-1-8-3-4-6-9	(2) 6-9-2-8-4-7-5	(3) 7-4-9-6-3-5-2

数字は，1秒に1個の速さで読み上げる。

検査は2数復唱から始める必要はない。3数以上から始めるときには，2数を例示に使用する。いずれも，例は3回まで繰り返してよい。例以外は繰り返さない。

同一課題では，一つの数列に正答すれば，それ以降の材料は施行しない。不通過の検査項目があれば，それより長い数列の検査項目は施行しない。

復唱課題の場合，検査者が課題材料となる数列を最後まで言い終える前に，子どもが復唱を始めることがよくある。検査者が言い終わり「ハイ」と合図するまで黙って聞いておくように，例を使ってしっかりと課題を理解させておくことが大切である。それでも途中から復唱を始めたときは，「先生（お兄さん，お姉さんなど適当に言い換えてよい）と一緒に言わず，言い終わるまで聞いてから，後でそのとおりに言ってください」と教示してから，次の材料にすすむ。

[行動の判定基準]

各系列とも3つの材料の中で1問に正答すればその検査項目を通過とする。

この主題項目は，機械的記憶能力を調べている。教示と完全に同じ数列を答えたとき正答とする。数列の最後まで待たず途中から答え始めた材料については誤答とする。

6数復唱や7数復唱では，途中まで復唱してから子どもが自発的に初めに戻り，何度も言い直すことがある。自発的な言い換えは誤りとせず，最終的に材料どおりの復唱ができれば正答とする。

（反応例）6数復唱の材料（1）735849について：「735 う～んと 7358, 735849」のように答えたときは正答とする。

[主題とする項目]

```
V 5    4数逆唱   1/3        （年齢   7：107）
V 5 b  5数逆唱   1/3        （年齢  11：46）
V 5 c  6数逆唱   1/3        （年齢  16：84＊）
```

[実施手続]

「これから，数を言いますから，あなたはそれを逆（さかさま）に言ってください。1-2-3と言ったら，3-2-1というように言うのです」

「では，2-4と言ったら」と教示して，逆唱させる。

正しく逆唱できたら，

「そう，4-2ですね」と教示して，

「では，これから数を言いますから，よく聞いてあなたは逆に言いなさい」と教示する。

数は，1秒に1個の速さで読上げる。例は3回まで繰り返してよい。例以外は繰り返さない。各系列とも，材料を（1），（2），（3）の順に施行する。正答以降の材料は施行しない。不通過以降の検査項目も施行しない。

材　料

4数（例）2-4	(1) 6-5-2-8	(2) 4-9-3-7	(3) 3-6-2-9
5数	(1) 3-1-8-7-9	(2) 5-2-9-6-1	(3) 6-9-4-8-2
6数	(1) 4-7-1-9-5-2	(2) 5-8-3-2-9-4	(3) 7-5-2-6-3-8

[行動の判定基準]

3つの材料の中で1問が正答であればその検査項目を通過とする。

材料を完全に逆唱できたとき正答とする。

逆唱課題では，途中まで逆唱してから子どもが自発的に初めに戻り，何度も言い直すことがある。自発的な言い換えは誤りとせず，最終的に材料どおりの逆唱ができれば正答とする。

（反応例）4数逆唱の材料（1）6528について「6528だから，8え～と6528, 82う～んと652, 8256」等と答えても正答とする。

逆唱課題は，Termanによって付け加えられた課題である。検査課題としては，順唱課題より複雑になり通過年齢が高くなる。問題作成としては便利であるが，測定されている機能は複雑であり，分かりにくい。

参 考 文 献

1　一般

Binet, A., et Simon, Th., 1905 a　Sur la nécessité d'établir un diagnostic scientifique des états inférieurs de l'intelligence. *L'année psychologique,* **11**, 163-190.

Binet, A., et Simon, Th., 1905 b　Méthodes nouvelles pour le diagnostic du niveau intellectuel des anormaux. *L'année psychologique,* **11**, 191-244.

Binet, A., et Simon, Th., 1905 c　Application des méthodes nouvelles au diagnostic du niveau intellectuel chez des enfants normaux et anormaux d'hospice et d'école primaire. *L'année psychologique,* **11**, 245-336.

Binet, A., et Simon, Th., 1908　Le développement de l'intelligence chez les enfants. *L'année psychologique,* **14**, 1-94.

Binet, A., 1911　Nouvelles recherches sur la mesure du niveau intellectuel chez les enfants d'école. *L'année psychologique,* **17**, 145-201.

Binet, A., et Simon, Th., 1921　*La mesure du dévelopment de l'intelligence chez les jeunes enfants.* Armand Colin, Paris.

Brazelton, T. B., 1984　*Neonatal Behavioral Assessment Scale*（2nd ed.）Oxford : Blackwell Scientific Publications Ltd.
　（穐山富太郎監訳　ブラゼルトン新生児行動評価　第2版　医歯薬出版　1988）

Bühler, Ch., and Hetzer, H., 1932　*Kleinkindertests : Entwicklungstests vom 1. bis 6. Lebensjahr.* Barth.

Gesell, A., and Thompson, H., 1938　*The psychology of early growth including norms of infant behavior and a method of genetic analysis.* Macmillan.

Gesell, A., and Amatruda, C. S., 1941　*Developmental diagnosis : Normal and abnormal child development.* Clinical methods and pediatric applications. Paul, B. Hoeber.

Guilford, J. P., 1967　*The Nature of Human Intelligence.*　McGraw-Hill.

Kの会，1990　園原太郎先生寄贈書目録　Kの会　非売品

Kの会，2002　心理学の方法　ナカニシヤ出版

Knox, H. A., 1914　A Scale, based on the work at Ellis Island. for estimating mental Deficiency. *The Journal of the American Medical Association,* **62**, 741-747.

Knobloch, H., and Pasamanick, B., 1974　*Gesell and Amaturuda's Developmental Diagnosis*（3rd ed.）Harper and Row.
　（新井清三郎訳　新発達診断学　日本小児医事出版社　1976）

小山　正，1989　精神発達に遅れを示す子供の言語獲得期の諸問題－象徴機能の発達を中心に－　音声言語医学，**30**, 151-166.

小山　正，1994　精神発達遅滞児における初期言語発達（Ⅰ）－初語の内容－　愛知教育大学研究報告，第43輯（教育科学），169-175.

Kuhlman, F., 1912　A Revision of the Binet-Simon System for Measuring the Intelligence of Children. *Monograph of Psycho-Asthenics.*

村井潤一，1970　言語機能の形成と発達　風間書房

中瀬　惇，1992「ビネー法」心理臨床大事典の項目　培風館　pp. 464-470.

中瀬　惇，1992「発達検査法」小児神経学の進歩，第21集，pp. 29-37.

中瀬　惇・大槻裕紀，1995「新生児期の発達についての追跡調査（資料Oの概要）」
　京都府立大学，人文，**47**, pp. 159-178.

中瀬　惇，2000「ビネー知能検査」氏原・成田編著，臨床心理学，第2巻（診断と見立て－心理アセスメント－），Ⅳ節9章，培風館　pp. 202-210.

中瀬　惇，2001「資料Oの助産録から」－その1：記録による母親を中心とした出産前情報の分析－　京都ノートルダム女子大学研究紀要，**31**, 117-138.

中瀬　惇，2001「資料 O の助産録から」－その 2：周産期情報の記録による分析　京都ノートルダム女子大学研究紀要，**32**，35-78.
中瀬　惇，2005「心理学研究法」金子書房
中瀬　惇，2006「発達検査を考える」京都ノートルダム女子大学心理学部・大学院心理学研究科研究誌「プシュケー」，第 5 号，45-62.
中瀬　惇，2007「NICU と未熟児外来における追跡調査：資料 K 2823」京都光華女子大学短期大学部研究紀要，第 45 集，119-154.
中瀬　惇，2008「NICU と未熟児外来における追跡調査，NEGA 反応の分析：資料 K 2896」京都光華女子大学短期大学部研究紀要，第 46 集，127-165.
中瀬　惇，2009「NICU と未熟児外来における追跡調査，出生初期の日齢問題：資料 K 3148」京都光華女子大学短期大学部研究紀要，第 47 集，1-45.
Portmann, A., 1951　*Biologische Fragmente zu einer Lehre vom Menschen*.
　　（高木正孝訳　人間はどこまで動物か－新しい人間像のために　岩波新書　1961）
Prechtl, H., 1977　*The Neurological Exanmination of the Full-term Newborn Infant*（2nd ed.）　Oxford：Blackwell Scientific Publications Ltd.
Terman, L. M., 1916　*The measurement of intelligence.*　Houghton Mifflin Company, Boston
Thom, D. A., 1928　*Habit Training for Children.*　The National Committee for Mental Hygiene, Inc.
Thom, D. A., 1928　*Child Management. U. S. Department of Labor Children's Bureau,* Bureau Publication No. 143.
Uzgiris, I. C., and Hunt, J. M., 1975　*Assessment in Infancy：Ordinal scales of psychological development.*　University of Illinois Press.

2　K 式検査と京都市児童院
2-1　京都市児童院
京都市児童院，1937　京都市児童院概要（昭和十二年版），全 64 頁
京都市児童福祉史研究会，1990　京都市児童福祉百年史　京都市，全 645 頁

2-2　K 式検査以前の検査
岩井勝二郎・園原太郎，1935　児童の社会的発達－生後一ヶ月より十歳までの児童のテスト状況に置ける社会的行動及びその発達－　実験心理学研究，12(2)，45-84.
無署名（園原太郎）検査用紙，1932　第一種　乳兒發達檢査票（一年半マデ）：Bühler 検査
無署名（園原太郎）検査用紙，1933　第二種　乳兒發達檢査票（一年半マデ）（昭和八年七月案）：Gesell 検査
無署名（園原太郎），1944　ウイン式乳児発達検査の実験条件及び判定標準（1 ヶ月－6 ヶ月）京都市児童院（非売品）全 12 頁

2-3　K 式検査
1．K-B 式検査
嶋津峯真・広田　実・生澤雅夫，1955　京都・ビネー個別知能検査作成の試み（1）日本心理学会第 19 回大会発表資料
京都市児童院，1962　K-B 個別知能検査の手引（京都市児童院案）京都市児童院・京都府教育研究所，全 74 頁（手書謄写印刷）
京都市児童相談所，1975　K-B 式個別知能検査手引　京都市児童相談所，全 53 頁

2．K・J 検査手引，K 式検査手引
嶋津峯真・生澤雅夫，1954　乳幼児発達検査作成の試み 1　心理学研究，25, 30.
生澤雅夫，1954　乳幼児発達検査作成の試み（第 1 報告）　大阪市立大学人文研究，**5**, 58-75.
京都市児童相談所，1975　K 式乳幼児発達検査手引　京都市児童相談所
京都市児童院指導部，1962　K 式乳幼児発達検査の手引　京都市児童相談所紀要，No 2, 特別号，全 64 頁
京都市児童相談所，1975　K 式乳幼児発達検査手引　京都市児童相談所，全 90 頁

2-4 新版 K 式発達検査
1. 手引書
嶋津峯真・生澤雅夫・中瀬 惇，1980 新版 K 式発達検査実施手引書 京都国際福祉センター，全 133 頁

嶋津峯真・生澤雅夫・中瀬 惇，1983 新版 K 式発達検査実施手引書（増補版）京都国際福祉センター，全 158 頁

生澤雅夫・松下 裕・中瀬 惇，2002 新版 K 式発達検査 2001 実施手引書 京都国際福祉センター，全 191 頁

2. 解説書
嶋津峯真監修・生澤雅夫・松下 裕・中瀬 惇編著，1985「新版 K 式発達検査法」ナカニシヤ，全 460 頁

3. 解説論文
中瀬 惇，2004「京都市児童院と発達検査－その 1 児童院の院内検査」京都ノートルダム女子大学研究紀要，**34**, 71-84.

中瀬 惇，2004「京都市児童院と発達検査－承前 新版 K 式発達検査」京都ノートルダム女子大学生涯発達心理学科研究誌「プシュケー」，第 3 号，41-59.

4. 反応実例集
中瀬 惇・西尾博共編著，2001「新版 K 式発達検査反応実例集」ナカニシヤ出版，全 131 頁

2-5 新版 K 式発達検査関連論文
1. 学会発表
①嶋津峯真・生澤雅夫・松下 裕・中瀬 惇，1981 新版 K 式発達検査の標準化（その 1）－（その 4）日本心理学会第 45 回大会発表論文集，pp. 419-422. から

中瀬 惇，2006「新版 K 式発達検査の標準化」（その 31）NICU と退院後の追跡検査：1 全体計画 日本心理学会第 70 回大会発表論文集（九州大学），p. 1175. まで

②中瀬 惇・大久保純一郎・清水里美・山本良平，2002「新版 K 式発達検査 2001 の標準化」その 1-4 関西心理学会第 114 回大会発表論文集（滋賀大学），pp. 60-63.

2. 科研報告書
①生澤雅夫・中瀬 惇・辻本英夫，1990「新版 K 式発達検査の拡張と精密化の研究」文部省科学研究費補助金（課題番号 61410002）研究成果報告書，全 195 頁

②中瀬 惇，1995「新版 K 式発達検査による未熟児尺度の追加と発達指導の体系化についての研究」文部省科学研究費補助金（課題番号 05401004）研究成果報告書，全 108 頁

3. 検査項目の分析論文
①中瀬 惇，1985 新版 K 式発達検査の項目「絵の叙述」：図版の変更と反応内容の分析 京都府立大学，人文，**37**, 139-173.

②中瀬 惇，1986 新版 K 式発達検査の項目「財布探し」：横断的資料による反応の発達的分析 京都府立大学，人文，**38**, 103-148.

③中瀬 惇，1988 新版 K 式発達検査の項目「了解」：横断的資料による反応の発達的分析 京都府立大学，人文，**40**, 125-153.

④中瀬 惇，1990 新版 K 式発達検査の項目「数の復唱」：（その 1）個別法による幼児の検査結果 京都府立大学，人文，**42**, 161-197.

2-6 他検査の手引書
①津守・磯部，1981 乳幼児精神発達診断法 3 才～7 才まで 大日本図書，全 218 頁

②田中教育研究所，1970 田研・田中ビネー知能検査法 田研出版，全 282 頁

③田中教育研究所，1987 田中ビネー知能検査法 田研出版，全 446 頁

④鈴木治太郎，1953 実際的・個別的 智能測定法 東洋図書，全 350 頁

⑤児玉・品川・茂木，1982 WISC 知能診断検査法 日本文化科学社，全 221 頁

索　引

事項索引

あ行

仰向け　32, 36
頭の挙上　39
頭の変形　37
閾値　4, 5, 6
一語文　53, 151, 162
一時しのぎ　162
一時的解決　161
遺伝　15
意図　68
　——的　67
　——的運動　15
移動　29
院内検査　20, 23
ウイン式乳児発達検査　8, 21, 22
後ろ這い　39
うつ伏せ　32, 36, 39
運動機能　15, 29, 36, 73, 122
運動動作　28
　——機能　29
運動発達　22, 29, 42, 73
運動領域　23
ATNR 姿勢　36, 37, 56, 58
ATNR 反射　15, 31, 36, 37, 41
円模写図版　6
音刺激　59
音声刺激　52, 54

か行

外因説　15
解決方法　9, 16
下位検査項目　8
下位項目　8
解釈　9, 11
解説書　24, 25
概念　180, 188, 195
　——操作　131, 195
外反足　73
ガウス分布　4
科学　4
学習　15, 215
覚醒状態　34
獲得　14, 15
　——順序　6
　——年齢　5, 6
数　180
　——の理解　150, 180

課題　6, 15, 16
　——意識　119
　——解決　122
　——構造　12, 16, 122
　——状況　12
　——性　11, 12, 28, 72, 103, 124, 186, 198, 211
　——理解　14
かたち　78, 141
構え　12
記憶　11, 131, 176, 209, 210, 211, 215, 216, 218, 223, 224
利手　62, 64, 66, 76, 110, 158, 210
机上の検査　76
疑問の答え　7
吸啜反射　36
強化　12
仰臥位　29, 30, 31, 32, 36, 39, 43, 44, 45, 49, 50, 52, 54, 56, 59
　——姿勢　37, 38
驚愕反射　34
教示　2, 6, 7, 12, 28, 72, 78, 224
鏡像　49, 50, 51, 198, 200
協調動作　44
京都市児童院　8, 20, 22, 23
京都市児童福祉百年史　21
京都大学文学部心理学教室　21
京都ノートルダム女子大学　22
均衡　12
緊張性頸反射　31
吟味　191, 193
空間・図形認知　72
空間的関係　78
空間理解　150
空中姿勢　41
釘抜状把握　29
首の坐り　44, 45, 50
痙動反射　34
経験　15
形式　161
系列　192
　——化　119
K.J 式乳幼児発達検査　22
K 式検査（旧 K 式）　5, 6, 7, 8, 10, 11, 21, 22, 23, 25, 28, 29, 52, 176, 194, 223
K 式乳幼児発達検査　23
K の会　21
K-B 検査　10
K-B 式個別知能検査　23, 24
ゲシュタルト心理学　78, 103

Gesell 検査　22
言語　22, 72
　　——・社会領域　24, 25, 28, 72, 76, 150
　　——課題　12, 76
　　——機能　28, 150
　　——検査　161
　　——行動　28, 52
　　——障害児　25
　　——性検査項目　23
　　——発達　137
　　——表現　160
　　——理解　52, 53, 193
　　——領域　150
検査
　　——課題　12
　　——項目　2, 3, 6, 7, 8, 9, 10, 11, 12, 14, 16, 21, 22, 23, 24, 25, 28, 29, 34, 37, 46, 54, 72, 76, 78, 150, 192, 193, 223
　　——名　7
　　——者　6, 7, 10, 12, 16, 28, 37, 39, 41, 45, 46, 48, 49, 50, 52, 54, 56, 59, 65, 66, 68, 69, 72, 76, 83, 121, 132, 176, 177, 180, 182, 184, 186, 200, 201, 215, 224
　　——順序　76
　　——状況　11
　　——対象年齢　23, 24, 25
　　——机　76
　　——手続　2, 24
　　——手引書　23, 24, 25
　　——得点　24
　　——場面　2, 7, 12, 28, 72
　　——用具　2, 12, 21, 23, 24, 25, 28, 76
　　——用紙　7, 21, 22, 23, 24, 25, 28, 37, 72
　　——領域　72
現実的妥当性　11
原始反射　28, 36
懸垂状態　39
語彙　151, 154
構音　156, 158
合格　8
　　——条件　21
構成能力　141, 142
構造　11, 12, 16
巧緻性　16, 29, 78, 122, 137
後天的　15
行動能　4, 15, 16
行動発達　34
項目記号　150
合目的的運動　29
項目番号　29
呼称　180, 181, 182, 184
50%通過年齢　7, 62
個人・社会的行動　28
個人差　10, 36
コット　36
誤答　3, 8, 9
言葉　49, 52

語の理解　165
個別検査　24
小指側　31
根本的解決　161

さ行

差異　168
　　——点　167
坐位　29, 30, 39, 40, 42, 43, 44, 45, 46, 48, 50, 54, 60, 65, 67
再質問　7
再生　214
採点　9, 72
　　——基準　8, 9
再標準化作業　24, 25
材料図形　138
視覚　52
　　——機能　56
　　——刺激　49
　　——神経　5
耳眼窩水平面　31
時系列　14
刺激　4
　　——図形　138, 139
　　——量　4, 5
自己　198
施行順　37
嗜好性　12
指示機能　150, 156
矢状面　30
指数化　24, 72
姿勢　29, 30, 37, 39
　　——運動　29, 30, 36
　　——運動機能　40, 72
　　——運動領域　24, 25, 28, 72, 73, 76
　　——調整機能　73
　　——発達　39
視線　52, 68, 156
　　——上　56, 65
　　——方向　56
持続力　111
実際的適応　103
質的　15, 16
失敗　9
自発的　28, 29, 38, 39, 41, 46, 50, 52, 53, 57, 58, 59, 60, 62, 63, 64, 69, 78, 83, 95, 123, 129, 131, 151, 183, 185, 186, 200, 215, 224
　　——運動　36
社会性　159
社会的学習機能　15
社会的価値観　161, 194
社会的行動　28
尺側　31
自由遊び　29
就学制度　11

周産期医療　21
自由姿勢の検査　29
収縮反射　37
重心　42
　　――の位置　39
終末修正　25
主題とする項目　28, 29, 37
手掌　38, 39, 47, 54, 57, 59, 60, 61, 62, 122
　　――の機能　29, 43, 60, 61, 78
　　――部位　31
受動的　36, 57, 60
　　――行動　29
障害児　25
上限年齢　25
小問題　8
触刺激　52, 54
叙述　11, 176
新K式検査　72, 76
新生児　28, 29, 36, 49, 50, 53, 60, 151
　　――期　36, 37, 46
身体移動　29
身体各部　198
身体図式　198
身体的接触　53, 54
身体部分　198
伸展反射　37
新版K式発達検査　3, 21, 22, 25, 28, 72
　　――（増補版）　24
　　――2001　25
信頼性　11
心理学　10, 21
心理実験　6
心理相談　21
随意運動　36
随意的　28
睡眠状態　34
スクリーニング検査　25
図形構成　122
鈴木ビネー　8
ずり這い　33, 42
生活年齢　25
生起確率　5
正期産児　36
正規分布　4
精神機能　11
精神障害　11
精神年齢尺度　23
精緻　5, 60, 104
　　――化　4, 28
　　――性　122
正中矢状面　30
正中線　30
正中面　30, 37, 38, 56, 57
正答　3, 8, 9
生理的早産　15
脊椎　39

積極的　36, 60
絶対閾　4
背柱　40
全領域　25
前言語　53
　　――行動　52
尖足立ち　46
先天的　15
早産児　34, 36, 37
操作的に定義　2, 4, 7, 29
創造性　15, 16, 194
創造的思考　17
相対閾　4
測定誤差　6
測定尺度　25
粗大運動行動　28
反り　39

た行

第一種　乳兒發達檢查票　22
対称姿勢　36
対人関係　49, 137
對人社會的行動　22
対人的・社会的領域　23
対人的興味　49
対人反応　49
第二種　乳兒發達檢查票　22
体幹　32, 33, 37, 39, 40, 44, 45, 56
唾液反射　36
高這い　33, 42
妥当性　11
田中ビネー　8
探索　103
知的機能　6, 11, 15, 16, 28, 29, 60, 72, 73, 148, 193, 212
知的測定尺度　11
知的能力　11
知能検査　2, 8, 9, 11, 72, 194
知能測定尺度　9
知能年齢　8
注意　28, 34, 57, 58, 68, 111, 122, 129, 139, 141, 142,
　　183, 209, 210, 211, 219
　　――力　62
注視　49, 56
中心線　39
聴覚　52
　　――機能　57, 59
　　――刺激　49, 59, 182
聴取　151, 158, 199, 201
調節機能　16, 104, 122
聴力　59
直接記憶　11
追視　49, 56, 68, 210
通過　2, 3, 8, 9, 10, 14
　　――基準　3, 5
　　――年齢　6, 7, 16, 186

――反応　7, 12
――率　5, 7
――率曲線　5
爪先歩き（尖足）　73
爪先立ち（尖足位）　47
津守式乳幼児精神発達検査　8
TNR 姿勢　31, 37
啼泣　34, 53
定位反射　151
適応行動　22, 28
適切な形式　174
適切な内容　165, 167, 168, 170, 171, 174, 177
適切な表現　166, 167, 168, 170, 171, 177
手差し　151, 156
手続き　72
手伸ばし　151
田研式田中ビネー　8
ドイツ水平面　31
橈側　31
瞳孔反射　36
動作性検査項目　23
洞察　15

な行

内因説　15
内発的行動　28
内反足　73
内容　161
泣声　53
慣れ　59
喃語　53
二重プラス　54
2 進法　16
二足姿勢　29
二足歩行　14, 15, 46
乳児検査　11, 21, 24
乳幼児検査　23
乳幼児健診　24
認知　99
――適応領域　24, 25, 28, 72, 76, 78
――機能　28
――能力　139
寝返り　29, 36, 39, 42, 46
年齢区分　22, 24, 25, 76
年齢水準　10
年齢段階　28, 104
能動的行動　29

は行

把握　29, 58, 60
――機能　62
――反射　58
背臥位　32, 36
這い這い　29, 33, 39, 42, 46

発語　52, 151
発声　53
発達
――過程　14, 15, 16, 29, 193
――曲線　6
――検査　2, 5, 6, 8, 9, 12, 14, 21, 23, 29, 34, 72
――指数　25
――序列　23
――心理学　2
――水準　14, 36, 76
――測定　11, 36
――遅滞　11
――年齢　6, 24
――尺度　23
――の壁　14
――の順序　7
BABINSKI 反射　36
腹這い　33, 42
反射　28, 29, 34, 39
――行動　29
――姿勢　37
判定基準　2, 3, 7, 8, 14, 24, 25
反応　4
――拒否　10
――実例集　24, 25
――内容　10, 14
――量　5
――例　7
美意識　16, 194
引き起し　43, 44, 50
微細運動行動　28, 72
肘支持　42
非対称姿勢　36
非対称反射　37
左利き　215
美的概念　193
美的感情　193
非伝達的指差し　151
人見知り　44, 52
ビネー検査　23
ビネー式個人テスト法　21
批判力　11
Bühler 検査　22
描画　69, 76, 78
――機能　78, 99
――用紙　69, 78
評価　9
表現形式　165
標準化作業　7
評点　9
日齢　36
非連続　15, 16
敏活　34
フィンガーリング　151
腹臥位　32
伏臥位　30, 32, 36, 39, 40, 42, 43, 46

――懸垂　32, 39, 40
――姿勢　39
不合格　8
不随意運動　29
不通過　2, 3, 8, 14
――反応　7
フランクフルト水平面　31
プロフィール　23
分節　37, 60
――化　65
併行検査　25
弁別　4
――図形　138
――図版　139
保育器　36
ポーキング　151, 156
歩行　29, 48
――反射　15, 36, 46
拇指側（橈側）　29, 31, 43, 60, 65

ま行
未熟児新生児センター　34
見通し　15, 16
無試行通過　54, 199
虫養い　162
無反応　10
命名力　156
模写　83, 90
物の永続性　212
模倣　12, 83
MORO 反射　36

や行
野生児　15
優位　37, 60, 62, 64, 110
有意味語　151
遊泳反射　15
指先機能　67
指差し　53, 54, 64, 66, 138, 150, 155, 157, 180, 181, 198
用具　72
幼児検査　24
幼児語　156, 162
四つ足這い　33, 42
四つ這い　33, 42
弱手　62, 66, 76, 158, 210

ら行
立位　29, 30, 39, 46, 47, 48, 73
立体構成　122
流暢性　151
領域　24
――別　72
量的　15, 16

類概念　170
類似　169
0 歳　60
0 歳児　23, 28, 29, 52, 72, 150
――検査　29
――健診　24
例示　28
歴年齢　12
列挙　11, 154, 176
連想　153
連続　4, 5, 14, 15, 16

A
Adaptive behavior　28
alert　34
ATNR 姿勢　36, 37, 56, 58
ATNR 反射　15, 31, 36, 37, 41

B
Bühler 検査　22
BABINSKI 反射　36
Binet 検査　9, 12, 175, 191

C
Cognitive-Adaptive Area（C-A 領域）　24, 25, 28
cott　36
crawling　33, 42
creeping　33, 42
cubase　36

E
eye pointing　156

F
Fine motor behavior　28
fingering　151

G
Gesell 検査　22
Gross motor behavior　28

L
Language behavior　28
Language-Social Area（L-S 領域）　24, 25, 28

M
median line　30
median plane　30

mental test 11
MORO 反射 36
Motor 23

N
NICU（neonatal intensive care unite） 34
no response 10
NR 10

P
Performance 23, 78
Personal-social behavior 28
poking 151, 156
Postural-Motor Area（P-M 領域） 24, 25, 28
preference 12
prone 32
P-V 領域 23

R
radial 31
reaching 151
rejection 10
REM（rapid eye movement） 34

S
sagittal plane 30
startles 34
STATE 34
supine 32

T
TNR 姿勢 31, 37
tonic neck reflex 31
T 領域 25

U
ulnar 31

V
Verbal 23

W
WISC 8

人名索引

あ行
秋田宗平　22
生澤雅夫　21, 22, 23, 24
漆葉見龍　20

か行
柿崎祐一　21
小山正　150, 151, 153, 156, 187, 195, 200, 209, 210

さ行
嶋津峯真　21, 22, 23, 24
清水御代明　21
園原太郎　8, 11, 20, 21, 22, 24

な行
中瀨惇　3, 9, 11, 22, 24, 50, 103, 163, 165, 175, 223

は行
広田実　22, 23

ま行
松下裕　24, 182, 185, 186, 196, 197
村井潤一　21, 153

A
Amatruda, C. S.　22

B
Bühler, Ch.　21, 22
Binet, A.　8, 9, 10, 11, 14, 175, 193, 223
Brazelton, T. B.　34

C
Cattell, J. M.　11

G
Gesell, A.　11, 21, 22, 28, 37
Guilford, J. P.　11

H
Hetzer, H.　21

K
Knobloch, H.　28
Kuhlman, F.　139

P
Pasamanick, B.　28
Piaget, J.　12
Portmann, A.　15
Prechtl, H.　34

S
Senn　20
Simon, Th.　9, 176

T
Terman, L. M.　10, 14, 175, 225
Thom, D. A.　20, 21
Thompson, H.　22

U
Užgiris, I. Č.　209

項目索引

あ行

項目	記号	頁
空いた手を伸ばす	P 16	63
脚ではねる	T 2	47
脚の屈伸	R 9	40
脚を上げる	U 8	39
足をいじる	M 20	38, 59
足を口へ	M 21	38, 59
頭　領域Ⅱに保つ	R 7	40
頭　領域Ⅲに保つ	R 8	40
頭上げ　領域Ⅰ	R 5	40
頭上げ　領域Ⅱ	R 6	40
頭が遅れない	I 1	44
頭が下向き	R 4	40
頭が側転	R 3	40
頭が垂れる	R 1	40
頭の側転優位	U 2	37
頭の布を除く	R 16	41
頭を上げる	I 2	44
頭を起す	I 4	45
頭を水平	R 2	40
頭を前傾　安定	I 6	45
頭を前傾　不安定	I 5	45
頭を垂れる	I 3	45
頭を中央優位	U 6	37
頭を直立　安定	I 7	45
頭を半ば側転	U 4	37
歩く　2・3歩	T 12	73
家の模倣	P 26	125
「イナイ・イナイ・バー」	M 9	49, 53
入れ子　3個	P 76	117
入れ子　5個	P 77	117
入れようとする	P 49	66
色の名称　3/4	V 40	8, 158
色の名称　4/4	V 41	8, 158
腕支持　頭上げ	R 13	41
腕の運動誘発	U 20	57
腕の対称姿勢有	U 3	37
腕の対称優位	U 5	37
柄先から持つ	P 55	66
絵指示　4/6	V 31	155
絵の叙述　2/3	V 36	173
絵の名称Ⅰ　3/6	V 32	156
絵の名称Ⅰ　5/6	V 33	156
絵の名称Ⅱ　3/6	V 34	156
絵の名称Ⅱ　5/6	V 35	156
柄を持つ	P 54	66
円錯画　模倣	P 101	82
円板　回転	P 73	112
円板をはずす	P 71	68, 111
円板をはめる	P 72	68, 111, 112
円模写　1/3	P 104	6, 90
落しても拾う	P 6	61
重さの比較　例後　2/2	P 85	190
重さの比較　例前　2/3	P 86	190
折り紙Ⅰ	P 78	132
折り紙Ⅱ	P 79	132
折り紙Ⅲ	P 80	132

か行

項目	記号	頁
階段の再生	P 29	129
顔の布を除く	U 13	50
顔を覆う	M 19	38, 59
顔を注視	M 1	49, 52
顔を向ける	U 35	59
書取	V 44	176
角板　例後　1/3	P 69	109
角板　例前	P 70	109
数選び　3	V 16	183
数選び　4	V 17	183
数選び　6	V 18	183
数選び　8	V 19	183
形の弁別Ⅰ　1/3	P 81	137
形の弁別Ⅰ　3/5	P 82	137
形の弁別Ⅱ　8/10	P 83	138
形の弁別Ⅱ　10/10	P 84	138
片手首を上げる	R 15	41
片手支持　降りる	T 17	74
片手支持　登る	T 17	73
片手立ち　玩具	T 5	47
片手で振り鳴らす	U 27	58
片手に2個保持	P 13	62
片手に保持　3秒程度	P 2	61
片手を近寄せる	U 22	57
紙切Ⅰ　3/3	P 125	143
紙切Ⅱ　4/4	P 126	144, 145
玩具（車）の追視	P 66	68
記憶玉つなぎ　1/2	P 95 b	218
記憶玉つなぎ　2/2	P 95 c	218
記憶版　2/3	P 113	213
帰納紙切	P 124	144, 145
釘抜状把握　不完全	P 43	64
口に運ぶ	P 3	61
熊手状かき寄せ	P 38	64
ケンケン	T 14	73
検者とボール遊び	M 29	50
5以下の加算　2/3	V 22	185
5以下の加算　3/3	V 23	185
語彙　3語	V 45	151
硬貨の名称　3/4	V 39	158
交互に足を出す	T 19	75
交互に注視	P 1	61

声の方を向く	M 4	49, 52		身体に触れる	U 12	38
声をかける	M 10	53		身体部位 3/4	V 28	202, 206
5個のおもり 2/3	P 87	191		身体部位 4/4	V 29	202, 206
5数逆唱 1/3	V 5 b	224		身体を起す	I 13	45
5数復唱 1/3	V 4	223		人物完成 3/9	P 110	202
小鈴に手を出す	P 47	66		人物完成 6/9	P 111	202
小鈴を取る	P 48	66		人物完成 8/9	P 112	202
コップに入れる 例後	P 35	64		すぐ落す	U 23	58
コップに入れる 例前	P 36	64		すぐ輪を引き寄せる	P 61	67
コップに触る	P 31	63		図形記憶 1/2	P 114	216
コップの上に示す	P 34	63		図形記憶 1.5/2	P 114 b	216
コップを見る	P 30	63		図形記憶 2/2	P 114 c	216
語の差異 2/3	V 52	167, 169		坐る	T 7	47
語の定義 4/6	V 51	165		性の区別	V 38	200
語の類似 2/3	V 53	169		正方形模写 1/3	P 107	95
				姓名	V 37	200
				全体隠し	P 64	67, 209

さ行

坐位 1分	I 10	45		た行		
坐位 3秒	I 9	45				
坐位 10分	I 11	45		第2積木を叩く	P 11	62
坐位 完全	I 12	45		第3提示 落さぬ	P 10	62
坐位となる	R 19	41		体重を支える	T 1	47
財布探しⅠ	P 96	103		大小比較 3/3, 5/6	V 8	188
財布探しⅡ	P 96 b	103		打数かぞえ 3/3	V 24	181
支え歩き 片手	T 10	47		直ちに注視	U 16	56
支え歩き 両手	T 9	47		縦線模倣 1/3	P 103	85
左右弁別 全逆 3/3, 5/6	V 11	199		玉つなぎ 1/2	P 95	136, 218
左右弁別 全正 3/3, 5/6	V 12	199		短文復唱Ⅰ 1/3	V 6	219, 220
三角形置換	P 127	148		短文復唱Ⅱ 1/3	V 7	219, 220
三角形模写 1/3	P 108	97		注視する	P 37	64
三語一文 2/3	V 47	177		中断で不機嫌	M 8	49
3個のコップ 2/3	P 98	210, 215		「チョウダイ」渡さぬ	M 16	54
3語類似 2/4	V 54	170		「チョウダイ」渡す	M 17	54
3語類似 3/4	V 55	170		長短比較 3/3, 5/6	V 9	188
算術的推理 2/3	V 26 b	187, 194		追視 90°	U 17	56
3数復唱 1/3	V 2	223		追視 90°以上	U 18	56
四角構成 例後 2/2	P 88	140		追視 180°	U 19	56
四角構成 例前 2/3	P 89	140		つかまらせ立ち	T 4	47
刺激に発声	M 5	53		つかまり立ち上がる	T 6	47
示指を近付ける	P 45	65		つかんで離さぬ	U 30	58
視線上で注視	U 14	56		積木と積木	P 12	62
自像に触る	M 27	50		積木を置く	P 14	62
自像に注視	M 25	50		机に打付ける	P 53	66
自像に発声	M 26	50		つたい歩き	T 8	47
自発的につかむ	U 29	58		包み込む	P 65	209
13の丸 10まで 1/2	V 14	180		包み込む	P 65	68, 209
13の丸（13まで） 1/2	V 15	180		積木叩き 2/12	P 115	215
十字模写 例後 1/3	P 105	92		積木叩き 3/12	P 116	215
十字模写 例前 1/3	P 106	92		積木叩き 4/12	P 117	215
順に遊ぶ	P 18	63		積木叩き 5/12	P 118	215
鐘舌に触る	P 57	66		積木叩き 6/12	P 119	215
掌把握	P 4	61		積木叩き 7/12	P 120	215
尻を落す	R 10	41		積木叩き 8/12	P 121	215
身体各部 3/4	V 27	198		積木叩き 9/12	P 122	215
身体各部指示	V 27	156		積木叩き 10/12	P 123	215

237

項目	番号	ページ
積木の塔　3	P 21	122
積木の塔　5	P 22	122
積木の塔　6	P 23	122
積木の塔　8	P 24	122
積もうとする	P 19	63, 122
釣銭　2/3	V 25	185, 186
T-N-R 姿勢優位	U 1	37
手すりで登降	T 18	74
掌を開く	U 24	58
手をつき坐る	I 8	45
手を見る	M 18	38, 59
時計の針　2/3	V 26 c	195
閉ざされた箱　3/4	V 26 d	196
とにかく引き寄せる	P 59	67
飛び降り	T 20	74
トラックの模倣	P 25	123
取ろうとする	M 23	43

な行

項目	番号	ページ
中の積木に触れる	P 32	63
中の積木を出す	P 33	63
なぐり描き　例後	P 99	53, 78
なぐり描き　例前	P 100	53, 78
7 数復唱　1/3	V 4 c	223
「名前」に反応	M 13	54
喃語	M 24	53, 150
2 個のコップ　2/3	P 97	210
20 からの逆唱	V 26	182
2 数復唱　1/3	V 1	223
日時　3/4	V 42	158
日時　4/4	V 43	158
寝返り	U 7	38

は行

項目	番号	ページ
這い登る	T 15	47
「バイ・バイ」	M 12	54, 150
鋏状把握	P 42	64
鋏状把握　試みる	P 40	64
はめ板　回転　全　1/4	P 75	113
はめ板　全　例無	P 74	112
払い落す	M 22	46
腹臥になる	I 14	45
反対語　3/5	V 56	171
反対語　4/5	V 57	171
引き起し　喜ぶ	M 7	49
菱形模写　2/3	P 109	99
肘支持　頭上げ	R 12	41
微笑	M 2	52
人見知り	M 11	50
一人歩き	T 12	48
一人立ち	T 11	47
人を追視	M 3	49
美の比較　3/3	V 10	192, 193
紐で下げる	P 62	67
表情の変化	U 34	59
瓶から出す	P 52	66, 109
瓶に入れる　例前	P 51	66
瓶に入れる　例後	P 50	66
瓶に手を出す	P 46	66
部分隠し	P 63	67, 209
振り鳴らす	P 56	66
触れるとつかむ	P 15	63
文章整理　2/1	V 47 b	178
文章整理　2/2	V 47 c	178
方位	V 26 e	187, 196
方向転換	R 17	41
方向転換	I 15	45
ボールを押し付ける	M 28	50
保持　3 秒程度	U 25	58
保持　5 秒以上	U 26	58
保持　1 分以上	U 31	58
拇指先把握	P 5	61
拇指側かき寄せ	P 39	64
微笑みかけ	M 6	52

ま行

項目	番号	ページ
丸棒　例後　1/3	P 68	109
身動き止まる	U 33	59
名詞列挙	V 46	153
「メンメ」	M 14	54, 150
持ち上げる	P 41	64
持ちかえ	P 7	61
模様構成Ⅰ　1/5	P 90	141
模様構成Ⅰ　2/5	P 91	141
模様構成Ⅰ　3/5	P 92	141
模様構成Ⅰ　4/5	P 93	141
模様構成Ⅱ　1/3	P 94	141
模様構成Ⅱ　2/3	P 94 b	141
模様構成Ⅱ　3/3	P 94 c	141
門の模倣　例後	P 27	127
門の模倣　例前	P 28	127

や行

項目	番号	ページ
8 つの記憶	V 7 b	222
指差し行動	V 30	150
指差しに反応	M 15	54
指で床をかく	R 14	41
指の数　左右	V 20	184
指の数　左右全	V 21	184
予期的追視	P 67	209
横線模倣　1/3	P 102	85
4 つの積木　1/3	V 13	180
四つ這い	R 18	41
4 数逆唱　1/3	V 5	224
4 数復唱　1/3	V 3	223

ら行

立位による段階の行動	T 16-T 20	48
両足　伸ばす	R 11	41
両足跳び	T 13	74
了解Ⅰ　2/3	V 48	160
了解Ⅱ　2/3	V 49	160
了解Ⅲ　2/3	V 50	160
両手支持で立つ	T 3	47
両手で振り鳴らす	U 32	58
両手とも握る	U 9	38
両手とも開く	U 10	38
両手に保持　10秒	P 9	62
両手に保持　3秒	P 8	62
両手に持つ	U 28	58
両手に持つ	P 17	63
両手を近寄せる	U 21	57
両手を触れ合わす	U 11	38
60語列挙	V 46 b	154
6数逆唱　1/3	V 5 c	224
6数復唱　1/3	V 4 b	223

わ行

輪と紐で遊ぶ	P 60	67
輪へ伸ばす	P 58	67

I

I 1	頭が遅れない	44
I 2	頭を上げる	44
I 3	頭を垂れる	45
I 4	頭を起す	45
I 5	頭を前傾　不安定	45
I 6	頭を前傾　安定	45
I 7	頭を直立　安定	45
I 8	手をつき坐る	45
I 9	坐位　3秒	45
I 10	坐位　1分	45
I 11	坐位　10分	45
I 12	坐位　完全	45
I 13	身体を起す	45
I 14	腹臥になる	45
I 15	方向転換	45

M

M 1	顔を注視	49, 52
M 2	微笑	52
M 3	人を追視	49
M 4	声の方を向く	49, 52
M 5	刺激に発声	53
M 6	微笑みかけ	52
M 7	引き起し喜ぶ	49
M 8	中断で不機嫌	49
M 9	「イナイ・イナイ・バー」	49, 53
M 10	声をかける	53
M 11	人見知り	50
M 12	「バイ・バイ」	54, 150
M 13	「名前」に反応	54
M 14	「メンメ」	54, 150
M 15	指差しに反応	54
M 16	「チョウダイ」渡さぬ	54
M 17	「チョウダイ」渡す	54
M 18	手を見る	38, 59
M 19	顔を覆う	38, 59
M 20	足をいじる	38, 59
M 21	足を口へ	38, 59
M 22	払い落す	46
M 23	取ろうとする	43
M 24	喃語	53, 150
M 25	自像に注視	50
M 26	自像に発声	50
M 27	自像に触る	50
M 28	ボールを押し付ける	50
M 29	検者とボール遊び	50

P

P 1	交互に注視	61
P 2	片手に保持　3秒程度	61
P 3	口に運ぶ	61
P 4	掌把握	61
P 5	拇指先把握	61
P 6	落しても拾う	61
P 7	持ちかえ	61
P 8	両手に保持　3秒	62
P 9	両手に保持　10秒	62
P 10	第3提示　落さぬ	62
P 11	第2積木を叩く	62
P 12	積木と積木	62
P 13	片手に2個保持	62
P 14	積木を置く	62
P 15	触れるとつかむ	63
P 16	空いた手を伸ばす	63
P 17	両手に持つ	63
P 18	順に遊ぶ	63
P 19	積もうとする	63, 122
P 20	積木の塔　2	122
P 21	積木の塔　3	122
P 22	積木の塔　5	122
P 23	積木の塔　6	122
P 24	積木の塔　8	122
P 25	トラックの模倣	123
P 26	家の模倣	125
P 27	門の模倣　例後	127
P 28	門の模倣　例前	127
P 29	階段の再生	129
P 30	コップを見る	63
P 31	コップに触る	63
P 32	中の積木に触れる	63
P 33	中の積木を出す	63
P 34	コップの上に示す	63

P 35	コップに入れる　例後	64		P 91	模様構成Ⅰ　2/5	141
P 36	コップに入れる　例前	64		P 92	模様構成Ⅰ　3/5	141
P 37	注視する	64		P 93	模様構成Ⅰ　4/5	141
P 38	熊手状かき寄せ	64		P 94	模様構成Ⅱ　1/3	141
P 39	拇指側かき寄せ	64		P 94 b	模様構成Ⅱ　2/3	141
P 40	鋏状把握　試みる	64		P 94 c	模様構成Ⅱ　3/3	141
P 41	持ち上げる	64		P 95	玉つなぎ　1/2	136, 218
P 42	鋏状把握	64		P 95 b	記憶玉つなぎ　1/2	218
P 43	釘抜状把握　不完全	64		P 95 c	記憶玉つなぎ　2/2	218
P 44	釘抜状把握	65		P 96	財布探しⅠ	103
P 45	示指を近付ける	65		P 96 b	財布探しⅡ	103
P 46	瓶に手を出す	66		P 97	2個のコップ　2/3	210
P 47	小鈴に手を出す	66		P 98	3個のコップ　2/3	210, 215
P 48	小鈴を取る	66		P 99	なぐり描き　例後	53, 78
P 49	入れようとする	66		P 100	なぐり描き　例前	53, 78
P 50	瓶に入れる　例後	66		P 101	円錯画　模倣	82
P 51	瓶に入れる　例前	66		P 102	横線模倣　1/3	85
P 52	瓶から出す	66, 109		P 103	縦線模倣　1/3	85
P 53	机に打付ける	66		P 104	円模写　1/3	6, 90
P 54	柄を持つ	66		P 105	十字模写　例後　1/3	92
P 55	柄先から持つ	66		P 106	十字模写　例前　1/3	92
P 56	振り鳴らす	66		P 107	正方形模写　1/3	95
P 57	鐘舌に触る	66		P 108	三角形模写　1/3	97
P 58	輪へ伸ばす	67		P 109	菱形模写　2/3	99
P 59	とにかく引き寄せる	67		P 110	人物完成　3/9	202
P 60	輪と紐で遊ぶ	67		P 111	人物完成　6/9	202
P 61	すぐ輪を引き寄せる	67		P 112	人物完成　8/9	202
P 62	紐で下げる	67		P 113	記憶版　2/3	213
P 63	部分隠し	67, 209		P 114	図形記憶　1/2	216
P 64	全体隠し	67, 209		P 114 b	図形記憶　1.5/2	216
P 65	包み込む	68, 209		P 114 c	図形記憶　2/2	216
P 66	玩具（車）の追視	68		P 115	積木叩き　2/12	215
P 67	予期的追視	209		P 116	積木叩き　3/12	215
P 68	丸棒　例後　1/3	109		P 117	積木叩き　4/12	215
P 69	角板　例後　1/3	109		P 118	積木叩き　5/12	215
P 70	角板　例前	109		P 119	積木叩き　6/12	215
P 71	円板をはずす	68, 111		P 120	積木叩き　7/12	215
P 72	円板をはめる	68, 111, 112		P 121	積木叩き　8/12	215
P 73	円板　回転	112		P 122	積木叩き　9/12	215
P 74	はめ板　全　例無	112		P 123	積木叩き　10/12	215
P 75	はめ板　回転　全　1/4	113		P 124	帰納紙切	144, 145
P 76	入れ子　3個	117		P 125	紙切Ⅰ　3/3	143
P 77	入れ子　5個	117		P 126	紙切Ⅱ　4/4	144, 145
P 78	折り紙Ⅰ	132		P 127	三角形置換	148
P 79	折り紙Ⅱ	132				
P 80	折り紙Ⅲ	132		**R**		
P 81	形の弁別Ⅰ　1/3	137		R 1	頭が垂れる	40
P 82	形の弁別Ⅰ　3/5	137		R 2	頭を水平	40
P 83	形の弁別Ⅱ　8/10	138		R 3	頭が側転	40
P 84	形の弁別Ⅱ　10/10	138		R 4	頭が下向き	40
P 85	重さの比較　例後　2/2	190		R 5	頭上げ　領域Ⅰ	40
P 86	重さの比較　例前　2/3	190		R 6	頭上げ　領域Ⅱ	40
P 87	5個のおもり　2/3	191		R 7	頭　領域Ⅱに保つ	40
P 88	四角構成　例後　2/2	140		R 8	頭　領域Ⅲに保つ	40
P 89	四角構成　例前　2/3	140		R 9	脚の屈伸	40
P 90	模様構成Ⅰ　1/5	141				

R 10	尻を落す	41
R 11	両足　伸ばす	41
R 12	肘支持　頭上げ	41
R 13	腕支持　頭上げ	41
R 14	指で床をかく	41
R 15	片手首を上げる	41
R 16	頭の布を除く	41
R 17	方向転換	41
R 18	四つ這い	41
R 19	坐位となる	41

T

T 1	体重を支える	47
T 2	脚ではねる	47
T 3	両手支持で立つ	47
T 4	つかまらせ立ち	47
T 5	片手立ち　玩具	47
T 6	つかまり立ち上がる	47
T 7	坐る	47
T 8	つたい歩き	47
T 9	支え歩き　両手	47
T 10	支え歩き　片手	47
T 11	一人立ち	47
T 12	歩く　2・3歩	73
T 12	一人歩き	48
T 13	両足跳び	73
T 14	ケンケン	73
T 15	這い登る	47
T 16-T 20	立位による段階の行動	48
T 17	片手支持　降りる	74
T 17	片手支持　登る	73
T 18	手すりで登降	74
T 19	交互に足を出す	75
T 20	飛び降り	74

U

U 1	T-N-R 姿勢優位	37
U 2	頭の側転優位	37
U 3	腕の対称姿勢有	37
U 4	頭を半ば側転	37
U 5	腕の対称優位	37
U 6	頭を中央優位	37
U 7	寝返り	38
U 8	脚を上げる	39
U 9	両手とも握る	38
U 10	両手とも開く	38
U 11	両手を触れ合わす	38
U 12	身体に触れる	38
U 13	顔の布を除く	50
U 14	視線上で注視	56
U 15	遅れて注視	56
U 16	直ちに注視	56
U 17	追視　90°	56
U 18	追視　90° 以上	56

U 19	追視　180°	56
U 20	腕の運動誘発	57
U 21	両手を近寄せる	57
U 22	片手を近寄せる	57
U 23	すぐ落す	58
U 24	掌を開く	58
U 25	保持　3秒程度	58
U 26	保持　5秒以上	58
U 27	片手で振り鳴らす	58
U 28	両手に持つ	58
U 29	自発的につかむ	58
U 30	つかんで離さぬ	58
U 31	保持　1分以上	58
U 32	両手で振り鳴らす	58
U 33	身動き止まる	59
U 34	表情の変化	59
U 35	顔を向ける	59

V

V 1	2 数復唱　1/3	223
V 2	3 数復唱　1/3	223
V 3	4 数復唱　1/3	223
V 4	5 数復唱　1/3	223
V 4 b	6 数復唱　1/3	223
V 4 c	7 数復唱　1/3	223
V 5	4 数逆唱　1/3	224
V 5 b	5 数逆唱　1/3	224
V 5 c	6 数逆唱　1/3	224
V 6	短文復唱Ⅰ　1/3	219, 220
V 7	短文復唱Ⅱ　1/3	219, 220
V 7 b	8つの記憶	222
V 8	大小比較　3/3, 5/6	188
V 9	長短比較　3/3, 5/6	188
V 10	美の比較　3/3	192, 193
V 11	左右弁別　全逆　3/3, 5/6	199
V 12	左右弁別　全正　3/3, 5/6	199
V 13	4つの積木　1/3	180
V 14	13の丸　10まで　1/2	180
V 15	13の丸（13まで）1/2	180
V 16	数選び　3	183
V 17	数選び　4	183
V 18	数選び　6	183
V 19	数選び　8	183
V 20	指の数　左右	184
V 21	指の数　左右全	184
V 22	5以下の加算　2/3	185
V 23	5以下の加算　3/3	185
V 24	打数かぞえ　3/3	181
V 25	釣銭　2/3	185, 186
V 26	20からの逆唱	182
V 26 b	算術的推理　2/3	187, 194
V 26 c	時計の針　2/3	195
V 26 d	閉ざされた箱　3/4	196
V 26 e	方位	187, 196
V 27	身体各部　3/4	198

V 27	身体各部指示		156	V 44	書取	176
V 28	身体部位	3/4	202, 206	V 45	語彙 3 語	151
V 29	身体部位	4/4	202, 206	V 46	名詞列挙	153
V 30	指差し行動		150	V 46 b	60 語列挙	154
V 31	絵指示	4/6	155	V 47	三語一文 2/3	177
V 32	絵の名称Ⅰ	3/6	156	V 47 b	文章整理 2/1	178
V 33	絵の名称Ⅰ	5/6	156	V 47 c	文章整理 2/2	178
V 34	絵の名称Ⅱ	3/6	156	V 48	了解Ⅰ 2/3	160
V 35	絵の名称Ⅱ	5/6	156	V 49	了解Ⅱ 2/3	160
V 36	絵の叙述	2/3	173	V 50	了解Ⅲ 2/3	160
V 37	姓名		200	V 51	語の定義 4/6	165
V 38	性の区別		200	V 52	語の差異 2/3	167, 169
V 39	硬貨の名称	3/4	158	V 53	語の類似 2/3	169
V 40	色の名称	3/4	8, 158	V 54	3 語類似 2/4	170
V 41	色の名称	4/4	8, 158	V 55	3 語類似 3/4	170
V 42	日時	3/4	158	V 56	反対語 3/5	171
V 43	日時	4/4	158	V 57	反対語 4/5	171

京都国際社会福祉センター

新版 K 式 発 達 検 査 (増補版) (58.7.1)

※事例補強により、この検査の一部または全部の項目が示されない。

姓名	男女			
所属		検査者		
開始	時 分 終了	時 分		
検査月日	年 月 日			
生年月日	年 月 日			
概算差し引き	年 月	精密差し引き	年 月 日	
生活年齢	年 月 換算	月		
領域別	得 点	換算	発達年齢	発達指数
姿勢・運動 P-M				
認知・適応 C-A				
言語・社会 L-S				
三領域合計	(P-M)+(C-A)+(L-S)			
全領域				

(注)領域別に発達指数・発達年齢を算出すること

第 1 葉

領域	順序	分類	位	0:0超～0:1 (1～30日) T-N-R姿勢優位 U1	0:1超～0:2 (31～61日)	0:2超～0:3 (62～91日)	0:3超～0:4 (92～122日) 胸の対称姿勢有 U3	0:4超～0:5 (123～152日) 胸の対称優位 U5	0:5超～0:6 (153～183日)
姿勢・運動 (P-M)	1	仰 臥	位	頭の側転優位 U2			頭を半辺回旋 U4		寝返り U7 脚を上げる U8
	5	引き起し			頭を起す I4			頭が遅れない I1	頭を上げる I2
	6	座	位	頭が垂れる I3			頭を前傾 不安定 I6	手をつき座る I8	
	17	立	位				頭を直立 安定 I7	座位 3秒 I9	
									体重を支える T1
	18	腹 臥	位	頭が垂れる R1 頭上げ 領域I R3 脚の屈伸 R9	頭を水平 R2 頭上げ 領域II R6	肘支持 頭上げ R12 頭上げ 領域II に保つ R7 両脚 伸ばす R10	胸支持 頭上げ R13 頭領域III に保つ R8		片手を上げる R15 指で床をかく R14 頭の布を除く U13
認知・適応 (C-A)	1	仰 臥	位	両手とも握る U9	両手を開く	両手を触れ合わす U11 身体に触れる U12	両脚 伸ばす R11		
	2	吊 り 輪		視線上で注視 U14 追視 90° U17	遅れて注視 U15 追視 90°以上 U18	直ちに注視 U16 追視 180° U19	追視 1分以上 U20	両手を近寄せる U21	
	3	ガラガラ		すぐ落とす U23 掌を開く U24	保持 3秒程度 U25	保持 5秒以上 U26 片手に持つ U28	保持 5秒以上 U27 自部的にうつかむ U29	両手で振り鳴らす U32	
	4	鈴鳴らし		身動きを止める U33	表情の変化 U34	つかんで離さぬ U30			顔を向ける U35
言語・社会 (L-S)	7	積 木				片手に保持 3秒程度 P2	交互に注視 P1 口に運ぶ P3 両手に保持 3秒 P8	落してし拾う P6 両手に保持 10秒 P9	
	8	山積 木				片手に保持 3秒程度 P2		空いた手を伸ばす P15	
	9	積木とコップ					触れるとつかむ P4		
	10	小 鈴							
	11	小鈴と版							
	12	鐘							
	13	絵付き輪				注視する P37		瓶に手を出す P46	
	14	自動車							
	15	はめ板							
	16	描 画							玩具(鈴)の追視 P66
		対人反応		顔を注視 M1	微笑 M2 人の追視 M3 声をかけ M4	刺激に発声 M5 微笑みかけ M6	引き起し 喜ぶ M7	自発に発声 M25 中断で不機嫌 M8	自発に発声 M26 「ナイナイバー」 M9 声をかける M10
		自発遊び				手を見る M18		顔を覆う M19	取ろうとする M23
									半固形物 M30
参 考 項 目 (積 数)				① 0, 0, 0 [0]	① 7, 6, 1 [14]	① 11, 10, 4 [25]	① 17, 17, 7 [41]	① 22, 22, 8 [52]	① 25, 29, 11 (65)

※①は達点。P-M累計得点、C-A累計得点、L-S累計得点、[全領域累計得点]

(注)参考項目は得点に含めない。

新版 K 式発達検査 (増補版) (58.7.1)

京都国際社会福祉センター

第 2 葉

※書字検査により、この検査の一部または全部の実施は許されない。

性名				
男女		検査者		
所属				
開始	時 分	終了 時 分	日	
検査月日	年 月 日	鏡像		
生年月日	年 月 日	補正差し引き		
鏡象差し引き	年 月	暦齢		
生活年齢	年 月	発達年齢		
領域別	得点	発達年齢	発達指数	
姿勢・運動 P-M				
認知・適応 C-A				
言語・社会 L-S				
三領域合計	(P-M)+(C-A)+(L-S)			
全領域				

(注) 領域別に発達年齢・発達指数を算出すること

領域	順序	区分		0:6超～0:7 (184～213日)	0:7超～0:8 (214～244日)	0:8超～0:9 (245～274日)	0:9超～0:10 (275～304日)	0:10超～0:11 (305～335日)	0:11超～1:0 (336～365日)
姿勢・運動 (P-M)	1	仰臥位	引き起し						
	5								
	6	座位		身体を起す I13 座位1分 I10	座位完全 I12 座位10分 I11	座位になる I14		I15	
				脚ではねる T2	つかまらせ立ち T4	片足立ち玩具 T5	つかまり立ち上がる T6	つたい歩き T8	速い走る T15 一人立ち T11
	17	立位		両手支持で立つ T3			座る T7 支え歩き 両手 T9		支え歩き 片手 T10
	18	臥位		頭の布を除く R16	方向転換 R17		四つ這い R18 座位となる R19		
認知・適応 (C-A)	1	仰臥位							
	2	吊り輪		片手を近寄せる U22					
	3	ガラガラ					横に渡ぶ P18		
	4	鏡鳴らし		持ちかえ P7	第2積木を叩く P11	積木と積木 P12		片手に2個保持 P13	
	7	積木		第3提示積木 P10 掌指先把握 P5		積木を叠く P14		横もうとする P19	
	8	山積木		掌指先で待つ P17					
	9	積木とコップ		コップを見る P30	コップに触れる P31	中の積木に触れる P32	コップの上に示す P34		
	10	小鉢		積木状かき寄せ P38 指頭前かき寄せ P39	中の積木を出す P33	コップに入れる 例前 P36			
	11	小鉢と鉛		持ち上げる P41	鉄状把握 試みる P40	示指を近付ける P45 鉄状把握 P42	釘状状把握 不完全 P43 小鉄に手を出す P47	釘状把握 例前 P44 入れる 例検 P49	顔に入れる 例前 P51
	12	鉛		鉛を持つ P54 机に打付ける P53	振り鳴らす P56	柄から持つ P55	小鉄を取る P48	顔に入れる 例検 P50	
	13	組付き輪		とにかく引き寄せる P58 部分解し P63	輪と紐引き出す P60	子供輪を引き寄せる P61	鈴を鳴らす P57		超で下げる P62
言語・社会 (L-S)	14	自動車			全体握し P64	全体握し P71			円板をはめる P72
	15	はめ板			円板をはずす P21				なぐり書き 例検 P99
	16	描画							ポールを押し付ける M28
		言語 社会		自鏡に鏡る M27	人見知り M11	「チョウダイ渡さぬ」M16	「チョウダイ渡す M17		
				「名前に反応 M13			指差に反応 M15		
				足をいじる M20 払い落す M22	喃語 M21		「バイ・バイ」「メンメン」M12 M14	積木とボール選び M29	
		自発建び (種類)		ビスケット M31			コップから飲む M32		
参考項目（種取）									
素得点			① 33, 38, 15 (86)	① 39, 51, 19 (109)	① 42, 57, 21 (120)	① 44, 67, 23 (134)	① 50, 74, 25 (149)	① 51, 78, 27 (156)

※① は重み、P-M 累計得点、C-A 累計得点、L-S 累計得点、(全領域累計得点)

(注) 参考項目は得点に含めない。

京都国際社会福祉センター

新版K式発達検査 (増補版) (58. 7. 1)

第 3 葉

※著作権法により、この検査の一部または全部の複製は許されない。

領域	年齢	1：0超～1：3	1：3超～1：6	1：6超～1：9	1：9超～2：0	2：0超～2：3	2：3超～2：6	2：6超～3：0
姿勢・運動 (P-M)		歩く2・3歩 T12	片手支持降りる T17	手すりで登降 T18	両足跳び T13	飛び降り T20		交互に足を出す T19
		積木の塔 2 P20	積木の塔 3 P21	積木の塔 5 P22	積木の塔 6 P23	積木の塔 8 P24		家の模倣 P26
		丸棒例後⅓ P68		角板例前 P69	角板例前 P70		トラックの模倣 P25	四角構成 例後⅓ P88
認知・適応 (C-A)		散から出す P52		はめ板全例無 P74 はめ板回転全例前 P75	形の弁別I ⅓ P81	形の弁別I ⅓ P82	形の弁別II ⅓ P83	折り紙I P79
			円板回転 P73	円画模倣 P101	横線模倣⅓ P102	横線模倣⅓	折り紙I	折り紙II P104
					縦線模倣⅓ P103			十字模写例後⅓ P105
		なぐり書き例前 P100					入れ子 5個 P77	
		包み込む P65	手段的追視 P67	3個のコップ⅓ P98		2 数復唱 ⅓ V1	記憶板⅓ P113	3 数復唱 ⅓ V2
			2個のコップ⅓ P97					
言語・社会 (L-S)		指さし行動 V30		身体各部¾ V27	絵の名称I ⅓ V32	絵の名称I ⅓ V33	大小比較⅓ V8	長短比較 ⅓ V9
			語彙 3 語 V45	絵指示 ¾ V31				絵の名称II ⅓ V35
								姓名 V37
								性の区別 V38

| ※得点 | 54, 84, 29 [167] | 64, 109, 34 [207] | 69, 129, 39 [237] | 74, 164, 49 [287] | 79, 179, 54 [312] | 84, 199, 64 [347] | 84, 224, 74 [382] |

P20〜24 積木の塔
(1) 2個 6個
(2) 3個 8個
(3) 5個

P25 トラックの模倣

P26 家の模倣

P52 散から出す

P65 包み込む

P67 手段的追視

P68〜70 丸棒 (例示)
(1) (2) (3)
角板 (例・有・無)
(1)
(2)
(3)
(4)

P73 はめ板 円板 回転
回転 ⅓
はめ板 はめ板全
○ ○ ○
△ △ △
▽ ▽ ▽
□ □ □

P74・75 はめ板
(1) (2) (3)

P76 入れ子 3個

P77 入れ子 5個

P78〜80 折り紙
I Ⅱ

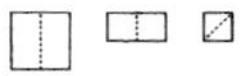

P81・82 形の弁別I ⅓・⅓

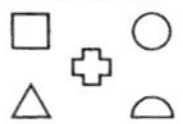

P83・84 形の弁別II ⅓・⅓

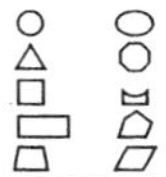

P88 四角構成 例後 ⅓

P97 2個のコップ⅓
(1) (2) (3)

P98 3個のコップ⅓
(1) (2) (3)

P100 なぐり書き例前

P101 円画模倣

P102 横線模倣⅓
(1) (2) (3)

P103 縦線模倣⅓
(1) (2) (3)

P104 円模写 ⅓
(1) (2) (3)

P105・106 十字模写 ⅓
例前 (1) (2) (3)
例後 (1) (2) (3)

P113 記憶板 ⅓
学習試行
再生 回
(1) 花 (2) 靴 (3) 口 (4) 耳

V1 2 数復唱 ⅓
例 3 (1) 5 8
(2) 7 2
(3) 3 9

V2 3 数復唱 ⅓
例 5 8 (1) 7 4 1
(2) 9 6 8
(3) 2 5 3

V8 大小比較 ⅓
(1) (2) (3)

V9 長短比較 ⅓
(1) (2) (3)

V27 身体各部¾
(1) 目 (3) 口
(2) 鼻 (4) 耳

V30 指さし行動
V31 絵指示 ¾
(1) 犬
(2) 自動車
(3) 人形
(4) 茶碗
(5) 鋏
(6) 魚

V32・33 絵の名称I ⅓・⅓
(1) 傘
(2) 花
(3) 靴
(4) 服
(5) 服
(6) 魚

V34・35 絵の名称Ⅱ ⅓・⅓
(1) 電話
(2) 自転車
(3) 船
(4) 時計
(5) 椅子
(6) ボール

V37 姓名
V38 性の区別

V45 語彙 3 語
(1)
(2)
(3)

※⑤は重み　P-M累計得点、C-A累計得点、L-S累計得点、(全領域累計得点)

新版K式発達検査（増補版）(58.7.1)　第4葉

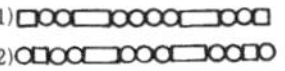

著者紹介

中瀬　惇（なかせ・あつし）
京都大学大学院文学研究科博士課程単位修得による中途退学
元富山医科薬科大学医学部助教授
元京都府立大学文学部教授
元京都ノートルダム女子大学心理学部・心理学研究科教授
元京都光華女子大学短期大学部こども保育学科教授
専攻：発達心理学
主要編著書に『新版 K 式発達検査法』（編著　ナカニシヤ出版）
　　　　　　『新版 K 式発達検査反応実例集』（編著　ナカニシヤ出版）
　　　　　　『心理学の方法』（分担執筆　ナカニシヤ出版）
　　　　　　『心理学研究法』（金子書房）ほか。

新版 K 式発達検査にもとづく
発達研究の方法
操作的定義による発達測定

2005 年 11 月 10 日　　初版第 1 刷発行　　定価はカヴァーに表示してあります
2021 年 6 月 25 日　　初版第 9 刷発行

著　者　中瀬　惇
出版者　中西　良
出版社　株式会社ナカニシヤ出版
〒606-8161　京都市左京区一乗寺木ノ本町 15 番地
　　　　Telephone 075-723-0111
　　　　Facsimile 075-723-0095
　　　　Website http://www.nakanishiya.co.jp/
　　　　Email　iihon-ippai@nakanishiya.co.jp
　　　　郵便振替 01030-0-13128

装幀＝白沢　正／印刷＝協和印刷／製本＝ファインワークス
Copyright©2005 by A. Nakase
Printed in Japan.
ISBN 978-4-88848-810-5

本書記載の写真図版，反応例の図版，反応例の表などは本書に限り掲載を許されたものです。したがいまして，これを転載することは一切禁じます。
また本書の一部あるいは全部を無断で複写複製（コピー）することは，法律で認められた場合を除き，著作権者および出版者の権利侵害となり，著作権法違反となりますので，その場合はあらかじめ小社に許諾を求めて下さい。